普通高等学校应用型教材·财税

税收筹划 第十一版

学习指导书

SHUISHOU CHOUHUA (DI-SHIYI BAN)
XUEXI ZHIDAOSHU

主编 梁俊娇 王怡璞

中国人民大学出版社
·北京·

图书在版编目（CIP）数据

税收筹划（第十一版）学习指导书/梁俊娇，王怡璞主编. --北京：中国人民大学出版社，2023.10
普通高等学校应用型教材. 财税
ISBN 978-7-300-32249-0

Ⅰ.①税… Ⅱ.①梁… ②王… Ⅲ.①税收筹划-高等学校-教学参考资料 Ⅳ.①F810.423

中国国家版本馆 CIP 数据核字（2023）第 199433 号

普通高等学校应用型教材·财税
税收筹划（第十一版）学习指导书
主编　梁俊娇　王怡璞
Shuishou Chouhua (Di-shiyi Ban) Xuexi Zhidaoshu

出版发行	中国人民大学出版社				
社　　址	北京中关村大街 31 号		邮政编码	100080	
电　　话	010－62511242（总编室）		010－62511770（质管部）		
	010－82501766（邮购部）		010－62514148（门市部）		
	010－62515195（发行公司）		010－62515275（盗版举报）		
网　　址	http://www.crup.com.cn				
经　　销	新华书店				
印　　刷	固安县铭成印刷有限公司				
开　　本	787 mm×1092 mm　1/16		版　　次	2023 年 10 月第 1 版	
印　　张	14.5		印　　次	2023 年 10 月第 1 次印刷	
字　　数	344 000		定　　价	42.00 元	

前　言

　　《税收筹划（第十一版）学习指导书》（普通高等学校应用型教材·财税）是与梁俊娇主编的《税收筹划》（第十一版）相配套的学习指导用书。

　　本书在章节安排上与主教材的顺序保持一致，第1章到第7章的内容均包括学习目的与要求、重点与难点、关键术语、练习题、练习题答案五个部分。本书最大的特点是"新""活"，同时结合最新的税收制度，根据各税种的特点灵活地设计题型，并对练习题给出了详细的解析。本书的习题类型包括术语解释、填空题、判断题、单选题、多选题等，旨在通过这些练习题夯实学生的基础知识；简答题与分析题，旨在加强学生理论联系实际的能力；综合题是涉及多税种、多业务的案例题，旨在提升学生灵活运用税收筹划知识的能力。

　　此外，本书还用第8章编写了涵盖多税种的综合性习题，以提高学生理解和掌握税法综合知识的能力。通过学习本书，学生的理解能力及专业技能能够得到提高。本书由梁俊娇教授、王怡璞副教授担任主编。

目　录

第 **1** 章

税收筹划概述

一、学习目的与要求

本章是本书的基础章节，主要介绍税收筹划的基本理论、基本方法。通过本章的学习，学生应掌握税收筹划的概念，明确税收筹划与偷税、欠税及骗税的区别以及违法行为应承担的法律责任，了解税收筹划产生的原因、税收筹划的种类以及税收筹划的工作步骤等，熟悉税收筹划的一般方法，为进一步学习税收筹划操作技巧、提升税收筹划实务操作能力奠定基础。

二、重点与难点

（一）税收筹划的概念

1. 税收筹划的概念

税收筹划是指在纳税行为发生之前，在税法允许的范围内，通过对纳税主体的经营活动或投资行为等涉税事项做出事先安排，以达到少缴纳和递延缴纳税款，并降低税收风险，最终实现企业价值最大化目的的一系列谋划活动。

2. 税收筹划的特点

（1）合法性。税收筹划的合法性是指税收筹划必须在税法许可的范围内。这里的合法性具有两层含义：一是遵守税法；二是不违反税法。任何违反法律规定、逃避纳税责任的行为都不属于税收筹划的范围。在有多种纳税方案可供选择时，纳税人做出采用较低税负方案的决策是纳税人的正当权利。用道德的名义要求纳税人选择高税负，不是税收法律的本意。

（2）事先性。税收筹划的事先性是指税收筹划是在纳税义务发生之前对涉税事项所做的规划和安排。在经济活动中，纳税义务通常具有滞后性。企业在交易行为发生之后才产生流转税纳税义务，在收益实现或分配之后才产生所得税纳税义务，在财产取得之后才产生财产税纳税义务等，这就为纳税人在纳税义务发生之前进行税收筹划提供了可能性。如果纳税义务已经发生，纳税人再通过种种手段减少应纳税款，则被认定是违法行为。

（3）风险性。由于税收筹划是在纳税义务发生之前进行的，这就使未来的结果带有一定的不确定性：有可能由于国家宏观经济形势的变化，纳税人的经营行为未取得预期的效果；也有可能由于国家税收政策的调整，使得本来的最优方案变成次优方案。另外，纳税人在进行税收筹划时可能由于对税收政策理解不透彻（税法在某些条款上具有模糊性）等而面临违法及纳税调整的风险等。

（二）税收筹划产生的原因与种类

1. 税收筹划产生的原因

（1）税收制度因素。一方面，税收制度的不同为税收筹划提供了空间，包括税种、税基、税率与税收优惠的差异；另一方面，税收制度的弹性为纳税人的税收筹划提供了空间，包括纳税人身份的可转换性、计税依据金额上的可调整性、税率上的差异性与税收优惠。

（2）国家间税收管辖权的差别。

（3）自我利益驱动机制。

（4）货币具有的时间价值。

2. 税收筹划的种类

（1）按节税的基本原理进行分类，税收筹划可分为绝对节税和相对节税。

（2）按税收筹划所涉及的区域，可将税收筹划分为国内税收筹划和跨国税收筹划。

（3）按企业经营过程进行分类，税收筹划可分为企业投资决策中的税收筹划、企业生产经营过程中的税收筹划、企业成本核算中的税收筹划以及企业成果分配中的税收筹划等。

（4）按税种进行分类，税收筹划可分为增值税筹划、消费税筹划、企业所得税筹划、个人所得税筹划及其他税种筹划等。

（三）税收筹划的方法、原则与步骤

1. 税收筹划的方法

（1）纳税人的筹划。纳税人筹划的实质是对纳税人身份的合理界定或转化，使纳税人承担的税收负担尽量减少或降低到最小限度，或者是避免成为某税种的纳税人。纳税人筹划可以合理降低税收负担，并且方法简单、易于操作。

（2）计税依据的筹划。计税依据是影响税收负担的直接因素，对不同的税种进行计税依据的筹划需要从不同的角度入手。

（3）税率的筹划。税率筹划是指纳税人通过降低适用税率的方式来减轻税收负担的筹划方法。在计税依据一定的情况下，应纳税额与税率呈现正向变化关系，即降低税率就等于降低了税收负担。在税前利润一定的情况下，税率低，应纳税额少，税后利润就多。不同的税种适用不同的税率，纳税人可以利用征税对象界定上的含糊性进行筹划。即使是同一税种，适用的税率也会因税基或其他假设条件不同而发生相应的变化，纳税人可以通过改变税基分布调整适用的税率，从而达到降低税收负担的目的。

（4）税收优惠政策的筹划。税收优惠政策体现了国家对某些产业或领域的税收照顾。对税收优惠政策的筹划可以使纳税人轻松地享受低税负待遇。其关键是寻找合适的税收优惠政策并把它运用在纳税实践中，在一些情况下还表现为创造条件去享受税收优惠政策，以获得税收负担的降低。

（5）会计政策的筹划。

（6）税负转嫁的筹划。税负转嫁筹划的基本操作原理是利用价格浮动、价格分解来转移或规避税收负担。税负转嫁筹划能否通过价格浮动实现，关键取决于商品的供给弹性与需求弹性的大小。

（7）递延纳税的筹划。

2. 税收筹划的原则

（1）法律原则。

（2）财务原则。

（3）经济原则。

3. 税收筹划的步骤

（1）全面了解纳税人的情况。

（2）分析纳税人的现行纳税情况。

（3）熟练掌握税收相关法律规定。

（4）制定并选择税收筹划方案。

（5）税收筹划方案的实施与反馈。

（四）税收筹划的意义及应该注意的问题

1. 税收筹划的意义

（1）维护纳税人的合法权利。

（2）促进纳税人依法纳税。

（3）促进税制不断完善。

（4）促进国家税收政策目标的实现。

2. 税收筹划应注意的问题

（1）综合考虑对交易各方的税收影响。

（2）税收只是众多经营成本中的一种。

（3）关注税收法律的变化。

（4）正视税收筹划的风险性。

三、关键术语

税收筹划是指在纳税行为发生之前，在税法允许的范围内，通过对纳税主体的经营活动或投资行为等涉税事项做出事先安排，以达到少缴纳和递延缴纳税款，并降低税收风险，最终实现企业价值最大化目的的一系列谋划活动。

偷税是指纳税人伪造、变造、隐匿、擅自销毁账簿和记账凭证，或者在账簿上多列支出或者不列、少列收入，或者经税务机关通知申报而拒不申报或进行虚假的纳税申报，不缴或者少缴应纳税款的行为。

欠税是指纳税人、扣缴义务人超过税收法律、法规规定或税务机关依照税收法律、法规规定的纳税期限，未缴或少缴税款的行为。纳税人、扣缴义务人欠缴应纳税款，采取转移或者隐匿财产的手段，妨碍税务机关追缴欠缴的税款的，由税务机关追缴欠缴的税款，并处罚款；构成犯罪的，依法追究刑事责任。

骗税是指纳税人用假报出口或者其他欺骗手段，骗取国家出口退（免）税款的行为。

避税是纳税人在熟知法律及其规章制度的基础上，在不触犯税收法律的前提下，通过对筹资活动、投资活动、经营活动等一系列涉税行为的安排，达到规避或减轻税负目的的活动。避税的最大特点是非违法性，它包括利用合法手段，如各种特定税收条款或税法中缺乏的某些条款（即税法漏洞）而引起应税义务的减少。

绝对节税是指直接或间接使纳税绝对总额减少。绝对节税又分为直接节税和间接节税。直接节税是指直接减少某个纳税人税收绝对额的节税。间接节税是指某纳税人的税收绝对额没有减少，但间接减少了其他关联纳税人的税收绝对额。

税负顺转筹划法是指纳税人将其负担的税款通过提高商品或生产要素价格的方式转移给购买者或最终消费者承担，是最典型、最具普遍意义的税负转嫁形式。

税负逆转筹划法多与商品和劳务有关，纳税人通过降低生产要素购进价格、压低工资或其他转嫁方式，将其负担的税收转移给提供生产要素的企业。

税收筹划方法主要有纳税人的筹划、计税依据的筹划、税率的筹划、税收优惠政策的筹划和其他税收筹划方法等。

四、练习题

（一）术语解释

1. 税收筹划
2. 税收筹划的特点
3. 税收筹划的方法
4. 偷税

（二）填空题

1. 税收筹划的基本特点之一是_____，而偷税、逃税、欠税、抗税、骗税等都是违反税法的。

2. 税收筹划是指在纳税行为发生之前，在税法允许的范围内，通过对纳税主体的经营活动或投资行为等涉税事项做出事先安排，以达到_____和_____的一系列谋划活动。

3. 纳税人若能改变住所或消除某一管辖权范围的住所，就会_____避税的范围；反之，就会_____避税的范围。

4. 按税收筹划涉及的区域，可以分为_____、_____。

5. 在税负转嫁的条件下，纳税人和真正的负税人是可以分离的，_____只是法律意义上的纳税主体，_____是经济意义上的承担主体。

6. 税收筹划的_____原则是指纳税人在进行税收筹划时，必须站在整体财务管理目标的高度，综合考虑规划，以使纳税人的整体税负最低。

（三）判断题

1. 纳税人有依据法律进行税款缴纳的义务，但也有依据法律，经过合理的甚至巧妙的安排以实现尽量少负担税款的权利。（　　）

2. 各种税收优惠政策实施的直接后果就是名义税率低于实际税率，降低了受惠者的实际税收负担。（　　）

3. 若不考虑货币时间价值，通货膨胀会使经过一段延迟后的应付税款真实价值提高。（　　）

4. 跨国税收筹划是跨国纳税人事后制订的、用以减少跨国纳税义务的跨国投资经营计划，是一种违法行为。（　　）

5. 相对节税是指一定时期内的纳税总额减少。（　　）

6. 如果从属分支机构所在地的税率比在华总公司的负担税率要低，那么在扭亏为盈之后，跨国公司就需要考虑将该从属机构改设为子公司，以便享受到低税率和新建企业的税收优惠。（　　）

7. 一般来说，只有与商品交易行为无关或对人课征的直接税才能转嫁，而对商品交易行为或活动课征的间接税则不能转嫁或很难转嫁。（　　）

8. 从长远和整体上看，纳税人进行税收筹划一定会减少国家的税收收入，但从政策上看，各国正是通过税收利益让渡的行为来促进经济运转和企业依法纳税意识的提高。（　　）

9. 子公司不必单独缴纳企业所得税。（　　）

10. 避免相关业务的发生不属于税收筹划。（　　）

11. 起征点和免征额都是税收优惠的形式。（　　）

12. 企业所得税的税收筹划应该将减少税额放在首位。（　　）

13. 税负的降低一定会带来纳税人股东权益的最大化。（　　）

14. 不同国家或地区对同一种税收筹划行为是否"合法"存在不同的看法。（　　）

15. 税法陷阱是税法漏洞的对称。（　　）

16. 低税负只由税收法规的缺失或不合理造成。（　　）

（四）单选题

1. 避税的特征不包括（　　）。
A. 违法性　　　　　B. 策划性　　　　　C. 权力性　　　　　D. 规范性

2. 税收筹划的主体是（　　）。
A. 纳税人　　　　　B. 征税对象　　　　C. 计税依据　　　　D. 税务机关

3. 税收筹划与逃税、抗税、骗税等行为的根本区别是具有（　　）。
A. 违法性　　　　　B. 可行性　　　　　C. 非违法性　　　　D. 合法性

4. 避税最大的特点是它的（　　）。
A. 违法性　　　　　B. 可行性　　　　　C. 非违法性　　　　D. 合法性

5. 独资企业不需要缴纳（　　）。
A. 个人所得税　　　B. 企业所得税　　　C. 增值税　　　　　D. 印花税

6. A、B两国实行单一的地域管辖权，C国实行单一的居民管辖权，陈先生是A国的税收居民，他计划出版自己的书籍，为了减少纳税，他应该在哪个国家出版？（　　）
A. A国　　　　　　　　　　　　　　　B. B国
C. C国　　　　　　　　　　　　　　　D. 在哪个国家都一样

7. 下列说法正确的是（　　）。
A. 某国的税收居民不需要在境外缴税
B. 企业实施税收筹划的原因是减少纳税，因此税收筹划对国家不利
C. 可以利用货币时间价值进行合理递延纳税，进而减少税负
D. 因为计税依据可以调整，所以我们可以通过在会计报表上做高成本来减少甚至避免纳税

8. 各国税收制度的不同之处不包括（　　）。

A. 税种

B. 税基

C. 税率

D. 税收管辖权的范围

9. 相对节税主要考虑的是（　　）。

A. 费用绝对值

B. 利润总额

C. 货币时间价值

D. 税率

10. 某公司（一般纳税人）4月份取得含税销售额合计1 560万元，其中提供电路设计及测试服务的销售额为1 060万元；技术开发的销售额为500万元。当月进项税额合计30万元，其中提供电路设计及测试服务的进项税额为18万元，技术开发的进项税额为12万元。该公司对销售额与进项税额核算应采取（　　）方案才能节省增值税。

A. 销售额不分开核算

B. 销售额和进项税额都分开核算

C. 销售额分别核算，进项税额不分别核算

D. 销售额和进项税额都不分开核算

11. 下列关于跨国税收筹划的说法，错误的是（　　）。

A. 若甲国实行地域管辖权、乙国实行居民管辖权，甲国的居民从乙国获得的所得就可以躲避所有纳税义务

B. 两个国家同时实行所得来源管辖权，但确定所得来源的标准不同，当两国认为这笔所得的支付者与获得者都不属于本国自然人或法人时，这笔所得就可以躲避纳税义务

C. 若两国同时行使居民管辖权，但对自然人和法人是否为本国居民有不同的确认标准，那么跨国纳税人可以根据有关国家的标准设置总机构和登记注册，以达到国际避税的目的

D. 当甲国实行居民管辖权、乙国实行地域管辖权时，若跨国纳税人在两个国家均无住所，就可以同时躲避在两国的纳税义务

12. 按（　　）进行分类，税收筹划可以分为绝对节税和相对节税。

A. 不同税种

B. 节税原理

C. 不同性质企业

D. 不同纳税主体

13.《企业所得税法》规定，纳税人来源于境外的所得，已在境外缴纳的所得税税款，准予在汇总纳税时，从其应纳税额中扣除。该规定属于何种税收优惠形式？（　　）

A. 减税　　　　　B. 税收抵免　　　　　C. 优惠退税　　　　　D. 亏损抵补

14. 根据各国税法的通常做法及我国税法的一般规定，下列关于子公司与分公司税收待遇的阐述，正确的是（　　）。

A. 子公司不是独立的法人实体，在设立公司的所在国被视为居民纳税人，通常要承担与该国其他居民公司一样的全面纳税义务

B. 母公司所在国的税收法规对子公司同样具有约束力，除非它们所在国之间缔结的双边税收协定有特殊的规定

C. 分公司是独立的法人实体，在设立分公司的所在国被视为非居民纳税人，其所发生的利润与亏损与总公司合并计算，即人们通称的"合并报表"

D. 分公司与总公司经营成果的合并计算，所影响的是居住国的税收负担，至于作为分公司所在的东道国，照样要对归属于分公司本身的收入征税

15. 在物价上涨时，企业若想达到节税目的，在存货计价方法上应选择（　　）。

A. 先进先出法
B. 加权平均法
C. 个别计价法
D. 后进后出法

16. 增值税的计税依据不包含下列哪一项？（　　）

A. 不含税售价
B. 手续费
C. 收取的销项税额
D. 因延迟付款交纳的违约金

17. 下面关于税收筹划的说法，错误的是（　　）。

A. 税收筹划的目的是纳税人通过尽可能减轻自己的税收负担，实现税后收益最大化

B. 税收筹划的行为主体是纳税人

C. 纳税人本身可以是税收筹划的行为人，也可以聘请税务顾问或会计师进行税收筹划

D. 纳税人筹划的实质是对税基的合理减少或转化

18. 下列哪一项主要考虑了货币时间价值？（　　）

A. 绝对节税
B. 直接节税
C. 间接节税
D. 相对节税

19. 税负顺转筹划法一般适用于以下哪种经济情形？（　　）

A. 通货膨胀
B. 通货紧缩
C. 经济平稳
D. 市场饱和

20. 税收筹划应尽可能控制成本费用支出，使税收筹划的成本效益比最小，这体现了税收筹划的（　　）原则。

A. 财务利益最大化
B. 稳健性
C. 节约性
D. 综合性

21. 税收筹划要尽量使风险最小化，要在节税收益与节税风险之间进行必要的权衡，这体现了税收筹划的（　　）原则。

A. 财务利益最大化
B. 稳健性
C. 节约性
D. 综合性

22. 以下关于税收筹划的描述，（　　）是正确的。

A. 选择税收筹划方案只看节税数额的大小

B. 纳税人的节税收益越大，风险越小

C. 当投资利润率大于负债利率时，债务资本在投资中所占的比例越低，对企业的权益资本越有利

D. 在制定税收筹划方案时，一般需要制定出几套备选税收筹划方案，以供企业选择

23. 税收筹划的经济原则包括（　　）。

A. 财务利益最大化

B. 便利性原则，节约性原则

C. 财务利益最大化，便利性原则，节约性原则

D. 稳健性原则，综合性原则

24. 在下列说法中，不属于税收筹划应注意的问题的是（　　）。

A. 综合考虑对交易各方的税收影响

B. 忽略税收筹划的风险性

C. 税收只是众多经营成本中的一种

D. 关注税收法律的变化

25. 在下列关于税收筹划的表述中，不正确的是（　　）。

A. 追求税后利益最大化是市场经济条件下企业生存与发展的客观要求

B. 税收筹划是企业纳税意识提高到一定阶段的表现

C. 税收筹划就是寻求低税负

D. 税收筹划是纳税人对国家税法及有关税收经济政策的反馈行为

26. 在下列关于税收筹划意义的表述中，不正确的是（　　）。

A. 税收筹划行为将会对社会经济产生良性的、积极的正面作用

B. 税收筹划是对政府政策导向的正确性、有效性和国家现行税法完善性的检验

C. 税收筹划有助于提高纳税人的纳税意识，抵制偷逃税等违法行为

D. 由于企业自身具有强烈的节税欲望，国家才可能利用税收杠杆来调节、诱导纳税人的行为，从而实现国家的税收政策目标

27. 当（　　）时，原先合法的税收筹划行为有可能转变为违法行为。

A. 税率变动

B. 税法和税收条例中的某些条款或内容重新解释并更改适用范围

C. 商业成本增加

D. 其他交易方税收负担上升

28. 下列关于税收筹划需要注意问题的表述，不正确的是（　　）。

A. 企业通过税收筹划降低了自己的税收负担，但有可能造成其他交易方税收负担的上升，从而引发交易成本的提高

B. 税收是影响经营成本的决定性因素

C. 纳税最少的方案并不一定是财务利益最大的方案

D. 税收筹划是在特定的法律背景下进行的，有一定的局限性

（五）多选题

1. 税收筹划的法律性原则包括（　　）。

A. 合法性　　　　B. 风险性　　　　C. 预期性　　　　D. 目的性

2. 税收筹划的特点包括（　　）。

A. 合法性　　　　B. 风险性　　　　C. 预期性　　　　D. 目的性

3. 纳税筹划的合法性要求是与（　　）的根本区别。

A. 逃税　　　　B. 欠税　　　　C. 骗税　　　　D. 避税

4. 税收管辖权可以分为（　　）。

A. 居民管辖权　　　　　　　　　　B. 公民管辖权

C. 地域管辖权　　　　　　　　　　D. 时间管辖权

5. 下列哪种企业的组织形式不需要缴纳企业所得税（　　　）。

A. 股份有限公司　　　　B. 有限责任公司　　　　C. 合伙企业　　　　D. 独资企业

6. 绝对节税又可以分为（　　　）。

A. 直接节税　　　　B. 部分节税　　　　C. 全额节税　　　　D. 间接节税

7. 进行纳税人身份的税收筹划要避免成为居民纳税人。由于实际管理机构所在地在中国境内就是中国的居民纳税人，从而负有无限纳税义务，因此对其进行税收筹划的方法是（　　　）。

A. 尽可能将实际管理机构设在避税地或低税区

B. 尽可能将销售公司设在低税区，而将实际管理机构设在高税区

C. 尽可能减少某些收入与实际管理机构保持联系

D. 尽可能使某些收入与实际管理机构保持联系

8. 下列说法正确的是（　　　）。

A. 如果纳税人预计未来收入会下降并可能带来边际税率的下降，应尽量提前收入的实现时间

B. 在纳税人享受减免税期间，应尽量把收入实现时间安排在减免税或低税率年度，从而实现少纳税款的目的

C. 在正常的纳税年度，对于固定资产折旧、无形资产摊销等，在不违背税法规定的前提下，应尽量采用加速摊销的方式，以实现递延纳税的目的

D. 纳税人将不可抵扣的费用、支出最小化，同时扩大税前可扣除范围

9. 税收筹划与税负转嫁的区别有（　　　）。

A. 基本前提不同　　　　　　　　　　B. 产生的效应不同

C. 适用范围不同　　　　　　　　　　D. 纳税人态度不同

10. 在其他条件不变的情况下，当纳税人面临增值税纳税义务时，从税收筹划的角度出发，应尽量采取下列哪种销售或结算方式？（　　　）

A. 直接收款　　　　　　　　　　　　B. 预收货款

C. 分期收款　　　　　　　　　　　　D. 委托代销

E. 委托包销

11. 根据我国税法的规定，下列哪些企业需要缴纳企业所得税？（　　　）

A. 有限责任公司　　　　　　　　　　B. 有限股份公司

C. 合伙制企业　　　　　　　　　　　D. 个人独资企业

E. 外商投资企业

12. 新建企业的税收筹划，主要考虑的方面有（　　　）。

A. 企业组织形式的选择　　　　　　　B. 企业经营地点的选择

C. 企业分公司、子公司的选择　　　　D. 企业会计方法的选择

13. 对于存货的计价方法，加权平均法适用于以下哪些情况？（　　　）

A. 在比例税率下，物价上涨　　　　　B. 在比例税率下，物价下跌

C. 在比例税率下，物价波动　　　　　D. 在累进税率下，物价波动

E. 在累进税率下，物价上涨

14. 下面关于绝对节税原理的说法，正确的是（   ）。

A. 绝对节税是指税收筹划间接使纳税人缴纳税款的绝对额减少

B. 在各种可供选择的税收筹划方案中，选择缴纳税款最少的方案

C. 绝对节税可以直接减少某纳税人的应纳税款总额

D. 绝对节税是指税收筹划直接使纳税人缴纳税款的绝对额减少

E. 绝对节税可以直接减少某纳税人在一定时期内缴纳税款的总额

15. 在税收筹划的过程中，应该了解纳税人的哪些情况？（   ）

A. 财务情况   B. 税收政策

C. 对风险的态度   D. 企业的组织形式

E. 企业的经营范围

16. 以下关于税收筹划的描述，正确的有（   ）。

A. 制定税收筹划方案前应了解企业是否曾存在违反税法的情况

B. 税务机关存在相当大的"自由裁量权"，因而要熟悉税法执法环境

C. 进行税收筹划是在税法允许的范围内，选择少缴、免缴或递延缴纳税款的行为

D. 在选择节税方案时，应选择更简易的方案以节约税收筹划成本

E. 节税与风险并存，节税越多的方案往往也是风险越大的方案

17. 税收筹划与纳税意识的一致性关系表现为（   ）。

A. 依法建账是企业依法纳税的基本要求

B. 税收筹划是企业纳税意识提高到一定阶段的表现

C. 企业提高纳税意识与企业进行税收筹划具有共同的要求

D. 依法设立完整、规范的财务会计账表和正确进行会计处理是企业进行税收筹划的基本前提

18. 税收筹划的意义有（   ）。

A. 维护征税机构的合法权益

B. 促进纳税人依法纳税

C. 促进税制不断完善

D. 促进国家税收政策目标的实现

19. 以下关于税收筹划的表述，正确的有（   ）。

A. 税收筹划是纳税人对其资产、收益的正当维护，属于纳税人应有的经济权利

B. 税收筹划除了可以实现节税的功能外，还可以防止纳税人进入税法漏洞

C. 税收筹划有助于提高纳税人的纳税意识，抵制偷逃税等违法行为

D. 税收筹划是在合法或不违法的框架下寻求低税负

20. 在下列做法中，可以起到绝对节税作用的有（   ）。

A. 通过降低固定资产的维修费用，以使其一次性计入费用在企业所得税前扣除

B. 合理控制企业的应纳税所得额的规模，以享受小型微利企业的低税率优惠政策

C. 通过合理选择一般纳税人和小规模纳税人的身份以节税

D. 在票面利率相同的情况下，企业选择投资国债，而非投资企业债券

E. 将固定资产的折旧方法由折旧法改为加速法

（六）简答题

1. 什么是税收筹划？
2. 税收筹划的特点有哪些？
3. 税收筹划与偷税有何区别？税收筹划与避税有什么关系？
4. 简述税收筹划产生的原因。
5. 什么是跨国税收筹划？它与一般国内税收筹划有什么区别和联系？
6. 在利用税率差异进行税收筹划时，需要注意哪些地方？
7. 什么是递延纳税？递延纳税的方法有哪些？
8. 针对计税依据的税收筹划一般从哪几个方面进行？
9. 一般纳税人和小规模纳税人在进行身份筹划时，应该从哪些方面考虑？
10. 简述税收筹划的步骤。
11. 简述税收筹划的意义。
12. 简述税收筹划应注意的问题。

（七）分析题

1. 华光公司是年含税销售额在 80 万元左右的生产企业，该公司每年购进的材料（含 13％的增值税）约为 45 万元。如果华光公司是一般纳税人，其产品的增值税适用税率是 13％；如果是小规模纳税人，则适用 3％的征收率。该公司的会计核算制度健全，有条件被认定为一般纳税人。如何为该企业进行纳税人类别的税收筹划？

2. 某市有一家企业 A。如果 A 企业为小规模纳税人，则适用 3％的增值税税率，但不能进行进项税额抵扣；如果 A 企业为一般纳税人，则适用 13％或 6％的税率，同时可以进行进项税额抵扣。在 A 企业营业成本的研究支出中，劳务、咨询等不可抵扣费用的比例较大。A 企业符合高新技术企业优惠政策的条件要求。请结合 A 企业的情况，利用税率进行税收筹划。

3. 某乳品厂设有牧场和乳品加工分厂两个分部，牧场生产的鲜奶由加工分厂加工为成品奶出售。在现行的增值税政策下，该乳品厂可以抵扣的进项税额主要来自饲养奶牛所消耗的饲料（即草料），而大部分草料是向农民收购的，因而其增值税税负较重。

经过税收筹划，将牧场和乳品加工分厂分开独立核算，也就是分为两个独立法人，但在生产协作上仍按以前的程序处理，即牧场生产的鲜奶仍供应给乳品加工分厂加工销售，但牧场和乳品加工分厂之间按正常的企业间购销关系结算。该税收筹划大幅降低了增值税税负。试根据现行的增值税政策规定，对机构分设前后的增值税税负变化做出税收筹划分析。

（八）综合题

A 厂是小型生产企业，2022 年的销售收入约为 300 万元。由于 A 厂以小规模纳税人身份纳税，该年度缴纳增值税 9 万元，缴纳城市维护建设税及教育费附加 0.9 万元，两项合计 9.9 万元。

经调查，2022 年 A 厂生产经营活动实现的增值额为 50 万元。该厂是否可以进行纳税人身份转换的税收筹划？

五、练习题答案

（一）术语解释

1. 税收筹划是指在纳税行为发生之前，在税法允许的范围内，通过对纳税主体的经营活动或投资行为等涉税事项做出事先安排，以达到少缴纳和递延缴纳税款，并降低税收风险，最终实现企业价值最大化目的的一系列谋划活动。

2. 税收筹划具有合法性、事先性、风险性的特点，与偷税、欠税、骗税等违法行为有着本质的区别。

3. 税收筹划的方法主要有纳税人的筹划、计税依据的筹划、税率的筹划、税收优惠政策的筹划和其他税收筹划方法等。

4. 偷税是指纳税人伪造、变造、隐匿、擅自销毁账簿和记账凭证，或者在账簿上多列支出或者不列、少列收入，或者经税务机关通知申报而拒不申报或进行虚假的纳税申报，不缴或者少缴应纳税款的行为。

（二）填空题

1. 合法性
2. 少缴税　递延缴纳税款
3. 扩大　缩小
4. 国内税收筹划　跨国税收筹划
5. 纳税人　负税人
6. 综合性

（三）判断题

1. √

2. ×　【解析】各种税收优惠政策实施的直接后果就是实际税率低于名义税率，降低了受惠者的实际税收负担。

3. ×　【解析】若不考虑货币时间价值，通货膨胀会使货币贬值，而递延纳税的名义值不变，所以应付税款的真实价值降低了。

4.　×　【解析】跨国税收筹划是跨国纳税人事前制订的、用以减少跨国纳税义务的跨国投资经营计划，是一种合法行为。

5.　×　【解析】相对节税是指一定时期内的纳税总额并没有减少，但因各个纳税期纳税额的变化而使税收的现值减少。

6.　√

7.　×

8.　√　【解析】纳税人进行税收筹划从整体来看会促进国家经济的平稳运行，通过诱导纳税人的行为，可以推动经济的发展。

9.　×　【解析】子公司是独立法人，需要单独缴纳企业所得税。分公司和分支机构属于公司内部组织，不构成独立法人，不必单独缴纳企业所得税。

10.　×　【解析】属于。避免属于某税种征税范围的业务，即可避免成为该税种的纳税人，从而减少税收。

11.　√　【解析】起征点和免征额都是对满足相关条件的企业或个人提供税收优惠的政策。

12.　×　【解析】企业所得税的税收筹划应该更加关注成本费用的调整，以促进企业的长远发展。

13.　×　【解析】税负降低能否带来股东权益最大化还应考虑企业的资本结构。

14.　√

15.　√　【解析】税法漏洞的存在，给纳税人提供了避税机会，而税法陷阱的存在，又让纳税人容易落入看似漏洞、实为陷阱的圈套之中，这也是政府的反避税措施之一。

16.　×　【解析】低税负的产生还可能是因为国家鼓励某一行为所给予的优惠。

（四）单选题

1.　A

2.　A　【解析】纳税人是进行税收筹划的主体，计税依据是税收筹划的客体。

3.　D

4.　C

5.　B　【解析】独资企业不是一个法定经济实体，不需要缴纳企业所得税，业主个人需要将独资企业的利润与取得的其他应税收入加总，一并计缴个人所得税。

6.　C　【解析】由于A国实行单一的地域管辖权，同时C国实行单一的居民管辖权，如果陈先生在C国出版书籍，将因收入不在A国取得而避免了在A国纳税，同时因陈先生不是C国的税收居民而避免了在C国纳税。

7.　C　【解析】选项A：如果该国实行居民管辖权，本国居民在境外发生涉税活动也会被征税；选项B：企业的税收筹划可以促进企业了解税法，同时有助于国家完善税法，是双向有利的；选项D：会计报表作假属于违法行为，税收筹划应在法律允许的范围内进行。

8.　D　【解析】各国税收制度的不同之处包括税种、税基、税率、税收优惠。税收管辖权的范围不属于税收制度的不同。

9. C

10. C

11. D　【解析】当两国同时行使居民管辖权，并且以住所标准确定自然人的居民身份时，跨国纳税人在两个国家均无住所，才能同时躲避在两国的纳税义务。

12. B

13. B

14. D

15. B

16. C

17. D　【解析】纳税人筹划的实质是对纳税人身份的合理界定或转化。

18. D　【解析】绝对节税可分为直接节税和间接节税，体现为减少一定时期内的绝对纳税额；相对节税考虑了货币时间价值，即税收筹划后未来时期应纳税额的现值小于当前现值。

19. A　【解析】税负顺转筹划法一般适用于市场紧俏的生产要素或知名品牌的商品，即此类商品具有较强的市场竞争力，而且市场价格较高。在通货膨胀的情况下，市场上物价上涨、供小于求，因而此类商品有较强的竞争力。

20. C

21. B

22. D

23. B

24. B　【解析】税收筹划应注意的问题：①综合考虑对交易各方的税收影响；②税收只是众多经营成本中的一种；③关注税收法律的变化；④正视税收筹划的风险性。

25. C　【解析】税收筹划是在合法或不违法的框架下寻求低税负。

26. A　【解析】税收筹划行为若要对社会经济产生良性的、积极的正面作用，需要以政府的税收政策导向正确为前提。

27. B　【解析】当国家或政府对税法和税收条例中的某些条款或内容重新解释并更改适用范围时，纳税人原有的税收筹划权利就可能转变成纳税义务。

28. B　【解析】税收只是众多经营成本中的一种，在税收筹划的过程中必须考虑所有的成本，实施某些税收筹划方案可能会带来极大的商业重组成本。

（五）多选题

1. ABC

2. ABCD

3. ABCD

4. ABC　【解析】各国的税收管辖权可以分为居民管辖权、公民管辖权和地域管辖权，前两者遵循属人原则，后者遵循属地原则。不存在时间管辖权。

5. CD　【解析】根据《企业所得税法》第一条的规定，企业和其他取得收入的组织，为企业所得税的纳税人。独资企业不是一个法定经济实体，不需要缴纳企业所得税；虽然合伙企业是独立于各合伙人的企业主体，但合伙企业无须缴纳企业所得税。

6. AD

7. AC

8. BCD　【解析】如果纳税人预计未来收入会下降并可能带来边际税率的下降，应尽量推迟收入的实现时间，而不是提前收入的实现时间。

9. ABCD

10. CD　【解析】纳税人销售货物可以通过递延纳税进行税收筹划。委托代销结算方式可以根据实际收到的货款分期计算销项税额；分期收款可将收入平摊到以后时期确认，也可达到延缓纳税时间的目的。

11. ABE　【解释】合伙制企业和个人独资企业需要缴纳个人所得税，通过"经营所得"计算。

12. ABCD

13. ACD　【解析】对存货的计价方法进行税收筹划，重点是减少存货的成本或均衡成本，避免应纳税额因适用较高的税率而加重税负。

14. BCDE　【解析】绝对节税是指直接或间接使应纳税额绝对减少，其原理是在各种可供选择的税收筹划方案中，选择缴纳税款最少的方案。

15. ACDE

16. ABCDE

17. ABCD　【解析】税收筹划与纳税意识的一致性关系表现为：第一，税收筹划是企业纳税意识提高到一定阶段的表现；第二，企业提高纳税意识与企业进行税收筹划具有共同的要求；第三，依法设立完整、规范的财务会计账表和正确进行会计处理是企业进行税收筹划的基本前提，同时依法建账也是企业依法纳税的基本要求。

18. BCD　【解析】税收筹划的意义有：①维护纳税人的合法权利；②促进纳税人依法纳税；③促进税制不断完善；④促进国家税收政策目标的实现。

19. ACD　【解析】选项B错误，正确的表述应为"税收筹划除了可以实现节税的功能外，还可以防止纳税人陷入税法陷阱"。"税法漏洞"的存在为纳税人提供了避税机会。

20. BCD

（六）简答题

1.【解析】税收筹划又称纳税筹划或税务筹划，是指在纳税行为发生之前，在税法允许的范围内，通过对纳税主体的经营活动或投资行为等涉税事项做出事先安排，以达到少缴纳和递延缴纳税款，并降低税收风险，最终实现企业价值最大化目的的一系列谋划活动。

2.【解析】税收筹划的特点包括：

（1）合法性。税收筹划的合法性是指税收筹划必须在税法许可的范围内。

（2）事先性。税收筹划的事先性是指税收筹划是在纳税义务发生之前对涉税事项所做的规划和安排。

（3）风险性。由于税收筹划有预期性，因而进行税收筹划是有风险的。在实际操作中，虽然很多税收筹划方案在理论上可以减少缴税或降低部分税负并获得税收利益，但往往不能达到预期效果，这与税收筹划的成本和风险有关。

3.【解析】（1）税收筹划与偷税的区别：

偷税是在纳税人的纳税义务已经发生且能够确定的情况下，采取不正当或不合法的手段以逃脱其纳税义务的行为。偷税具有故意性、欺诈性，是违法行为，应该受到处罚。

税收筹划是指在纳税行为发生之前，在税法允许的范围内，通过对纳税主体的经营活动或投资行为等涉税事项做出事先安排，以达到少缴纳和递延缴纳税款，并降低税收风险，最终实现企业价值最大化目的的一系列谋划活动。

两者的本质区别就在于其正当性。税收筹划是在税法允许的范围内进行，而偷税采取的是不正当或不合法的手段，违反了法律和法规，应当受到处罚。

（2）税收筹划与避税的关系：

税收筹划是指在经济活动中做出合乎政府政策意图的、合法的安排，以达到少交税款的目的。由于其行为是合法的，因而受到法律的保护。

避税是指纳税人利用税法上的漏洞或税法允许的办法，做适当的财务安排或税收策划，在不违反税法规定的前提下，达到减轻或解除税负的目的。

避税是在经济活动中做出的违背政府政策意图但不违法的安排，可以达到少交税款的目的。由于其行为是不违法的，因而难以受到法律的惩罚。由此可见，税收筹划和避税的结果是相同的，它们都少交了税款，但税收筹划是受到鼓励或受到法律保护的行为，而避税是不受鼓励的行为。如果政府调整了税收政策，堵塞了税收漏洞，那么纳税人的避税行为也许就变成了违法行为。有时，纳税人避税的力度过大，也会成为不正当避税，而不正当避税在法律上就可认定为偷税。

4.【解析】（1）税收制度因素，包括各国税收制度的不同和弹性的存在。

（2）国家间税收管辖权的差别。

（3）自我利益驱动机制。

（4）货币具有的时间价值，递延纳税可以降低实际税负。

5.【解析】跨国税收筹划是指跨国纳税人利用各国之间的税制差异，对跨国经营活动所做的税收安排。

在跨国税收领域内，一方面，跨国投资者在进行国际投资的可行性研究或选择最优投资方案时，总要把有关国家税负的大小作为确定其资本投向的一个重要因素；另一方面，对于跨国投资者的国际投资经营活动，各国政府大多会给予某些特殊的税收优惠待遇，因而各国在征税范围、税率高低以及征管水平上的差异，就有可能为跨国投资者进行跨国税收筹划提供机会，使跨国纳税人拥有选择的条件和机会，从而实现跨国税收筹划利益。因此，当跨国投资者的税收筹划活动超越一国的税收管辖范围时，这种税收筹划活动就具有了国际意义。

因此，跨国税收筹划是税收筹划活动在国际范围的延伸和发展，也是跨国纳税人利用各国税法规定的差别和漏洞，以种种公开的合法手段减轻国际税负的行为。显然，它与跨国纳税人采取种种隐蔽的非法手段进行的国际逃税（偷、漏税）的性质是不同的。

6.【解析】（1）在合理合法的情况下，尽量寻求适用税率的最低化。

（2）尽量寻求税率差异的稳定性和长期性。税率差异具有一定的确定性是相对而言的，因为在税率差异中还有相对更稳定的。例如，政局稳定国家的税率差异就比政局动荡国家的税率差异更具稳定性；政策制度稳健国家的税率差异就比政策制度多变国家的税率差异更具长期性。

7.【解析】（1）递延纳税是指通过合法的手段推迟收入或者应纳税所得额的确认时间，以达到相对节税的目的。

（2）递延纳税的方法为：

1）推迟收入的确认。

2）尽早确认费用。

8.【解析】（1）控制和安排税基的实现时间，递延纳税、均衡实现收入或在减免税期间让税基合法提前实现。

（2）合理分解税基，分开核算，避免从高适用税率。

（3）实现税基最小化，将税基总量合法降低。

9.【解析】（1）适用的税率不同。一般纳税人适用13％、9％、6％的税率；小规模纳税人适用3％和5％的征收率。

（2）进项税额的抵扣不同。一般纳税人获得增值税专用发票的，可以进行进项税额的抵扣；小规模纳税人不能抵扣进项税额。

（3）税负程度不同。在一般情况下，小规模纳税人的税负略重于一般纳税人。

10.【解析】（1）全面了解纳税人的情况。

（2）分析纳税人的现行纳税情况。

（3）熟练掌握税法相关规定。

（4）制定并选择税收筹划方案。

（5）税收筹划方案的实施与反馈。

11.【解析】（1）维护纳税人的合法权利。追求税后利益最大化是市场经济条件下企业生存与发展的客观要求，纳税人在法律许可的范围内进行税收筹划，有利于维护自身的合法权利。

（2）促进纳税人依法纳税。税收筹划有助于提高纳税人的纳税意识，抵制偷逃税等违法行为。

（3）促进税制不断完善。国家通过对纳税人的税收筹划行为进行分析和判断，有利于发现税制存在的问题，进而促进税制的不断完善。

（4）促进国家税收政策目标的实现。

12.【解析】（1）综合考虑对交易各方的税收影响。企业通过税收筹划降低了自己的税收负担，但有可能造成其他交易方税收负担的上升，从而引发交易成本的提高，进而影响企业自身的经营行为或使交易费用增加，最终降低企业的经营利润。

（2）税收只是众多经营成本中的一种。在税收筹划过程中，纳税人必须考虑到所有成本，实施某些税收筹划方案可能会带来极大的商业重组成本。

（3）关注税收法律的变化。税收筹划是在特定的法律背景下进行的，有一定的局限性，随着法律法规的调整与变化，原先不违法甚至是合法的行为有可能变为违法行为。

（4）正视税收筹划的风险性。环境及其他因素的变化，使得税收筹划带有很多不确定因素，有可能达不到税收筹划所预期的效果。

（七）分析题

1.【解析】

$$一般纳税人的应纳税额 = 80 \div (1 + 13\%) \times 13\% - 45 \div (1 + 13\%) \times 13\%$$
$$= 4.03（万元）$$
$$小规模纳税人的应纳增值税税额 = 80 \div (1 + 3\%) \times 3\% = 2.33（万元）$$
$$成为小规模纳税人的节税额 = 4.03 - 2.33 = 1.70（万元）$$

与此同时，还要考虑小规模纳税人申请成为一般纳税人需要的费用和增加的纳税成本。

2.【解析】

（1）因为营业成本中不可抵扣费用的比例较大，A企业若满足小规模纳税人的条件，应选择成为小规模纳税人，以适用低税率。

（2）其次，高新技术企业应明确"兼营"业务适用不同的税率，在财务管理中应该做到分别核算、分别适用税率：①有利于"依法纳税"；②避免了因"混为一谈"而增加不必要的税费成本。

（3）该企业可享受"两免三减半"的政策，应尽可能在减免税期间及合法框架内使税基提前实现。

3.【解析】

（1）在结构分设前。

1）乳品加工分厂不是农产品生产单位，不能免缴增值税。

2）乳品加工分厂只有收购的饲料部分可以抵扣13%的进项税额，因为可抵扣的进项税额少，所以该乳品加工分厂的增值税税负过高。

（2）税收筹划：将牧场和乳品加工分厂分开独立核算，分为两个独立法人。

1）牧场属于农产品生产单位，按规定可以免缴增值税。

2）乳品加工分厂从牧场购入的鲜奶可以抵扣13%的进项税额。

因为鲜奶的价格大于收购饲料的价格，所以买进鲜奶可抵扣的进项税额大于在结构分设前因收购饲料抵扣的进项税额。因此，在结构分设后，该乳品加工分厂可抵扣的进项税额增多，进而使其增值税税负降低。

3）需要注意的是，因为牧场与乳品加工分厂存在关联关系，所以牧场销售给乳品加工分厂的鲜奶价格必须按公平交易进行定价，而不能为了增加进项税额故意抬高售价，否则税务机关有权进行调整。

（八）综合题

【解析】

如果对2022年A厂的税额适用一般纳税人13%的增值税税率计算，则A厂应缴纳的增值税为 6.5 万元，应缴纳的城市维护建设税及教育费附加为 0.65 万元，合计 7.15 万元。

仅就增值税税额来看，A 厂从小规模纳税人转换为一般纳税人后的税收负担下降了 2.75 万元。

然而，税收筹划应充分考虑企业的一切情况，在综合考虑未来的生产规模、抵税链条等因素的情况下，企业可以根据《企业会计制度》的规定，由小规模纳税人改为一般纳税人。

第 *2* 章

增值税的税收筹划

一、学习目的与要求

增值税是我国的第一大税种，其覆盖面广、制度较为复杂、涉及法规较多，也是纳税人比较关注的税种之一。通过本章的学习，学生应掌握增值税筹划的主要原理，从设立业务、销售业务、采购业务、租赁业务等层面，掌握增值税筹划的方法，并能针对具体问题制定税收筹划方案。

二、重点与难点

（一）增值税筹划原理

1. 纳税人的税收筹划

（1）纳税人身份的选择。增值率高或抵扣率低的企业可选择小规模纳税人身份。若企业所从事业务的增值率较高或抵扣率较低，则选择做小规模纳税人的税负较轻。纳税人可以通过企业拆分等手段，使自己符合小规模纳税人的资格要求。

增值率低或抵扣率高的企业可选择一般纳税人身份。若企业所从事业务的增值率较低或抵扣率较高，则选择做一般纳税人的税负较轻。纳税人可以通过企业合并以及提高自身财务核算水平等手段，使自己符合一般纳税人的资格要求。

（2）避免成为纳税人。筹划要点在于应税交易行为的发生地是否处于境内。如果应税交易行为同时在境内与境外发生，最好将这两种经济业务分别签订合同。

2. 计税依据的税收筹划

（1）销项税额的税收筹划。

1）折扣销售与销售折扣。企业在使用折扣销售时（折扣额应在"金额"栏中注明，在"备注"栏中注明的，折扣额不得在销售额中减除），切记要把销售额和折扣额开在同一张增值税专用发票上，这样可以将折扣后的余额作为销售额计算增值税。企业应明确折扣销售与销售折扣的不同，以免将可以扣减的折扣额计算到应缴增值税的销售额中。从企业税负的角度考虑，折扣销售方式优于销售折扣方式。如果企业面对的是一个信誉良好的客户，销售货款的回收风险较小，那么企业可以考虑通过修改销售合同，将销售折扣方式转化为折扣销售方式。企业应尽量将实物折扣转化为折扣销售。

2）手续费代销与视同买断代销。在受托方收到的代理服务收入（不含税）与视同买断取得的差额收入（不含税）相同的情况下，由于两种不同代销方式下委托方、受托方的税务处理不同，因而这两种代销方式下的税负也不相同。对于受托方来说，收取手续费方式适用的增值税税率低于视同买断方式适用的增值税税率，因而收取手续费方式的增值税税负较低。对于委托方来说，收取手续费方式下的代销价格高于视同买断方式下的代销价格，因而收取手续费方式的增值税税负较高。从委托方、受托方两者合计税负来看，在两种代销方式下的税负完全相同，只是由于不同的代销方式影响了两者各自承担的税额。从税负的角度来看，委托方应尽量采用视同买断方式，而受托方应尽量采用收取手续费方式。为平衡两者税负的差异，税负较低的一方可以给予税负较高的一方一定的价格补偿。

对销售价格的税收筹划重点在价外费用上。增值税法规定，价外费用是指价外向购买方收取的手续费、补贴、基金、集资费、返还利润、奖励费、违约金（延期付款利息）、包装费、包装物租金、储备费、优质费、运输装卸费、代收款项、代垫款项及其他各种性质的价外收费。价外收费视为含税收入，应当换算为不含税销售额后征收增值税。因此在税收筹划中，应尽量避免将价外费用纳入增值税的税收筹划范围。

（2）进项税额的税收筹划。

1）进货渠道的税收筹划。对于购买方为一般纳税人的，在含税采购价格相同的情况下，应选择从一般纳税人处采购，这样可使可抵扣进项税额高、不含税采购成本低；如果小规模纳税人的含税采购价格低于一般纳税人的含税采购价格，就要比较小规模纳税人的价格折扣程度能否弥补其因进项税额较低而产生的差额，进而决定供货方。对于购买方为小规模纳税人的，选择含税价格较低的一方为供货方。

2）购进固定资产、无形资产与不动产的税收筹划。一般纳税人在购入固定资产、无形资产、不动产后，只要不是专门用于简易计税方法计税项目、免征增值税项目、集体福利或者个人消费，就可以得到全部增值税的抵扣。

3）兼营简易计税方法计税项目、免税项目进项税额核算的税收筹划。纳税人应根据简易计税方法计税项目与免税项目的销售额占全部销售额的比重来判定会计核算的方式。与此同时，需要注意的是，如果纳税人选择分开核算，还应保存好相关的财务资料，以备税务机关的审查。

4）发票的税收筹划。在购买商品或者接受劳务（服务）时，购买方必须向供应商索取合规发票，不符合规定的发票坚决不得入账。与此同时，购买方在风险可控的情况下应该及时取得发票以做进项税额的抵扣，获取抵扣款的货币时间价值。

3. 计税方法的税收筹划

纳税人可以通过比较自身的增值率与无差别平衡点增值率来选择有利的计税方法。如果自身的增值率高于无差别平衡点增值率，选择简易计税方法更有利；如果自身的增值率低于无差别平衡点增值率，选择一般计税方法更有利。

4. 纳税义务发生时间的税收筹划

（1）销售结算方式的税收筹划。企业应在充分考虑销售风险的情况下，选择有利于企业延缓税款缴纳、充分利用货币时间价值的结算方式。

（2）进项税额抵扣时间的税收筹划。纳税人应尽早取得合法的抵扣凭证，实现进项税额抵扣的极早化和极大化。首先，在采购时尽量做到分期付款、分期取得发票。一般企业在采购过程中采用款项付清后取得发票的方式，如果材料已实际验收入库，但货款尚未全部付清，则销货方企业不予开具增值税专用发票。在这种情况下，企业无法及时抵扣进项税额，将造成增值税税负增大。因此，在原材料购买环节中，企业应采用分期付款取得增值税专用发票的方式，用以及时抵扣进项税额、缓解税收压力、提高企业的资金利用率。其次，企业在采购时应尽早取得增值税专用发票。采购结算方式可分为赊购和现金采购。一般来说，销售结算方式由销售方自主决定，采购结算方式的选择权取决于采购方与销售方之间的谈判。如果产品供应量充足甚至过剩，再加上采购方的信用度高、实力强，那么在结算方式的谈判中，采购方往往可以占据主动地位，可在付款前先取得对方开具的增值税专用发票，以实现进项税额的提前抵扣。

（3）关联企业的税收筹划。利用转让定价对增值税进行税收筹划可以起到递延税款缴纳的作用。关联企业各方可以通过压低前期环节销售价格的方式，把增值额累积到最后的销售环节，以实现增值税的递延纳税。与此同时，结合关联各方进项税额的情况，通过制定合理的关联转让价格，使各方的留抵税额最小化。

5. 增值税税率的税收筹划

纳税人发生适用不同税率或者征收率的应税交易，应当分别核算适用不同税率或者征收率的销售额；未分别核算的，从高适用税率。对于涉及不同税率（征收率）的货物、劳务、服务、无形资产或者不动产的混合交易和兼营行为从高适用税率的问题，纳税人应通过业务分拆、分开核算等方式，避免从高适用税率。

6. 增值税税收优惠政策的税收筹划

增值税的税收优惠政策涉及起征点、税率优惠、税收减免等的规定，纳税人应充分利用税收优惠政策的规定，以实现节税目标。

（二）企业设立业务中的增值税筹划

对增值税纳税人身份的选择，可以通过比较相同情况下企业选择成为一般纳税人和小规模纳税人身份时其净利润的高低来进行。在销售价格、货物成本、期间费用保持不变的情况下，企业可以利用增值税的无差别平衡点增值率和抵扣率来判断税负高低。

（三）企业销售业务中的增值税筹划

1. 涉及不同税率的应税交易

对于涉及不同税率的应税交易，企业应当明确区分其提供的不同货物和服务适用的税率。若经营主业的税率高于其他经营项目，则可建立子公司进行税收筹划；若经营主业的税率低于其他经营项目，则按照主业的低税率纳税。

为了避免出现从高适用税率或征收率而加重税收负担的情况，兼有不同税率或征收率的销售货物、服务、无形资产或者不动产的企业一定要分别核算各自的销售额。

2. 折扣销售与"买一赠一"

对于不同的折扣方案，企业应根据不同的促销方案进行税后净利润的测算，并依据测算结果进行税收筹划。

企业在采取"买一赠一"方式促销时，应避免被视为无偿销售并缴纳增值税。

3. 关联企业的销售价格

由于纳税义务发生时间不同以及不同行业和不同纳税人身份适用不同的税率，企业可利用关联企业转让定价的方式进行税收筹划。企业在进行税收筹划前，必须在税务机关可接受的范围内进行转让定价安排，以防付出更多的税收成本。

4. 委托代销方式的税收筹划

在代理销售业务中，受托方应选择收取手续费方式。如果采用视同买断方式代销，受托方需要多缴纳一部分增值税，而委托方少缴纳一部分增值税，因此双方可以在协议价格上做一些调整，比如委托方适当降低价格，以使受托方多缴的增值税在制定协议价格时得到补偿，最终使双方的税负水平趋于合理。

5. 不动产销售

如果已开发的项目在整个开发项目中的占比很小，而且有大量的进项税额可以抵扣，则可以选择一般计税方法，按照9%的税率计算增值税。如果已开发的项目在整个开发项目中的占比较大，并且收到了大部分采购发票（增值税普通发票），但增值税进项税额很少，则应选择适用简易计税方法，按照5%的征收率征收增值税。

6. 结算方式的选择

对于结算方式选择的税收筹划，最关键的一点就是尽量推迟纳税义务发生时间。

在销售结算方式的税收筹划中，要遵循以下基本原则：①未收到货款不开发票，这样可以达到递延纳税的目的。例如，对于发货后一时难以回笼的货款或委托代销商品等情况，企业应在收到货款后再出具发票纳税。②尽量避免采用托收承付与委托收款的结算方式，防止垫付税款。③在不能及时收到货款的情况下，企业应采用赊销或分期收款的结算方式，防止垫付税款。④企业应尽可能采用支票、银行本票和汇兑结算方式销售产品。

（四）企业租赁业务中的增值税筹划

1. 不动产租赁计税方法的选择

在计税方法可以选择的情况下，纳税人可以根据企业不动产租赁服务的增值率或抵扣率的情况，选择应纳税额较小的计税方法。

2. 有形动产租赁方式的选择

综合分析销售额与固定成本，考虑将有形动产租赁转为交通运输服务可以减轻增值税税负。

3. 融资租赁方式的选择

当融资租赁企业的实收资本达到1.7亿元时，享受增值税即征即退政策；当融资租赁服务与融资性售后回租的增值税税负超过3%时，这两种服务的实际应纳增值税相等；然而，当企业的实收资本未达到1.7亿元时，采用融资性售后回租方式的税负较轻。

（五）企业采购业务中的增值税筹划

1. 供应商的选择

从税负、净现金流和税后净利润的角度对不同进货方案进行计算与分析，最终选择最有利于企业的税收筹划方案。

2. 加工方式的选择

企业的加工方式有自行加工和委托加工两种，在委托加工完成后的提货环节，委托方要支付加工环节的增值税。由于这两种加工方式下的增值税进项税额不同，因而其应纳增值税税额也不尽相同。

（六）企业出口退税业务中的增值税筹划

1. 确定征（退）税不同类别的税收筹划

当产品归于不同类别将适用不同的征（退）税率时，企业的选择不同，其实际负担的税款也不相同。在这种情况下，就需要对相关业务进行税收筹划。

2. 选择经营方式的税收筹划

选用免、抵、退税方法还是不征不退方法的关键是，如果出口产品不得抵扣的进项税额小于为生产该出口产品而取得的全部进项税额，则应采用免、抵、退税方法，否则应采用不征不退方法。通过上述案例可以看出，对于利润率较低、出口退税率较高及耗用国产辅助材料较多（进项税额较大）的货物出口，宜采用进料加工方式；对于情况相反的货物出口，宜采用来料加工方式。

3. 选择进料加工保税进口料件组成计税价格计算方法的税收筹划

按照相关法规的规定，当期进料加工保税进口料件的组成计税价格计算方法有两种，即"实耗法"和"购进法"。这两种方法对增值税出口退税的计算存在一定的差异，从而带来了一定的税收筹划空间。

三、关键术语

　　无差别平衡点增值率是指在该增值率下，一般纳税人与小规模纳税人的应缴税额相同。当增值率低于此值时，一般纳税人的税负低于小规模纳税人；当增值率高于此值时，一般纳税人的税负高于小规模纳税人。

　　无差别平衡点抵扣率是指在该抵扣率下，一般纳税人与小规模纳税人的应缴税额相同。当抵扣率低于此值时，一般纳税人的税负高于小规模纳税人；当抵扣率高于此值时，一般纳税人的税负低于小规模纳税人。

　　折扣销售是指销货方在发生销售货物等应税行为时，因购货方购货数量较大等原因而给予购货方的价格优惠。

　　销售折扣是指销货方在销售货物、应税服务、无形资产、不动产后（在赊销的情况下），为了鼓励购货方及早偿还货款而协议许诺给予购货方的一种折扣优惠。

　　融资租赁是指具有融资性质和所有权转移特点的租赁活动，即出租人根据承租人所要求的规格、型号、性能等条件购入有形动产或者不动产租赁给承租人，合同期内租赁物的所有权属于出租人，承租人只拥有使用权，而在合同期满付清租金后，承租人有权按照残值购入租赁物，以拥有其所有权。不论出租人是否将租赁物销售给承租人，均属于融资租赁。

　　融资性直租是指出租人根据承租人所要求的规格、型号、性能等条件购入有形动产或者不动产并直接租赁给承租人。

　　融资性售后回租是指承租方以融资为目的，将资产出售给从事融资性售后回租业务的企业后，从事融资性售后回租业务的企业将该资产出租给承租方的业务活动。

四、练习题

（一）术语解释

1. 无差别平衡点增值率
2. 无差别平衡点抵扣率
3. 折扣销售
4. 销售折扣

（二）填空题

1. 为方便增值税的征收管理，保证对增值税专用发票的正确使用和安全管理，将增值税纳税人按照其经营规模大小及会计核算是否健全划分为_____和_____。

2. 自2018年5月1日起，小规模纳税人的销售额统一标准为：年应征增值税销售额_____及以下。

3. 在一个特定的增值率下，一般纳税人与小规模纳税人应缴的税款数额相同，这个特定的增值率称为_____。

4. 一般纳税人适用的税率为13%，小规模纳税人适用的征收率为3%，则无差别平衡点抵扣率为_____。

5. 税法规定以_____为抵扣凭证，所以一般纳税人的进货渠道不同，可抵扣的比例就不同，从而影响其实际税收负担。

6. 为了推迟纳税义务发生时间、获得货币时间价值，在不能及时收到货款的情况下，应该采取_____或_____的结算方式，防止垫付税款

7. 房地产开发企业销售自行开发的房地产项目，只有一般纳税人在处理_____时才有税收筹划的空间，可以对处理方式进行选择。

8. 一般纳税人出租2016年4月30日前取得的不动产，可以选择适用_____，按照_____计算应纳税额。

9. 从事经营租赁服务的纳税人，其销售额为_____。

10. 在"出口免税不退税"的规定中，出口免税是指货物在出口销售环节不征增值税、消费税；出口不退税是指_____，如古旧图书、来料加工复出口的货物。

（三）判断题

1. 年应税销售额超过小规模纳税人标准的其他个人或企业，不得按照小规模纳税人的标准纳税。（　　）

2. 小规模纳税人即使会计核算健全，也不得选择按照一般纳税人纳税。（　　）

3. 年应税销售额超过小规模纳税人标准的个人，如果账簿资料健全，能准确核算并提供销项税额、进项税额的，可以认定为一般纳税人。（　　）

4. 按照无差异平衡点增值率的原理，当增值税纳税人的增值率高于无差异平衡点增值率时，作为小规模纳税人比作为一般纳税人的税负重。（　　）

5. 销售折扣与折扣销售的税务处理是相同的。（　　）

6. 从增值税税收筹划角度分析，"买一送一"与"折扣销售"相比，前者的税负一般要低于后者。（　　）

7. 当小规模纳税人的报价折扣率高于价格优惠临界点时，向小规模纳税人采购可以获得比向一般纳税人采购更大的税后利益。（　　）

8. 销售者将自产、委托加工和购买的货物用于实物折扣的，则该实物款可以从货物

销售额中减除，按照折扣后的余额作为计税金额。（　　）

9. 融资租赁中租赁资产的所有权最终可能转移，也可能不转移。（　　）

10. 在融资性售后回租业务中，承租方出售资产的行为属于增值税的征税范围。（　　）

11. 某出口企业报关出口一批货物，货物未离境，价款以外汇结算，那么这批货物可以申请退税。（　　）

12. 适用不同退税率的货物和服务，应分开报关、核算并上报退（免）税，未分开报关、核算或划分不清的，从高适用税率。（　　）

（四）单选题

1. 纳税人应在年应税销售额超过小规模纳税人规定标准的月份（或季度）的所属申报期结束后（　　）日内，按规定办理一般纳税人登记手续。
A. 7　　　　　　　　B. 10　　　　　　　　C. 15　　　　　　　　D. 30

2. 在增值税的征税对象中，货物是指（　　）。
A. 不动产　　　　　B. 有形动产　　　　　C. 无形资产　　　　　D. 运输服务

3. 在增值税的征税对象中，销售货物是指有偿转让货物的（　　）。
A. 所有权　　　　　B. 经营权　　　　　C. 转让权　　　　　D. 使用权

4. 我国现行适用于一般纳税人的增值税税率不包括（　　）。
A. 13%　　　　　　B. 9%　　　　　　　C. 6%　　　　　　　D. 10%

5. 增值税纳税人可以通过（　　）判定自己做一般纳税人还是小规模纳税人。
A. 资产总额　　　　　　　　　　　B. 无差别平衡点增值率
C. 价格折让临界点　　　　　　　　D. 盈亏平衡点

6. 对于商业企业，一般纳税人和小规模纳税人的无差别平衡点增值率为（　　）。
A. 23.08%　　　　B. 33.33%　　　　C. 50.00%　　　　D. 38.46%

7. 某家具生产厂（一般纳税人）外购木材作为加工产品的原材料。现有供应商甲与供应商乙，供应商甲为一般纳税人，可以开具税率为13%的增值税专用发票，对木材的报价为55万元（含税价款）；供应商乙为小规模纳税人，可以开具征收率为3%的增值税专用发票。为使从供应商乙购进木材的增值税税负低于供应商甲，供应商乙对木材的报价（含税价款）应不高于（　　）元。
A. 451 200　　　B. 473 100　　　C. 496 320　　　D. 501 200

8. 当增值税税率为6%、小规模纳税人的抵扣率为3%时，价格优惠临界点为（　　）。
A. 90.24%　　　B. 87.35%　　　C. 90.92%　　　D. 96.88%

9. 在下列关于销售的纳税管理的说法中，不正确的是（　　）。
A. 销售结算方式的税收筹划是指在税法允许的范围内，尽量采取有利于该企业的结算方式，以推迟纳税时间，获得纳税期的递延
B. 采取"以旧换新"方式销售时，一般应按新货物的同期销售价格确定销售额，不得扣减旧货物的收购价格
C. 在采用销售折扣方式销售时，如果销售额和折扣额在同一张发票上注明，可以以销售额扣除折扣额后的余额作为计税金额，从而减少企业的销项税额

D. 对于购买方购买货物时配送、赠送的货物,其价款不仅不能从货物销售额中减除,而且需要按"赠送他人"计征增值税

10. 下列关于增值税的税收筹划,说法错误的是 ( )。

A. 当纳税人的实际增值率低于无差别平衡点增值率时,一般纳税人的税负高于小规模纳税人的税负

B. 纳税人生产产品或提供劳务的增值率比较高时,选择小规模纳税人更有利

C. 根据进项税额抵扣时间的规定,对于取得防伪税控系统开具的增值税专用发票,应在取得发票后尽快到税务机关进行认证

D. 对于兼营高低不同税率产品的纳税人,一定要分别核算各自的销售额,杜绝从高适用税率的情况发生

11. 某企业是一家航空运输企业,每年不含税的销售额一直保持在 160 万元左右。该企业每年购买的不含税货物总额为 110 万元,它应该采取下列哪一种税收筹划方法? ( )

A. 向税务局提出减税申请

B. 按照税法的要求建立健全财务和会计核算制度,申请成为一般纳税人

C. 申请成为小规模纳税人

D. 申请税收优惠

12. 在判定一般纳税人与小规模纳税人税负高低时,( ) 是关键因素。

A. 适用税率   B. 纳税人身份

C. 可抵扣的进项税额   D. 无差别平衡点

13. 在下列关于结算方式选择的税收筹划中,不正确的是 ( )。

A. 尽量采用托收承付与委托收款的结算方式,以保障资金链

B. 未收到货款不开发票,这样可以达到递延纳税的目的

C. 在不能及时收到货款的情况下,可以采用赊销或分期收款的方式

D. 尽可能采用本票、银行本票和汇兑结算方式销售产品

14. 对混合销售的税收筹划,说法不正确的是 ( )。

A. 混合销售强调同一项销售行为中存在着两类经营项目的混合

B. 混合销售的销售货款以及劳务价款是从一个购买方同时取得的

C. 采取的税收筹划措施为设立独立公司

D. 可采用分开核算不同业务进行税收筹划

15. 采用以下哪种促销方式可使应交增值税最小? ( )

A. 100 元产品八折销售   B. 买 100 元产品返还 20 元购物券

C. 买 100 元产品返还 20 元现金   D. 买 100 元产品送 20 元赠品

16. 在下列租赁业务中,承租方的进项税额不可抵扣的是 ( )。

A. 有形动产经营租赁服务   B. 不动产经营租赁服务

C. 融资性售后回租   D. 融资租赁直租

17. 下列不属于交通运输服务 (适用 9% 的增值税税率) 的是 ( )。

A. 程租   B. 期租   C. 光租   D. 湿租

18. 当租赁服务出现下列迹象时,仍无法分类为融资租赁的是 ( )。

A. 租赁资产性质特殊,如果不做较大改造,只有出租人才能使用

B. 若承租人撤销租赁，撤销租赁对出租人造成的损失由承租人承担

C. 资产余值的公允价值波动所产生的利得或损失归属于承租人

D. 承租人有能力以远低于市场水平的租金继续租赁至下一期间

19. 融资租赁公司 A 为一般纳税人，而且其实收资本、注册资本均不足 1.7 亿元。B 公司为制造业一般纳税人，并与 A 公司签订了为期三年的融资租赁合同，由 A 公司向 C 公司购买不含税销售额为 3 600 万元的机床（取得增值税专用发票），再租给 B 公司，B 公司在三年后一次性付给 A 公司 4 000 万元。合同到期后，B 公司收购该机床。采用融资性售后回租模式将比采用融资性直租模式节税（　　）万元。

　　A. 52　　　　　　　　B. 28　　　　　　　　C. 24　　　　　　　　D. 26

20. 在下列关于小规模纳税人不动产经营租赁的增值税涉税处理的说法中，不正确的是（　　）。

A. 应预交税款 = 含税销售额 ÷ (1 + 5%) × 5%

B. 个人出租不动产均由不动产所在地税务部门负责征收

C. 除其他个人外的纳税人通过《增值税预交税款表》在纳税人居住地税务部门预交异地出租税款，并在纳税人居住地税务部门代开增值税专用发票

D. 纳税人出租不动产，需要预交税款的，应在取得租金的次月申报期或不动产所在地主管税务机关核定的纳税期内预交税款

21. 如果出口产品不得抵扣的进项税额（　　）为生产该出口产品而取得的全部进项税额，则应采用免、抵、退税办法。

　　A. 大于　　　　　　　　B. 等于　　　　　　　　C. 小于

22. 对于利润率较低、出口退税率较高及耗用国产辅助材料较多的货物出口，宜采用（　　）方式。

　　A. 来料加工　　　　　　B. 进料加工

23. 某小规模纳税人提供劳务派遣服务，取得销售收入 21 万元，开具普通发票。代用工单位支付给劳务派遣员工的工资、福利和为其办理社会保险及住房公积金共计 10.5 万元。下列说法正确的有（　　）。

A. 小规模纳税人若选择差额纳税，应纳税额为 0.31 万元

B. 小规模纳税人若选择差额纳税，应纳税额为 1 万元

C. 小规模纳税人若选择全额计税方法简易纳税，应纳税额为 0.61 万元

D. 小规模纳税人只能选择差额计税

（五）多选题

1. 增值税的基本税率 13% 适用于一般纳税人的活动包括（　　）。

　　A. 销售或者进口货物　　　　　　　　B. 提供加工修理修配服务

　　C. 有形动产租赁服务　　　　　　　　D. 销售粮食等农产品

2. 我国出口退税的形式包括（　　）。

　　A. 出口免税并退税　　　　　　　　　B. 出口免税不退税

　　C. 出口不免税但退税　　　　　　　　D. 出口不免税也不退税

3. 一般纳税人在抵扣购进货物产生的进项税额时，可以采用的税收筹划方法有（　　）。

A. 适当地选择购进时间

B. 选择购进的产品种类

C. 计划购进产品的金额大小

D. 选择购进固定资产

4. 在下列说法中，正确的有（　　）。

A. 一般纳税人和小规模纳税人的身份可以视经营情况随时申请变更

B. 如果企业的可抵扣进项税额较大，则适于作为一般纳税人

C. 按照无差异平衡点抵扣率原理，当纳税人的抵扣率高于无差异平衡点抵扣率时，作为小规模纳税人比作为一般纳税人的税负重

D. 年应征增值税销售额不超过标准的纳税人无法申请成为一般纳税人

5. 在产品销售过程中，企业在应收账款暂时无法收回或部分无法收回的情况下，可选择（　　）结算方式避免垫付税款。

A. 赊销　　　　　　　　　　　B. 托收承付

C. 分期收款　　　　　　　　　D. 委托收款

6. 在下列租赁情形中，通常分类为融资租赁的是（　　）。

A. 在租赁期满时，租赁资产的所有权转移给承租人

B. 承租人有购买租赁资产的选择权，所订立的购买价款与预计行使选择权时租赁资产的公允价值相比足够低，因而在租赁开始日就可以合理确认承租人将行使该选择权

C. 虽然资产的所有权不转移，但租赁期占租赁资产使用寿命的大部分

D. 在租赁开始日，租赁收款额的现值与租赁资产的公允价值相差较大

7. 在下列关于经营租赁服务的说法中，不正确的是（　　）。

A. 纳税人提供经营租赁服务，按租赁服务税目计算缴纳增值税，适用的增值税税率为13％（有形动产租赁）或9％（不动产租赁）

B. 将建筑物、构筑物等不动产或者飞机、车辆等有形动产的广告位出租给其他单位或个人用于发布广告，按照经营租赁服务缴纳增值税

C. 车辆停放服务、道路通行服务（包括过路费、过桥费、过闸费等）按照有形动产经营租赁服务缴纳增值税

D. 水路运输的干租业务、航空运输的光租业务属于经营租赁

8. 在下列关于融资租赁方式税收筹划的说法中，正确的有（　　）。

A. 当企业遇到融资困难时，它们不仅可以向银行等传统金融企业融资，而且可以与融资租赁企业合作进行融资

B. 融资性直租属于租赁服务，适用13％的增值税税率

C. 融资性售后回租属于租赁服务，适用13％的增值税税率

D. 融资性直租和融资性售后回租都是以差额确定销售额，但融资性售后回租服务的销售额中不含本金，融资租赁服务的销售额中含本金

9. 在下列关于来料加工和进料加工的说法中，正确的是（　　）。

A. 来料加工不动用外汇，进料加工动用外汇

B. 来料加工货物的所有权属于外商所有，进料加工货物的所有权属于境内经营单位所有

C. 来料加工由外商承担经营风险，进料加工由境内经营单位承担经营风险

D. 来料加工和进料加工在出口环节都免税并退税

10. 免、抵、退税办法的适用范围有（　　　）。

A. 生产企业出口自产货物

B. 外贸企业自行开发的研发服务和设计服务

C. 外贸企业外购研发服务和设计服务

D. 生产企业视同出口自产货物

11. 下列行为不应列入增值税征税范围的是（　　　）。

A. 俄罗斯注册的一家 M 公司向中国境内 N 公司销售一项专利技术，该专利技术在美国使用

B. 单位聘用的员工为该单位提供的取得工资的服务

C. 存款利息

D. 被保险人获得的保险赔付

12. 根据"营改增"的规定，在下列各项中，应该按照金融服务征收增值税的有（　　　）。

A. 金融商品持有期间取得的非保本收益

B. 人身保险服务

C. 融资性售后回租取得的利息收入

D. 信用卡透支利息收入

（六）简答题

1. 简述我国出口退税的货物应满足什么条件？

2. 简述利用增值税税率的税收筹划方法。

3. 简述一般纳税人与小规模纳税人的划分标准。

4. 简述混合销售行为与兼营行为的基本税收筹划思路。

5. 简述委托代销的两种方式，并指出在代理销售业务中，受托方应该选择何种方式？试说明原因。

6. 简述纳税人选择供应商的税收筹划原理。

7. 简述纳税人选择供应商的税收筹划要点。

8. 请根据经营租赁与融资租赁的增值税规定将下列表格填写完整。

	业务	现行税法规定			
		税目	应税销售额	税率	承租方的进项税额
经营租赁	有形动产经营租赁服务	租赁服务	全部价款＋价外费用		可抵扣
	不动产经营租赁服务	租赁服务			可抵扣

续表

业务		现行税法规定			
		税目	应税销售额	税率	承租方的进项税额
融资租赁	有形动产		全部价款＋价外费用，扣除利息，车辆购置税		
	不动产				
	有形动产		全部价款＋价外费用（不含本金），扣除利息		
	不动产				

9. 简述如何通过选择不动产租赁计税方法进行税收筹划。

10. 对于退税率等于征税率的产品，如何进行税收筹划？

11. 简述企业在进行增值税纳税身份筹划（即选择成为一般纳税人还是小规模纳税人）时的要点与注意事项。

（七）计算题

1. 某商业企业是一般纳税人，4月的增值税留抵税额为3 000元。5月发生下列业务：

（1）购入一批壁纸，取得的增值税专用发票上注明的价款为200 000元、增值税税额为26 000元，这批壁纸50％用于装饰职工食堂，50％用于零售，取得含税收入150 000元。

（2）购买书包10 000个，取得的增值税专用发票上注明的价款为90 000元、增值税税额为11 700元。该企业将500个书包赠送某共建小学，其余书包以每个20元的零售价格全部销售。

（3）将该企业的电梯广告位出租给某广告公司发布广告，收取含税广告位占用费40 000元。该建筑取得于"营改增"之前。该商业企业对这项业务选择简易计税方法计税。

（4）为B食品厂（一般纳税人）代销橄榄油（税率为9％），取得零售收入77 390元。该企业与B食品厂结账，支付B食品厂44 690元（含税），取得增值税专用发票。

（5）将企业使用过的包装物卖给废品回收公司，取得含税收入6 000元。

（其他相关资料：上述增值税专用发票均合规且在本月抵扣。）

要求：根据上述资料，计算回答下列问题。

（1）计算该企业当期可抵扣的进项税额。

（2）计算该企业当期的销项税额。

（3）计算业务(3)中企业的应交增值税。

2. 某自行车厂（一般纳税人）生产销售自行车，平均不含税出厂价为280元/辆。4月末的留抵税额为3 000元。5月该厂的购销情况如下：

（1）向当地百货大楼销售800辆，百货大楼当月付清货款后，厂家给予了8％的现金折扣。

（2）向外地特约经销点销售500辆，支付运输公司（一般纳税人）运费，取得增值税专用发票上注明的运费金额为4 900元。

（3）销售该厂2008年购买自用的一台机器，取得含税收入120 000元，该厂未放弃税收优惠。

（4）当期销售自行车发出包装物收取押金 50 000 元，本月没收逾期未收回的自行车包装物押金 57 630 元。

（5）购进自行车零部件、原材料取得的增值税专用发票上注明的金额为 140 000 元，增值税税额为 18 200 元。

（6）从小规模纳税人处购进自行车零件，支付价税合计金额 90 000 元，取得税务机关代开的增值税专用发票。

（7）该厂直接组织收购废旧自行车，支出收购金额 60 000 元（未取得增值税专用发票）。

（8）出租 4 年前取得的本市办公用房，价税合计收取 4 个月的租金 80 000 元，选择简易计税方法计税。

（其他相关资料：取得符合规定的增值税专用发票均在当月抵扣；纳税人销售自己使用过的固定资产，未放弃减税。）

要求：根据上述资料，计算回答下列问题。

（1）该自行车厂当期准予抵扣的进项税额。

（2）该自行车厂当期的销项税额。

（3）该自行车厂销售自己使用过的机器应纳的增值税。

（4）该自行车厂出租办公用房应纳的增值税。

（5）当期该自行车厂应纳增值税的合计数。

3. 某农机生产企业为一般纳税人，5 月发生以下业务：

（1）外购原材料，取得普通发票上注明的价税合计金额为 50 000 元，原材料已入库；另外，支付给运输企业含税运输费用 3 052 元，取得一般纳税人开具的增值税专用发票。

（2）外购农机零配件，取得的增值税专用发票上注明的价款为 140 000 元，本月生产领用了价值 9 000 元的农机零配件；另外，支付给运输企业含税运输费用 4 142 元，取得一般纳税人开具的增值税专用发票。

（3）企业为修建职工食堂领用 4 月份从一般纳税人处外购的一批钢材，成本为 70 000 元（其中含运输费用 2 790 元，两者都为不含税金额），钢材在购入时已按规定抵扣了进项税额。

（4）销售一批自产农机整机，取得不含税销售额 430 000 元。另外，收取该批农机的包装费 11 990 元。

（5）销售外购的一批农机零配件，取得含税销售额 35 030 元。

（6）提供农机维修业务，开具的发票上注明的不含税金额为 32 000 元。

（7）转让一台自用过 10 年的机器设备，取得含税收入 100 000 元。

（其他相关资料：企业取得的增值税专用发票均合规并在当月抵扣；纳税人销售自己使用过的固定资产，未放弃减税。）

要求：根据上述资料，回答下列问题。

（1）该企业当月的销项税额。

（2）该企业当月可抵扣的进项税额。

（3）该企业转让机器设备应缴纳的增值税。

（4）该企业当月应缴纳的增值税。

4. 位于县城的某运输公司为一般纳税人，具备国际运输资质。某月的经营业务如下：

（1）国内运送旅客，按售票统计取得的价税合计金额为191.84万元；运送旅客至境外，按售票统计取得的合计金额为53.28万元。

（2）运送货物，开具的增值税专用发票上注明的运输收入为260万元、装卸收入为18万元。

（3）提供仓储服务，开具的增值税专用发票上注明的仓储收入为70万元、装卸收入为6万元。

（4）修理、修配各类车辆，开具的普通发票上注明的价税合计金额为32.42万元。

（5）销售自己使用过的不得抵扣且未抵扣进项税额的货运汽车6辆，开具的普通发票上注明的价税合计金额为24.72万元，该公司未放弃减税优惠。

（6）进口3辆轻型商用客车自用，经海关审定的成交价格共计57万元，运抵我国境内输入地点起卸前的运费为6万元、保险费为3万元。

（7）购进4辆小汽车自用，每辆单价为16万元，取得销售公司开具的增值税专用发票上注明的金额为64万元、税额为8.32万元。另外，支付销售公司运输费用，取得的增值税专用发票上注明的运费为4万元、税额为0.36万元。

（8）购进汽油，取得的增值税专用发票上注明的金额为10万元、税额为1.3万元，90％用于公司运送旅客，10％用于接送公司员工上下班。购进一批矿泉水，取得的增值税专用发票上注明的金额为2万元、税额为0.26万元，70％赠送给公司运送的旅客，30％用于公司集体福利。

（其他相关资料：假定进口轻型商用客车的关税税率为20％，消费税税率为5％。）

要求：根据上述资料，按照下列顺序计算回答问题，如有计算，需要计算出合计数。

（1）计算业务（1）的销项税额。

（2）计算业务（2）的销项税额。

（3）计算业务（3）的销项税额。

（4）计算业务（4）的销项税额。

（5）计算业务（5）应缴纳的增值税。

（6）计算业务（6）进口轻型商用客车应缴纳的增值税。

（7）计算业务（7）购进小汽车可抵扣的进项税额。

（8）计算业务（8）购进汽油、矿泉水可抵扣的进项税额。

（9）计算该公司当月应向主管税务机关缴纳的增值税。

（八）分析题

1. 假设某商业批发企业主要从小规模纳税人处购入服装进行批发，年销售额为800万元（不含税销售额）。其中，可抵扣进项税额的购入金额为500万元，由税务机关代开的增值税专用发票上记载的增值税税额为15万元，分析该企业采取什么方式节税较为有利。

2. 甲、乙两企业均为生产型小规模纳税人，并且是同行，从事机械零件的加工服务。甲企业的年销售额为300万元，年购进项目金额为240万元；乙企业的年销售额为400万元，年购进项目金额为320万元（以上金额均为不含税金额，进项税额均可取得增值税专用发票）。由于两企业均达不到一般纳税人的标准，税务机关对这两个企业均按照3％的征收率征收增值税。甲企业的年应纳增值税为9万元（＝300×3％），乙企业的年应纳增值税为12万元（＝400×3％），两企业的年应纳增值税税额共计21万元。为减轻增值税税负，两企业是否应考虑合并？

3. 某大型机械生产企业为一般纳税人，年销售额为1 000万元，可抵扣进项税额的购进金额为700万元（以上金额均为不含税金额，进项税额均可取得增值税专用发票）。该企业生产的A类机械属于大型笨重产品，一般运费占产品销售额的20％。按照以往的做法，由该企业销售A类机械并提供运输服务，将运费包括在销售额中，全额按13％计算销项税额。新上任的企业税务主管认为企业的增值税负担较重，请问应如何进行税收筹划？

4. 某主营日常用品销售的企业为一般纳税人，年销售额为500万元（不含税），进货金额为300万元（不含税），可取得增值税专用发票且税率为13％。目前，该企业每年应缴纳的增值税为26万元。如何进行纳税人身份的税收筹划才能减轻增值税税负？减轻多少？

5. 某商业企业下设两个批发企业，年应税销售额分别为240万元和300万元（含税），购进货物金额分别为148万元和230万元（含税）。如何核算该企业下设的两个批发企业？（适用的增值税税率为13％。）

6. 某生产企业为一般纳税人，适用的增值税税率为13％，主要利用甲材料加工产品。现有A、B、C三个企业可提供甲材料，其中A企业为生产甲材料的一般纳税人，能够出具增值税专用发票；B企业为生产甲材料的小规模纳税人，能够委托主管税务机关代开征收率为3％的增值税专用发票；C企业为个体工商户，只能开具普通发票。A、B、C三个企业提供的材料质量相同，但含税价格却不同，分别为133元、103元、100元。请分析该生产企业应从哪个企业进货？

7. 某家具生产厂为一般纳税人，适用的增值税税率为13％，预计每年可实现含税销售收入750万元，同时需要外购木材作为原材料。现有甲、乙两个企业可以提供货源。其中，甲企业为一般纳税人，能够开具增值税专用发票，适用税率为13％；乙企业为小规模纳税人，能够委托主管税务机关代开征收率为3％的增值税专用发票，甲、乙两个企业提供的木材质量相同，但含税价格不同，分别为600万元和500万元。该家具厂应当如何选择供货方？

8. 甲公司与乙公司（甲、乙两公司均为一般纳税人）签订了B产品代销协议，目前有两个方案：①B产品市场的销售价格为1 500元，乙公司代销手续费为B产品收入的20％，即300元。②采用视同买断的代销方式销售B产品，签订的具体协议为乙公司每售出一件B产品，甲公司按1 200元的协议价收取货款，乙公司在市场上仍以1 500元的价格销售B产品，实际售价与协议之间的差额（即300元/件）归乙公司所有。假设到年末，乙公司共售出B产品100件，本月甲公司购进货物的进项税额为8 000元。请对甲公司的销售业务进行税收筹划。

9. 甲市某公司为一般纳税人，2023年6月30日转让其于2013年购买的一间厂房，取得转让收入1 350万元（含税，下同），并于当月办妥了相关产权转移手续。该公司在2013年购买时的购置成本为300万元，在销售过程中共发生其他税费100万元，已用银行存款缴纳。请问该公司选择何种计税方法缴纳的增值税较少？

10. 某电力设备销售公司有员工 30 人，属于一般纳税人，其主业为电力设备、电线电缆销售，兼营电力设备调试工程。该公司取得主营销售收入 1 000 万元（不含税，下同），电力调试工程收入 400 万元；当年可抵扣的进项税额为 50 万元。根据相关规定，销售电力设备、电线电缆适用的税率为 13%，电力安装调试工程的适用税率为 9%。该公司如何核算才能减轻增值税税负？

11. 兴华纺织品商场某年假日以"买一送一"方式促销，在促销期间实现销售 33.9 万元（含税），同时赠送小商品 3 万元（成本价），赠送的小商品以成本价结转，计入当期经营费用，商场仅按含税收入 33.9 万元申报了增值税。

从增值税角度分析，该商场的行为存在何种税收问题？该商场采取哪些办法可以规避这类税收风险？为什么？

12. 某企业为一般纳税人，现有一栋 2009 年购置的办公楼闲置，该企业准备将其出租。预计年租金收入（不含税收入）为 2 000 万元，维修等支出预计会产生进项税额 30 万元。请问该企业选择何种计税方法的税负较低？

13. 某水路运输企业（一般纳税人）将一艘船以光租形式租给另一个企业，租期为一个月，取得含税销售额 100 万元。若一艘船配备的操作人员的固定工资等固定成本为 5 万元，相应的销售收入增加 10 万元，则该企业应如何进行税收筹划？

14. 融资租赁公司 A（一般纳税人）的实收资本、注册资本均不足 1 亿元。B 公司为制造业一般纳税人，它与 A 公司签订了为期 5 年的融资租赁合同，由 A 公司向 C 公司购买不含税销售额为 720 万元的机床（取得了增值税专用发票），再租给 B 公司。B 公司在 5 年后一次性付给 A 公司 800 万元。在合同到期后，B 公司收购该机床。请提出增值税税收筹划方案。

15. 大连海联实业公司是具有进出口权的生产型企业，2 月国内的产品销售额为 100 万元，在国内采购材料的进项税额为 13 万元。当月出口货物一批，离岸销售额为 900 万元，海关核销免税进口料件金额为 600 万元，征税率为 13%，退税率为 10%，出口退税采取免、抵、退税政策。对于这批出口货物，该公司当月应采取来料加工还是进料加工的方式更划算？

16. 某公司（一般纳税人）生产 A 产品，售价为 17 元/件（不含税），成本大约为材料 10 元/件（其中，主要原材料为 9 元/件，辅助材料为 1 元/件），工资等其他成本为 6 元/件（进项税额忽略不计），当年预计生产 200 万件。现有一个国外来料加工的订单，由该公司提供辅助材料并加工成 A 产品，加工费为 7.5 元/件，共计 10 万件。该公司是否应承接这笔订单？

17. 某中外合资企业以采购的国内原材料生产产品并全部出口，某年自营出口产品的价格为 100 万元，当年可抵扣的进项税额为 10 万元，增值税税率为 13%，无上期留抵税额。

（1）当该企业的出口退税率为 13% 时，该企业自营出口。

（2）当该企业的出口退税率为 13% 时，该企业通过关联企业某外贸企业出口，该企业将产品以同样的价格 100 万元（含税）出售给外贸企业，外贸企业再以同样的价格出口。

18. A 市甲牛奶公司生产销售奶制品，其主要生产流程为：饲养奶牛生产牛奶，并利用生产的鲜牛奶加工成奶制品销售给各大商业公司。奶制品适用的增值税税率为 13%，该企业的进项税额主要由两部分组成，分别为向农民个人收购 100 万元草料获得的增值税进项税额以及每年缴纳水电费获得的 8 万元增值税进项税额。全年奶制品销售的不含税销售额为 500 万元。由于这两部分的增值税进项税额较少，导致甲公司过高的增值税税负，请你为甲公司提出减轻增值税税负的税收筹划方法。

19. 甲烟草站是专门从事批发、零售卷烟的小型商业企业，为小规模纳税人。甲烟草站附近的乙供销社为一般纳税人。若乙供销社从甲烟草站进货，则不能取得增值税专用发票，即使取得当地税务机关代开的增值税专用发票，也只能抵扣 3% 的进项税额。因此，乙供销社只能舍近求远，到百里之外的丙烟草公司（一般纳税人）进货，因而采购运费较高。

请对甲烟草站和乙供销社的卷烟销售业务进行税收筹划。

20. 某乡村农户甲在田头种植了大量林木，目前已进入砍伐期。甲经营两种业务：一是直接销售其砍伐的原木，每立方米原木的价格为 90 元；二是将自产的原木深加工为薄木板、木制包装箱进行销售。假设对原木进行上述深加工，每立方米原木需要耗用电力 6 元、人工费 4 元，因此每立方米原木的销售价格最低为 100 元。但由于农业生产者在销售其深加工的薄木板、木箱时无法开具增值税专用发票，致使下游工厂无法获得法定扣税凭证进行抵扣，因此下游企业只愿意以 96 元的价格对深加工产品进行收购。请就甲的第二种经营业务开展税收筹划。

21. 某企业（一般纳税人）提供货物运输服务和装卸搬运服务，其中货物运输服务适用一般计税方法、装卸搬运服务适用简易计税方法。该纳税人某月缴纳电费 11.3 万元，取得增值税专用发票并于当月抵扣，但该进项税额无法在货物运输服务和装卸搬运服务间划分。该纳税人当月取得货物运输收入 6 万元、装卸搬运服务 4 万元。

请对该企业兼营简易计税方法项目时的增值税进项税额进行税收筹划。

22. 甲公司、乙公司、丙公司为某集团公司内部三个独立核算的企业，彼此存在购销关系。甲公司生产的产品可以作为乙公司的原材料，乙公司制造的产品有 80% 提供给丙公司。这三个公司的信息如下：

公司名称	增值税税率（%）	生产数量（件）	正常价格（元）	转让价格（元）
甲公司	13	1 000	500	400
乙公司	13	1 000	600	500
丙公司	13	800	700	700

注：表中价格均为含税价。

假设当年甲公司的进项税额为 40 000 元，市场利率为 24%。三个公司均按照正常价格结算货款，请为该集团公司的业务进行税收筹划。

（九）综合题

1. 某厂（位于 A 市，属于一般纳税人）计划外购一批货物（增值税税率为 13%）。该厂从一般纳税人处购入该货物的不含税价格为 40 万元，从小规模纳税人处购入该货物的不含税价格为 30 万元（可以得到增值税专用发票）。假设用这批货物生产的产品当月全部销售，不含税售价为 50 万元。城市维护建设税及教育附加合计为增值税的 10%，企业所得税税率为 25%。该厂应该选择从一般纳税人还是小规模纳税人处购入？（不考虑地方教育附加。）

2. 甲企业（一般纳税人）有两种供货渠道可以选择：一是从一般纳税人处进货，含税价格为 15 元，并可以开具税率为 13% 的增值税专用发票；二是从小规模纳税人处进货，含税价格为 10 元，但不能开具增值税专用发票。若甲企业对该货物加工后的售价为 30 元，适用 13% 的税率，那么从税后净增值额角度出发，甲企业应如何选择？

3. 某手机公司为推广新产品拟订了宣传计划，计划投入 300 万元进行大面积的广告投放。其中，电视广告 150 万元、户外墙面广告 50 万元、公交车车身流动广告 60 万元、电梯广告 40 万元。该公司可以选择直接委托广告公司进行策划并投放广告，或者部分委托广告公司投放，部分由公司宣传策划部自行投放。请选出税负较低的广告方案为该公司管理层提供决策参考。

4. 某烟花厂（一般纳税人）销售烟花 100 000 箱，每箱的售价为 226 元；包装物的价值为 22.6 元/箱（以上价格均为含税价）。假设该烟花厂包装物的成本为 14 元/件。烟花的增值税税率和消费税税率分别为 13%、15%，不考虑企业所得税的影响。该烟花厂对此销售行为应如何进行税收筹划？

5. 坐落于 A 市的甲企业为生产发动机的一般纳税人。目前甲企业将投资收益良好的项目，共需支付对价 1 000 万元。目前，甲企业的银行存款余额为 10 000 万元，库存产品（发动机）的账面余额为 2 000 万元，未计提任何存货跌价准备；除一项 100 万元的银行长期借款外，无其他负债。甲企业暂无扩大生产规模的规划。甲企业当月采购生产发动机的零件共支出 580 万元，并获得增值税专用发票。若从降低甲企业的增值税税负的角度考虑，甲企业应用哪种资产支付对价？

五、练习题答案

（一）术语解释

1. 无差别平衡点增值率是指在该增值率下，一般纳税人与小规模纳税人的应缴税额相同。当增值率低于此值时，一般纳税人的税负低于小规模纳税人；当增值率高于此值时，一般纳税人的税负高于小规模纳税人。

2. 无差别平衡点抵扣率是指在该抵扣率下，一般纳税人与小规模纳税人的应缴税额相同。当抵扣率低于此值时，一般纳税人的税负高于小规模纳税人；当抵扣率高于此值时，一般纳税人的税负低于小规模纳税人。

3. 折扣销售是指销货方在发生销售货物等应税行为时，因购货方购货数量较大等原因而给予购货方的价格优惠。

4. 销售折扣是指销货方在销售货物、应税服务、无形资产、不动产后（在赊销的情况下），为了鼓励购货方及早偿还货款而协议许诺给予购货方的一种折扣优惠。

（二）填空题

1. 一般纳税人　小规模纳税人

【解析】我国增值税法将纳税人按照其经营规模大小及会计核算是否健全划分为一般纳税人和小规模纳税人。

2. 500 万元

【解析】根据《财政部、税务总局关于统一增值税小规模纳税人标准的通知》（财税〔2018〕33 号），自 2018 年 5 月 1 日起，小规模纳税人的销售额标准为：年应征增值税销售额 500 万元及以下。

3. 无差别平衡点增值率

4. 74.68%

【解析】$(1-Y) \times \dfrac{13\%}{1+13\%} = \dfrac{3\%}{1+3\%}$

5. 增值税专用发票

6. 赊销（延期付款）　分期付款

7. 房地产老项目

8. 简易计税方法　5% 的征收率

9. 取得的全部价款和价外费用

10. 适用这个政策的货物在出口销售环节以前的生产、销售或进口环节是免税的，该货物的价格中本身就不含税，也无须退税

（三）判断题

1. ×　【解析】年应税销售额超过小规模纳税人标准的其他个人按小规模纳税人纳税；非企业性单位、应税行为的年销售额超过规定标准但不经常发生应税行为的单位和个体工商户，可选择按照小规模纳税人纳税。

2. ×　【解析】小规模纳税人会计核算健全，能够提供准确税务资料的，可以向主管税务机关办理一般纳税人登记。

3. ×

4. ×

5. ×

6. ×

7. √

8. ×　【解析】以实物折扣（即赠送物品）的方式提供折扣优惠，要按视同销售计算增值税，不能从销售额中扣除。

9. √　【解析】融资租赁是指具有融资性质和所有权转移特点的租赁活动，即出租人

根据承租人所要求的规格、型号、性能等条件购入有形动产或者不动产租赁给承租人，合同期内租赁物的所有权属于出租人，承租人只拥有使用权，在合同期满付清租金后，承租人有权按照残值购入租赁物，以拥有其所有权。

10. ×　【解析】承租方出售资产的行为，不属于增值税的征税范围，不征收增值税。

11. ×

12. ×

（四）单选题

1. C　【解析】根据税法的规定，纳税人应在年应税销售额超过小规模纳税人规定标准的月份（或季度）的所属申报期结束后 15 日内，按规定办理一般纳税人登记手续。

2. B　【解析】根据税法的规定，销售的货物是指有形动产。

3. A　【解析】根据税法的规定，销售货物是指有偿转让货物的所有权。

4. D　【解析】根据最新的税法规定，我国现行适用于一般纳税人的增值税税率包括 13%、9%、6%和 0。

5. B　【解析】从这两种增值税纳税人的计税原理来看，一般纳税人的增值税计算是以增值额作为计税基础，而小规模纳税人的增值税是以全部收入（不含税）作为计税基础。在销售价格相同的情况下，税负的高低主要取决于增值率的大小。一般来说，增值率高的企业，适于做小规模纳税人；反之，选择做一般纳税人的税负会较轻。

6. A　【解析】$\dfrac{3\%}{13\%} \times 100\% = 23.08\%$

7. C

8. D

9. C　【解析】销售折扣不得从销售额中减除。销售折扣是指销货方在销售货物或提供应税劳务和应税服务后，为了鼓励购货方及早偿还货款而许诺给予购货方的一种折扣优待，又称现金折扣。折扣销售可以从销售额中减除，折扣销售是给予消费者购货价格上的优惠，如八折销售等。如果销售额和折扣额在同一张发票的"金额"栏中分别注明，可以以销售额扣除折扣额后的余额作为计税金额，从而减少企业的销项税额。

10. A　【解析】当纳税人的实际增值率低于无差别平衡点增值率时，一般纳税人的税负低于小规模纳税人的税负。

11. C

12. D

13. A　【解析】尽量避免采用托收承付和委托收款的方式，以避免垫付税款。

14. D　【解析】兼营销售行为的重要税收筹划思路是分别核算两类产品的销售额。混合销售行为的税收筹划思路是明确区分其提供的不同产品和服务的税率，若主业税率高于其他经营项目，则建立子公司进行税收筹划；若主业税率低于其他经营项目，则按照主业的低税率征税。

15. A　【解析】选项 A 属于折扣销售。如果将销售额和折扣额在同一张发票的"金额"栏分别注明，可按折扣后的销售额征收增值税；如果将折扣额另开发票，不论其在财务上如何处理，均不得从销售额中减除折扣额。

16. C　【解析】融资性售后回租是指承租方以融资为目的，将资产出售给从事融资性售后回租业务的企业后，从事融资性售后回租业务的企业将该资产出租给承租方的业务活动。在融资性售后回租中，承租方的进项税额不可抵扣。

17. C　【解析】程租、期租和湿租属于交通运输服务，适用9％的增值税税率，而干租和光租属于有形动产租赁，适用13％的增值税税率。

18. A　【解析】选项A若更改为"租赁资产性质特殊，如果不做较大改造，只有承租人才能使用"，也可分类为融资租赁。

19. B　【解析】采用融资性直租模式的应纳税额为52万元（＝4 000×13％－3 600×13％）。采用融资性售后回租模式的应纳税额为24万元［＝（4 000－3 600）×6％］，因而节税28万元。

20. C　【解析】除其他个人外的纳税人通过《增值税预交税款表》在不动产所在地税务部门预交异地出租税款，并在不动产所在地税务部门代开增值税专用发票。

21. C

22. B

23. C

（五）多选题

1. ABC　【解析】增值税的基本税率13％适用于一般纳税人销售或者进口货物、提供加工修理修配服务和有形动产租赁服务；选项D销售粮食等农产品适用9％的低税率。

2. ABD　【解析】我国出口退税包括三种形式：出口免税并退税、出口免税不退税、出口不免税也不退税。

3. ABC

4. BC

5. AC　【解析】赊销和分期收款的纳税义务发生时间是合同约定的收款日期的当日，如果没有合同或合同没有约定，则以发货当日确认收入。当应收账款无法收回时，销售方会承担垫付税款的风险。

6. ABC　【解析】若选项D更改为"在租赁开始日，租赁收款额的现值几乎相当于租赁资产的公允价值"，也可分类为融资租赁。

7. CD　【解析】选项C中的车辆停放服务、道路通行服务并不是按照有形动产租赁服务缴纳增值税，而是按照不动产经营租赁服务缴纳增值税；选项D中的光租业务属于水路运输，而干租业务属于航空运输。

8. ABD　【解析】选项C不正确，因为融资性售后回租业务按照贷款服务缴纳增值税，适用税率为6％。融资性售后回租是指承租方以融资为目的，将资产出售给从事融资性售后回租业务的企业后，从事融资性售后回租业务的企业将该资产出租给承租方的业务活动。

9. ABC

10. ABD

11. ABCD

12. BCD

（六）简答题

1.【解析】

第一，必须是属于增值税、消费税征税范围的货物。

第二，必须是报关离境的货物。这是区分货物是否应当退税的主要标志。

第三，必须是在财务上做销售处理的货物。出口货物只有在财务上做销售处理后才能办理退税。

第四，必须是出口收汇并已核销的货物。

2.【解析】

（1）业务分拆。对于混合销售中按照销售货物缴纳增值税的企业，其销售服务的税率会被提高，可以考虑将销售服务的企业业务分拆出去单独设立公司，并独立核算。

（2）分开核算。为了避免兼营行为从高适用税率或征收率而加重税收负担的情况，兼有不同税率或征收率的销售货物、提供加工修理修配服务、服务、无形资产或者不动产的企业，一定要将各自的销售额分别核算。

3.【解析】

（1）销售额标准。小规模纳税人应符合年应税销售额500万元及以下的标准，年应税销售额超过500万元，一般认定为一般纳税人。

（2）其他规定。

1）年应税销售额超过小规模纳税人标准的其他个人（自然人）按小规模纳税人纳税；非企业性单位和不经常发生应税行为的企业可自行选择是否按小规模纳税人纳税。

2）年应税销售额未超过标准以及新开业的纳税人，有固定的经营场所，会计核算健全，能准确提供销项税额、进项税额的，可认定为一般纳税人。

4.【解析】

（1）对于混合销售的企业，应当明确区分其提供的不同货物和服务的税率。若经营主业的税率高于其他经营项目，则可建立子公司进行税收筹划；若经营主业的税率低于其他经营项目，则按照经营主业的低税率纳税。

（2）为了避免从高适用税率或征收率而加重税收负担的情况，兼有不同税率或征收率的销售货物、加工修理修配服务、服务、无形资产或者不动产的企业，一定要分别核算各自的销售额。

5.【解析】

（1）收取代理手续费方式，即受托方以代理销售产品的全价与委托方结算，然后收取一定金额的手续费。这对于受托方来说是一种代理服务收入，适用6%的税率，而委托方则适用13%的销售货物税率和6%的购买服务的进项税率。

（2）视同买断方式，即委托方以较低价格将货物交由受托方代销，受托方加价后向市场销售。对委托方、受托方来说均是产品销售，适用13%的销售货物税率。

（3）在代理销售业务中，受托方应选择收取手续费的方式，这样可以少交产品加价销售部分的增值税。

6.【解析】

由于税法规定要以增值税专用发票作为抵扣凭证，所以一般纳税人的进货渠道不同，可抵扣的比例就不同，从而影响其实际税收负担。一般纳税人采购物品的渠道主要有以下两种：一是选择一般纳税人为供货单位，其可以开具应税项目适用税率的增值税专用发票；二是选择小规模纳税人为供货单位，再按照其能否开具增值税专用发票，将小规模纳税人进一步划分为能开具增值税专用发票的小规模纳税人和只能开具普通发票的小规模纳税人。

由于一般纳税人从小规模纳税人处采购货物、接受应税劳务或购进应税服务、无形资产、不动产不能进行抵扣或者只能抵扣3%或5%，因而作为供货商的小规模纳税人有时为了留住客户，愿意在价格上给予一定程度的优惠。这里存在一个价格折扣临界点。当小规模纳税人报价的折扣率低于该比率时，向一般纳税人采购所获得的增值税专用发票可抵扣的税额将大于小规模纳税人的价格折扣；只有当小规模纳税人的折扣率高于该比率时，向小规模纳税人采购才能获得比向一般纳税人采购更大的税后利益。

对于小规模纳税人来说，由于其进项税额不能进行抵扣，因而只要比较含税采购价格就可以决定采购对象。

7.【解析】

第一，对于购货方为一般纳税人的，在含税采购价格相同的情况下，应选择从一般纳税人处采购，这样做的可抵扣进项税额高、不含税采购成本低；如果小规模纳税人的含税采购价格低于一般纳税人的含税采购价格，就要比较小规模纳税人的价格折扣程度是否能够弥补其进项税额较低而产生的差额，进而决定供货方。

第二，对于购货方为小规模纳税人的，应选择含税价格较低的一方为供货方。

8.【解析】

	业务		现行税法规定			
			税目	应税销售额	税率	承租方的进项税额
经营租赁	有形动产经营租赁服务		租赁服务	全部价款＋价外费用	13%	可抵扣
	不动产经营租赁服务		租赁服务	全部价款＋价外费用	9%	可抵扣
融资租赁	直租	有形动产	租赁服务	全部价款＋价外费用，扣除利息，车辆购置税	13%	可抵扣
		不动产			9%	
	融资性售后回租	有形动产	贷款服务	全部价款＋价外费用（不含本金），扣除利息	6%	不可抵扣
		不动产				

9.【解析】

在计税方法可以选择的情况下，纳税人可以根据企业不动产租赁服务的增值率或抵扣率的情况，选择应纳税额较小的计税方法。一般纳税人提供不动产租赁服务适用的增值税率为9%，其进项税额可以抵扣。而小规模纳税人适用增值税征收率，其进项税额不可以抵扣。一般纳税人出租在2016年4月30日前取得的不动产，可以选择适用简易计税方法，按照5%的征收率计算应纳税额。

10.【解析】

对于退税率等于征税率的产品，无论其利润率高低，采用免、抵、退税的自营出口方式均比采用来料加工等不征不退的免税方式更优惠，因为这两种方式的出口货物均不征税，但采用免、抵、退税方式可以退还全部的进项税额（因为应纳税额的计算结果均为负数，即应退税额），而免税方式是把该进项税额计入成本。

11.【解析】

纳税人应根据自身业务增值率或抵扣率的情况判断哪种身份会减轻增值税税负。

（1）增值率高或抵扣率低的企业可选择小规模纳税人身份。若企业从事业务的增值率较高或抵扣率较低，则选择作为小规模纳税人的税负较轻。纳税人可以通过企业拆分等手段，使自己符合小规模纳税人的资格要求。

（2）增值率低或抵扣率高的企业可选择一般纳税人身份。若企业从事业务的增值率较低或抵扣率较高，则选择作为一般纳税人的税负较轻。纳税人可以通过企业合并以及提高自身财务核算水平等手段，使自己符合一般纳税人的资格要求。

（3）纳税人筹划应注意的问题。在进行一般纳税人与小规模纳税人身份筹划时，还需要注意以下问题：

1）税法对一般纳税人的登记要求。根据现行税法的规定，对符合一般纳税人条件，但未在规定期限内向主管税务机关办理一般纳税人登记手续的纳税人，应按照销售额乘以增值税税率计算应纳税额，不得抵扣进项税额，也不得使用增值税专用发票。

2）企业财务利益最大化要求。企业的经营目标是追求利润最大化，这就要求企业根据市场需求不断扩大生产经营规模。这就限制了企业选择成为小规模纳税人的空间。另外，一般纳税人要有健全的会计核算制度，因而需要培养和聘用专业会计人员，这就会增加企业的财务核算成本；一般纳税人的增值税征收管理制度复杂，需要投入的财力、物力和人力也多，这会增加纳税人的纳税成本等。

3）企业产品的性质及客户的类型。企业产品的性质及客户的类型决定了企业进行税收筹划的空间大小。如果企业产品的销售对象多为一般纳税人，将使企业受到开具增值税专用发票的制约，因此该企业必须选择成为一般纳税人才有利于产品的销售。如果企业客户多为小规模纳税人或者消费者个人，不受发票类型的限制，则税收筹划的空间较大。

（七）计算题

1.【解析】

（1）该企业当期可抵扣的进项税额 $= 26\,000 \times 50\% + 11\,700 + 44\,690 \div (1 + 9\%) \times 9\% + 3\,000 = 13\,000 + 11\,700 + 3\,690 + 3\,000 = 31\,390$ 元。

购入货物用于集体福利的不可抵扣进项税额；用于赠送的书包视同销售计算销项税额，可以抵扣进项税额；3 000 元留抵税额可在本月计入可抵扣进项税额。

（2）当期的销项税额 $= (150\,000 + 10\,000 \times 20 + 6\,000) \div (1 + 13\%) \times 13\% + 77\,390 \div (1 + 9\%) \times 9\% = 40\,955.75 + 6\,390 = 47\,345.75$ 元。

该企业销售自己使用过的包装物，应按规定税率征税。

（3）该企业出租广告位按照不动产经营租赁计算缴纳增值税，由于该企业选择了简易计税方法，因而适用5％的征收率。

出租广告位应纳增值税＝40 000÷（1＋5％）×5％＝1 904.76（元）
该企业当期应纳增值税＝47 345.75－31 390＋1 904.76＝17 860.51（元）

2.【解析】

（1）准予抵扣的进项税额＝4 900×9％＋18 200＋90 000÷（1＋3％）×3％＋3 000＝441＋18 200＋2 621.36＋3 000＝24 262.36元。

（2）当期的销项税额＝（800×280＋500×280）×13％＋57 630÷（1＋13％）×13％＝47 320＋6 630＝53 950元。

销售800辆自行车给予8％的现金折扣，不能减少销售额。

逾期未收回包装物没收的押金应换算为不含税销售额再并入销售额中计算增值税销项税额。

（3）该自行车厂销售使用过的机器应纳的增值税＝120 000÷（1＋3％）×2％＝2 330.10元。

（4）出租办公用房应纳增值税＝80 000÷（1＋5％）×5％＝3 809.52元。

（5）当期该自行车厂应纳增值税的合计数＝53 950－24 262.36＋2 330.10＋3 809.52＝35 827.26元。

3.【解析】

（1）农机整机适用9％的低税率，农机零配件和维修费都适用13％的基本税率。

销售农机整机的增值税销项税额＝430 000×9％＋11 990÷（1＋9％）×9％
＝39 690（元）
销售农机零配件的增值税销项税额＝35 030÷（1＋13％）×13％＝4 030（元）
提供农机维修劳务的增值税销项税额＝32 000×13％＝4 160（元）
该企业当月的销项税额＝39 690＋4 030＋4 160＝47 880（元）

（2）该企业当月可抵扣的进项税额＝（3 052＋4 142）÷（1＋9％）×9％＋140 000×13％－[（70 000－2 790）×13％＋2 790×9％]＝594＋18 200－（8 737.3＋251.1）＝9 805.6元。

改变用途用于修建职工食堂的钢材，其已抵扣进项税额（含钢材进项税额和运费进项税额）需要转出。

（3）该企业转让机器设备应缴纳的增值税＝100 000÷（1＋3％）×2％＝1 941.75元。

（4）该企业当月应缴纳的增值税＝47 880－9 805.6＋1 941.75＝40 016.15元。

4.【解析】

（1）业务（1）的销项税额＝191.84÷（1÷9％）×9％＝15.84万元。

（2）业务（2）的销项税额＝260×9％＋18×6％＝24.48万元。

（3）业务（3）的销项税额＝（70＋6）×6％＝4.56万元。

（4）业务（4）的销项税额＝32.42÷（1＋13％）×13％＝3.73万元。

（5）业务（5）应缴纳的增值税＝24.72÷（1＋3％）×2％＝0.48万元。

（6）业务（6）进口轻型商用客车应缴纳的增值税＝（57＋6＋3）×（1＋20％）÷（1－5％）×

$13\% = 10.84$ 万元。

（7）业务（7）购进小汽车可抵扣的进项税额 $= 8.32 + 0.36 = 8.68$ 万元。

（8）业务（8）购进汽油、矿泉水可抵扣的进项税额 $= 1.3 \times 90\% + 0.26 \times 70\% = 1.35$ 万元。

（9）该公司应向主管税务机关缴纳的增值税 $= (15.84 + 24.48 + 4.56 + 3.73 + 0.26 \times 70\%) - (10.84 + 8.68 + 1.35) + 0.48 = 28.40$ 万元。

（八）分析题

1. 【解析】

根据税法的规定，增值税纳税人分为一般纳税人和小规模纳税人，一般纳税人实行进项税额抵扣，而小规模纳税人必须按照适用的征收率计算缴纳增值税，不实行进项税额抵扣制度。

按照一般纳税人的认定标准，该企业应缴纳 89 万元（$= 800 \times 13\% - 15$），如果被认定为小规模纳税人，按照 3% 的征收率计算的增值税为 24 万元（$= 800 \times 3\%$），可节约税款 65 万元。

因此，该企业可以将原企业分设为两个批发企业，并将年销售额控制在小规模纳税人的标准之下，即以小规模纳税人的身份缴纳税款。

2. 【解析】

甲企业的不含税增值率为 20% ［$= (300 - 240) \div 300$］，小于无差别平衡点增值率 23.08%；乙企业的不含税增值率为 20% ［$= (400 - 320) \div 400$］，也小于无差别平衡点增值率 23.08%；所以甲、乙两企业合并为一般纳税人的增值税税负较低。

在合并后，两企业的年销售额为 700 万元，可以申请成为一般纳税人，此时应缴纳的增值税税额为 18.2 万元［$= (300 + 400) \times 13\% - (240 + 320) \times 13\%$］。

通过合并，甲、乙两企业共可节省增值税 2.8 万元（$= 21 - 18.2$）。

3. 【解析】

按照以往的做法，该企业的年应纳增值税为 65 万元［$= (1\,000 + 1\,000 \times 20\%) \times 13\% - 700 \times 13\%$］。

税收筹划方案：将企业的运输业务分离出来，专门成立一个运输公司，该公司是独立法人且独立核算。由于年营业额为 200 万元，该运输公司可以按照 3% 的征收率缴纳增值税，为 6 万元，而机械生产企业的年应纳增值税为 39 万元（$= 1\,000 \times 13\% - 700 \times 13\%$），两者合计 45 万元。

按照此方案，可节省增值税 20 万元（$= 65 - 45$）。

4. 【解析】

该企业的抵扣率为 60%（$= 300 \div 500 \times 100\%$），小于无差别平衡点抵扣率 76.92%，因而该企业可以分设成两个独立核算的企业。假定分设后两个企业的年销售额均为 250 万元（不含税），则这两个企业共应缴纳增值税 15 万元（$= 500 \times 3\%$），可减轻税负 11 万元（$= 26 - 15$）。

5. 【解析】

可以选择的方案有两种。

（1）这两个企业实行非独立核算，即由该商业企业统一核算，则年应税销售额为 540 万元，购进金额为 378 万元。

（2）这两个企业独立核算，它们均符合小规模纳税人的条件。

根据条件计算出的增值率 $= (540 - 378) \div 540 \times 100\% = 30\%$

该值大于无差别平衡点增值率 25.32%，也就是选择作为两个小规模纳税人分别核算的增值税税负更轻。

方案一应交的增值税 $= (540 - 378) \div (1 + 13\%) \times 13\% = 18.64$（万元）

方案二应交的增值税 $= 540 \times 3\% = 16.2$（万元）

因此，税负约降低了 2.44 万元（$= 18.64 - 16.2$）。

6.【解析】

设该生产企业的含税售价为 x，A、B、C 三个企业的含税价格分别为 y、z、p，则

对于一般纳税人 A 和可提供增值税专用发票的小规模纳税人 B 的选择：由 $z/y = 103 \div 133 = 77.44\% <$ 价格折让临界点 90.24%，可知应从 B 企业购货。

对于一般纳税人 A 和小规模纳税人 C 的选择：由 $p/y = 100 \div 133 = 75.19\% <$ 价格折让临界点 87.35%，可知应从 C 企业购货；

对于 B 企业和 C 企业的选择：

从 B 企业购货的收益 $= x \div (1 + 13\%) - z \div (1 + 3\%) - [x \div (1 + 13\%) \times 13\%$
$$- z \div (1 + 3\%) \times 3\%] \times (7\% + 3\%), \qquad \qquad ①$$

从 C 企业购货的收益 $= x \div (1 + 13\%) - p - x \div (1 + 13\%) \times 13\% \times (7\% + 3\%) ②$

当 ① $=$ ②，即 $p \div z = (p \div y) \div (z \div y) = 84.02 \div 86.80 = 96.80\%$ 时，即当 C 企业的销售价格等于 B 企业的销售价格的 96.80% 时，从两个企业购货的结果是一样的。

当 C 企业的销售价格低于 B 企业的销售价格的 96.80% 时，从 C 企业购买合适；当 C 企业的销售价格高于 B 企业的销售价格的 96.80% 时，从 B 企业购买合适。

由于 $100 \div 103 = 97.09\% > 96.80\%$，因此从 B 企业购买合适。

7.【解析】

（1）从甲企业购进：

应纳增值税税额 $= 750 \div (1 + 13\%) \times 13\% - 600 \div (1 + 13\%) \times 13\%$
$$= 17.26$$（万元）

现金流净增 $= 750 - 600 - 17.26 = 132.74$（万元）

净利润 $= 750 \div (1 + 13\%) - 600 \div (1 + 13\%) = 132.74$（万元）

（2）从乙企业购进。

应纳增值税税额 $= 750 \div (1 + 13\%) \times 13\% - 500 \div (1 + 3\%) \times 3\% = 71.72$（万元）

现金流净增 $= 750 - 500 - 71.72 = 178.28$（万元）

净利润 $= 750 \div (1 + 13\%) - 500 \div (1 + 3\%) = 178.28$（万元）

由此可知，如果从乙企业购买，其应纳的增值税税额较多，但其现金流净增加额及利润都增加了，所以从现金流及净利润角度考虑，应选择从乙企业进货。

8.【解析】

方案一：采用收取手续费的方式代销 A 产品。

乙公司应缴纳增值税 $= 300 \times 100 \times 6\% = 1\,800$（元）

乙公司应缴纳城市维护建设税及教育费附加 $= 1\,800 \times (7\% + 3\% + 2\%)$
$$= 216\,（元）$$

乙公司共缴纳增值税以及附加税费 $= 1\,800 + 216 = 2\,016$（元）

甲公司应缴增值税 $= 1\,500 \times 100 \times 13\% - 8\,000 - 1\,800 = 9\,700$（元）

甲公司应缴纳城市维护建设税及教育费附加 $= 9\,700 \times (7\% + 3\% + 2\%)$
$$= 1\,164\,（元）$$

甲公司共缴纳增值税以及附加税费 $= 9\,700 + 1\,164 = 10\,864$（元）

方案二：采用视同买断的方式销售 B 产品，乙公司每售出一件 B 产品，甲公司按 1\,200 元的协议价收取货款，乙公司在市场上仍以 1\,500 元的价格销售 B 产品，实际售价与协议之间的差额归乙公司所有。

乙公司应缴纳增值税 $= 1\,500 \times 100 \times 13\% - 1\,200 \times 100 \times 13\% = 3\,900$（元）

乙公司应缴纳城市维护建设税及教育费附加 $= 3\,900 \times (7\% + 3\% + 2\%)$
$$= 468\,（元）$$

乙公司共缴纳增值税以及附加税费 $= 3\,900 + 468 = 4\,368$（元）

甲公司应缴增值税 $= 1\,200 \times 100 \times 13\% - 8\,000 = 7\,600$（元）

甲公司应缴纳城市维护建设税及教育费附加 $= 7\,600 \times (7\% + 3\% + 2\%)$
$$= 912\,（元）$$

甲公司共缴纳增值税以及附加税费 $= 7\,600 + 912 = 8\,512$（元）

对甲公司而言，应采用视同买断的方式代销产品，在其他条件相同的情况下，甲公司可以节省 2\,352 元（$= 10\,864 - 8\,512$）税款。

9.【解析】

纳税人选择适用简易计税方法计税，要以取得的全部价款扣除购置成本后的余额为销售额：

$$应纳增值税税额 = (1\,350 - 300) \div (1 + 5\%) \times 5\% = 50（万元）$$

纳税人选择适用一般计税方法计税，要以取得的全部价款为销售额，按照 9% 的税率申报纳税：

$$应纳增值税税额 = 1\,350 \div (1 + 9\%) \times 9\% = 111.47（万元）$$

由此可见，纳税人选择简易计税方法比选择一般计税方法少缴纳增值税 61.47 万元（$= 111.47 - 50$）。

10.【解析】

如果该公司在进行会计核算时未对这两类收入分别核算，则

$$应纳增值税税额 = (1\,000 + 400) \times 13\% - 50 = 132（万元）$$

如果该公司在进行会计核算时对这两类收入分别核算，则

$$应纳增值税税额 = 1\,000 \times 13\% + 400 \times 6\% - 50 = 104（万元）$$

由此可见，该公司分别核算这两类收入要比未分别核算这两类收入少缴增值税 28 万元（= 132 - 104）。

11.【解析】

（1）存在的问题：该商场在申报税款时，没有把赠送小商品的销售收入加入，这样会产生没有视同销售的风险，有可能会因为申报不实而出现少缴增值税的情况。

（2）采取的办法：

1）降低销售价格，实行捆绑式销售。例如，将促销商品和小商品实行捆绑式销售，即将捆绑后的组合商品按促销商品的原价销售，但要在增值税专用发票的金额栏分别注明促销商品的价格和小商品的价格。这样一来，商场在促销前提下的销售收入没有减少，同时原采用赠送方式回馈给销售者的小商品也不用交税，从而实现了降低税负的目的。

2）将赠送货物改为折扣销售来对待。例如，采取"满就减"的促销方法，假设消费者购买的商品价值 520 元，那么该商品可以采取"满 500 减 20"的促销方式，减去的"20元"实际上是一种折扣。纳税人采取折扣方式销售货物，如果将销售额和折扣额在同一张增值税专用发票的金额栏分别注明的，就可按折扣后的销售额征收增值税；如果将折扣额另开发票，不论其在财务上如何处理，均不得从销售额中减除折扣额。

12.【解析】

从增值税的角度看：

$$一般计税方法的应纳税额 = 2\,000 \times 9\% - 30 = 150（万元）$$
$$简易计税方法的应纳税额 = 2\,000 \times 5\% = 100（万元）$$

因此，简易计税方法比一般计税方法节税 50 万元（= 150 - 100）。

从企业所得税的角度看：在简易计税方法下，由于 30 万元的进项税额不可以抵扣而增加成本 30 万元，这样会减少利润 30 万元，进而抵减企业所得税 7.5 万元。

因此，经过综合考虑，该企业应选择简易计税方法。

13.【解析】

$$选择光租的应纳税额 = 100 \times \frac{13\%}{1 + 13\%} = 11.5（万元）$$

$$选择期租的应纳税额 = (100 + 10) \times \frac{9\%}{1 + 9\%} \approx 9.1（万元）$$

因此，从增值税税收筹划的角度看，该企业选择期租可以节税 2.4 万元（= 11.5 - 9.1）。

14.【解析】

$$融资性直租应缴纳增值税 = 800 \times 13\% - 720 \times 13\% = 10.4（万元）$$

如果采用融资性售后回租模式，即由 B 公司向 C 公司以延期付款方式购买不含税销售额为 720 万元的机床，然后与 A 公司签订售后回租合同，向 A 公司融资 720 万元并将款项归还 C 公司，并于 5 年后一次性向 A 公司支付 800 万元。在合同到期后，B 公司收购该机床。在这种情况下，应缴纳增值税为 4.8 万元 [= (800 - 720) × 6%]，节税 5.6 万元（= 10.4 - 4.8）。

需要注意的是，如果承租方采用售后回租模式，则出租方只能开具普通发票，因而承租方不得抵扣进项税额。对此，承租方需要综合考虑。

15. 【解析】

方法一：将出口货物退税率10%与出口货物征税率13%相比，由于

$$进出口增值额×(税率-退税率)<可抵扣进项税额$$

即

$$(900-600)×(13\%-10\%)=9万元<可抵扣进项税额13万元$$

因此，该公司采取来料加工方式更有利。

方法二：在进料加工的情况下，有

$$出口产品不予抵扣进项税额=(900-600)×(13\%-10\%)=9(万元)$$

而

$$当期应纳税额=100×13\%-(13-9)=9(万元)$$

则当期不仅不退税，而且应纳税9万元。然而，采用来料加工方式，则不征不退。由此可见，该公司应选择来料加工方式。

16. 【解析】

(1) 如果该公司未准确划分免税项目的进项税额：

$$\begin{array}{c}不得抵扣的\\进项税额\end{array}=\begin{array}{c}当月无法划分的\\全部进项税额\end{array}×\begin{array}{c}当月免税项目、简易计税方法\\计税项目销售额合计\end{array}÷\begin{array}{c}当月全部\\销售额合计\end{array}$$

$$\begin{aligned}全部进项税额&=10×13\%×200+1×13\%×10\\&=261.3(万元)\end{aligned}$$

$$\begin{aligned}免税项目销售额&=7.5×10\\&=75(万元)(来料加工复出口的加工费是免增值税项目)\end{aligned}$$

$$全部销售额合计=17×200+7.5×10=3\,475(万元)$$

$$不得抵扣的进项税额(计入主营业务成本)=261.3×75÷3\,475=5.64(万元)$$

$$\begin{aligned}该来料加工业务的成本总额&=1×10+5.64+6×10\\&=75.64(万元)\end{aligned}$$

$$来料加工业务的利润=75-75.64=-0.64(万元)$$

在这种情况下，该订单不仅不盈利，反而亏损了0.64万元。

(2) 若该公司能准确划分免税项目的进项税额：

$$不得抵扣的进项税额=1×10×13\%=1.3(万元)$$

需要注意的是，用于来料加工的国内购买已税材料、辅料的进项税额不能抵扣和办理出口退税，应单独核算并转入来料加工的经营成本中。

$$来料加工业务的成本总额=1×10+1.3+6×10=71.3(万元)$$

$$来料加工业务的利润=75-71.3=3.7(万元)$$

由此可见，若能正确划分进项税额，该公司可以增加 3.7 万元利润。

17.【解析】

（1）自营出口。

$$\begin{matrix}\text{当期不得免征} \\ \text{和抵扣税额}\end{matrix} = \left(\begin{matrix}\text{当期出口} \\ \text{货物离岸价格}\end{matrix} \times \begin{matrix}\text{外汇人民} \\ \text{币折合率}\end{matrix} - \begin{matrix}\text{当期免税购进} \\ \text{原材料价格}\end{matrix}\right) \times \left(\begin{matrix}\text{出口货物} \\ \text{适用税率}\end{matrix} - \begin{matrix}\text{出口货物} \\ \text{退税率}\end{matrix}\right)$$

$$= (100 - 0) \times (13\% - 13\%) = 0$$

$$\begin{matrix}\text{当期} \\ \text{应纳税额}\end{matrix} = \begin{matrix}\text{当期内销货物} \\ \text{销项税额}\end{matrix} - \left(\begin{matrix}\text{当期全部} \\ \text{进项税额}\end{matrix} - \begin{matrix}\text{当期不得免征} \\ \text{和抵扣税额}\end{matrix}\right) = 0 \times 13\% - (10 - 0)$$

$$= -10 \text{ 万元} < 0 \text{（期末留抵税额）}$$

$$\begin{matrix}\text{当期免、抵、} \\ \text{退税额}\end{matrix} = \left(\begin{matrix}\text{当期出口货物} \\ \text{离岸价格}\end{matrix} \times \begin{matrix}\text{外汇人民} \\ \text{币折合率}\end{matrix} - \begin{matrix}\text{当期免税购进} \\ \text{原材料价格}\end{matrix}\right) \times \begin{matrix}\text{出口货物} \\ \text{退税率}\end{matrix}$$

$$= (100 - 0) \times 13\% = 13 \text{（万元）}$$

在当期期末留抵税额的绝对值≤当期免、抵、退税额（即 10 万元 < 13 万元）时，有

当期应退税额 = 当期期末留抵税额 = 10（万元）

当期免、抵税额 = 当期免、抵、退税额 − 当期应退税额

$$= 13 - 10 = 3 \text{（万元）}$$

（2）通过关联企业出口。由于外贸企业免征增值税销项税额，所以退税是退增值税的全部或部分进项税额。

退税额 = 购进货物不含税价 × 退税率

增值税税率 > 退税率的部分计入成本

合资企业应纳增值税税额 = 销项税额 − 进项税额

$$= 100 \div (1 + 13\%) \times 13\% - 10 = 1.5 \text{（万元）}$$

外贸企业应收出口退税额 $= 100 \div (1 + 13\%) \times 13\% = 11.5 \text{（万元）}$

两企业合计获得退税 $= 11.5 - 1.5 = 10 \text{（万元）}$

18.【解析】

甲公司的生产流程主要由饲养奶牛生产牛奶和利用生产的鲜牛奶加工成奶制品进行销售两部分构成。在第一个部分中，进项税额主要在草料的购进环节产生，适用 9% 的增值税税率；在第二个部分中，若将利用自产鲜奶加工转换为"外购"鲜奶进行加工，即将饲养奶牛和加工奶制品两个环节分别设立公司，由后者向前者购买鲜奶原料进行加工。在这种情况下，购进鲜奶环节可以按 10% 的增值税税率计算"外购"鲜奶的进项税额并进行抵扣。

若将整个生产流程分成饲养和奶制品加工两个部分，通过分别成立子公司来经营饲养场和奶制品加工厂。在税收筹划后，假定饲养场每月以市场价格 300 万元向奶制品加工厂销售鲜奶，其他条件不变。

税收筹划前企业每年应交增值税 $= 500 \times 13\% - 100 \times 9\% - 8 = 48 \text{（万元）}$

税收筹划后该公司每年应纳增值税 $= 500 \times 13\% - 300 \times 10\% - 8 = 27 \text{（万元）}$

19.【解析】

（1）乙供销社主动与甲烟草站进行友好沟通，签订烟草订购协议，并在协议上约定：乙供销社委托甲烟草站代购（供货来源也是丙烟草公司）某品牌的卷烟，并向甲烟草站支付代购手续费。

（2）乙供销社按丙烟草公司的含税供应价，将购货款预付给甲烟草站，确保甲烟草站不垫付购货资金。

（3）丙烟草公司凭甲烟草站与乙供销社之间签订的代购协议，将增值税专用发票开具给乙供销社，并由甲烟草站将增值税专用发票转交给乙供销社。

（4）乙供销社向甲烟草站支付约定的代购手续费，取得普通发票。

对于乙供销社而言，该税收筹划方案可以获得增值税专用发票用以抵扣，同时减少了远距离的高额采购运费，降低了乙供销社的经营成本；对于甲烟草站而言，它在去丙烟草公司进货时可以顺便为乙供销社代购卷烟，从而赚取一笔可观的代购手续费，并实现乙供销社与甲烟草站双方互赢。

20.【解析】

在该案例中，没有人愿意以100元的价格对薄木板和木箱进行收购的原因在于甲无法就其销售的薄木板和木箱开具增值税专用发票，因此只能降低销售价格；除此之外，甲销售薄木板和木箱的业务不属于"农业生产者销售自产农产品"，故无法享受免税优惠。综合来看，深加工业务最后的收入反而达不到直接销售原木的销售额90元，因此该业务是失败的，需要通过税收筹划改变相关业务流程和税收结果。

农户甲先将原木以90元的价格销售给下游工厂，由下游工厂雇佣农户甲进行深度加工，并支付给农户甲加工费4元，让其将原木加工为木箱和薄木板。通过改变加工方式，农户甲出售原木可获得90元的销售收入，而工厂雇佣农户甲加工，6元的电费由下游工厂支付，下游工厂可以抵扣进项税额，下游工厂另外向农户甲支付人工费4元。在这种情况下，农户甲可以得到收入94元，比农户自行深加工增收了8元（＝94－86），下游工厂也可以抵扣农产品9元（＝90×10%）的税款以及电费所含的进项税额，使成本降低。

21.【解析】

纳税人按照兼营简易计税项目无法划分所取得进项税额的有关规定，计算应转出的进项税额：

$$应转出的进项税额 = 113\,000 \div (1 + 13\%) \times 13\% \times 40\,000 \div (40\,000 + 60\,000)$$
$$= 5\,200（元）$$

若企业划分兼营简易计税项目的进项税额小于5 200元，则应准确划分两类不同的进项税额进行抵扣；若企业划分兼营简易计税项目的进项税额大于5 200元，则无须准确划分，而是按照公式计算结果确定不得抵扣的进项税额；若企业划分兼营简易计税项目的进项税额等于5 200元，企业会选择不进行划分，这样不仅可以减少企业的经营成本，而且可以获得递延纳税的货币时间价值。

22.【解析】

三个公司按照正常价格进行交易，应纳增值税税额如下：

$$甲公司应纳增值税税额 = 1\ 000 \times 500 \div (1 + 13\%) \times 13\% - 40\ 000$$
$$= 17\ 522.12（元）$$

$$乙公司应纳增值税税额 = 1\ 000 \times 600 \div (1 + 13\%) \times 13\% - 1\ 000 \times 500$$
$$\div (1 + 13\%) \times 13\%$$
$$= 11\ 504.42（元）$$

$$丙公司应纳增值税税额 = 800 \times 700 \div (1 + 13\%) \times 13\% - 1\ 000 \times 600 \div (1 + 13\%)$$
$$\times 13\% \times 80\%$$
$$= 9\ 203.54（元）$$

$$集团合计应纳增值税税额 = 17\ 522.12 + 11\ 504.42 + 9\ 203.54 = 38\ 230.08（元）$$

三个公司采用转让定价进行交易，应纳增值税税额如下：

$$甲公司应纳增值税税额 = 1\ 000 \times 400 \div (1 + 13\%) \times 13\% - 40\ 000 = 6\ 017.70（元）$$

$$乙公司应纳增值税税额 = (800 \times 500 + 200 \times 600) \div (1 + 13\%) \times 13\% - 1\ 000$$
$$\times 400 \div (1 + 13\%) \times 13\%$$
$$= 13\ 805.31（元）$$

$$丙公司应纳增值税税额 = 800 \times 700 \div (1 + 13\%) \times 13\% - 800 \times 500 \div (1 + 13\%)$$
$$\times 13\%$$
$$= 18\ 407.08（元）$$

$$集团合计应纳增值税税额 = 6\ 017.70 + 13\ 805.31 + 18\ 407.08 = 38\ 230.09（元）$$

由于三个公司在生产上具有连续性，这就使得甲公司当期的应纳税额相对减少 11 504.42 元（= 17 522.12 − 6 017.70），而这笔税款通过乙公司递延至第二期缴纳。这就使得乙公司第二期和丙公司第三期的应纳税额分别增加了 2 300.89 元（= 13 805.31 − 11 504.42）和 9 203.54 元（= 18 407.08 − 9 203.54）。但是，如果假设生产周期为 3 个月，各期相对增减金额折合为现值，则税收负担相对下降了 1 163.76 元 [= 11 504.42 − 2 300.89 ÷ (1 + 2%)³ − 9 203.54 ÷ (1 + 2%)⁶]。

（九）综合题

1. 【解析】

方案一：从一般纳税人处购入

$$进项税额 = 40 \times 13\% = 5.2（万元）$$
$$增值税 = 50 \times 13\% - 5.2 = 1.3（万元）$$
$$城市维护建设税及教育费附加 = 0.13（万元）$$
$$企业所得税 = (50 - 40 - 0.13) \times 25\% = 2.47（万元）$$
$$总应纳税额 = 1.3 + 0.13 + 2.47 = 3.90（万元）$$
$$净利润 = (50 - 40 - 0.13) \times (1 - 25\%) = 7.40（万元）$$

方案二：从小规模纳税人处购入

$$进项税额 = 30 \times 3\% = 0.9（万元）$$

增值税 $=50 \times 13\% - 0.9 = 5.6$（万元）

城市维护建设税及教育费附加 $= 0.56$（万元）

企业所得税 $= (50 - 30 - 0.56) \times 25\% = 4.86$（万元）

总应纳税额 $= 5.6 + 0.56 + 4.86 = 11.02$（万元）

净利润 $= (50 - 30 - 0.56) \times (1 - 25\%) = 14.58$（万元）

如果只从税负角度看，该厂应选择从一般纳税人处购入；若考虑净利润，该厂应选择从小规模纳税人处购入。

2. 【解析】

若甲企业从一般纳税人处购货，可以得到增值税专用发票进行进项税额抵扣，但购进货物的价格较高；若选择从小规模纳税人处购货，虽然购进货物的价格较低，但在抵扣进项税额时只能按照3%的征收率进行抵扣。因此，甲企业需要进行必要的测算来辅助决策。

若从一般纳税人处购货：

企业应纳增值税 $= 30 \times 13\% - 15 \div (1 + 13\%) \times 13\% = 2.17$（元）

企业应纳城市维护建设税、教育费附加、地方教育附加

$= [30 \times 13\% - 15 \div (1 + 13\%) \times 13\%] \times (7\% + 3\% + 2\%) = 0.26$（元）

企业的税后净增值额 $= 30 - 15 \div (1 + 13\%) - 2.17 - 0.26 = 14.30$（元）

若从小规模纳税人处购货：

企业应纳增值税 $= 30 \times 13\% = 3.9$（元）

企业应纳城市维护建设税、教育费附加、地方教育附加

$= 30 \times 13\% \times (7\% + 3\% + 2\%) = 0.47$（元）

企业的税后净增值额 $= 30 - 10 - 3.9 - 0.47 = 15.63$（元）

综上所述，甲企业应从小规模纳税人处购货。

3. 【解析】

如果将全部广告都委托广告公司投放，该公司可以从广告公司取得增值税进项发票来抵扣增值税。

可抵扣进项税额 $= 300 \div (1 + 6\%) \times 6\% = 16.98$（万元）

现金流出 $= 300 - 16.98 = 283.02$（万元）

如果只将电视广告业务委托给广告公司，其他广告业务由公司宣传策划部自行投放，则该公司可以按照税法的规定抵扣不同广告形式下的进项税额。

将电视广告投放业务委托给广告公司，可取得6%的广告服务增值税专用发票。

可抵扣进项税额 $= 150 \div (1 + 6\%) \times 6\% = 8.49$（万元）

户外墙面广告属于不动产租赁服务，可取得9%的增值税专用发票。

可抵扣进项税额 $= 50 \div (1 + 9\%) \times 9\% = 4.13$（万元）

公交车车身流动广告属于动产租赁服务，可取得13%的增值税专用发票。

可抵扣进项税额 $= 60 \div (1 + 13\%) \times 13\% = 6.90$（万元）

电梯广告属于不动产租赁服务，可取得9%的增值税专用发票。

可抵扣进项税额 = $40 \div (1 + 9\%) \times 9\% = 3.30$（万元）

总的进项税额 = $8.49 + 4.13 + 6.90 + 3.30 = 22.82$（万元）

总的现金流出 = $300 - 22.82 = 277.18$（万元）

节税金额 = $22.82 - 16.98 = 5.84$（万元）

因此，在不影响广告效果的前提下，该公司可以合理安排广告投放的方式，以达到节税的目的。

4.【解析】

(1) 采取包装物作价随同产品一起销售的方式。包装物作价随同产品销售的，应并入应税消费品的销售额中征收增值税和消费税。此时，该烟花厂与包装物有关的核算如下：

销售收入 = $100\,000 \times 22.6 \div (1 + 13\%) = 2\,000\,000$（元）

销售成本 = $100\,000 \times 14 = 1\,400\,000$（元）

增值税销项税额 = $100\,000 \times 22.6 \div (1 + 13\%) \times 13\% = 260\,000$（元）

消费税 = $100\,000 \times 22.6 \div (1 + 13\%) \times 15\% = 300\,000$（元）

利润 = $2\,000\,000 - 1\,400\,000 - 300\,000 = 300\,000$（元）

(2) 采取收取包装物押金的方式。在这种方式下，该烟花厂对每件包装物单独收取押金22.6元，此项押金不并入应税消费品的销售额中征税。在这种情况下，押金的后续核算又分为两种情况：

1) 包装物押金1年内收回。这里需要考虑包装物的成本问题。包装物可以循环使用，但最终是要报废的，因而成本损耗也就不可避免。在这种情况下，与前面的方案相比，该烟花厂减少了销售包装物的利润以及包装物的摊销金额。

2) 包装物押金1年内未收回。在这种情况下，一年后该烟花厂与包装物有关的核算如下：

销售收入 = $100\,000 \times 22.6 \div (1 + 13\%) = 2\,000\,000$（元）

销售成本 = $100\,000 \times 14 = 1\,400\,000$（元）

增值税销项税额 = $100\,000 \times 22.6 \div (1 + 13\%) \times 13\% = 260\,000$（元）

消费税 = $100\,000 \times 22.6 \div (1 + 13\%) \times 15\% = 300\,000$（元）

利润 = $2\,000\,000 - 1\,400\,000 - 300\,000 = 300\,000$（元）

在这两种情况下，该烟花厂的利润都是30万元，但与包装物有关的增值税和消费税（合计56万元）是在一年后补缴的，延缓了该烟花厂的纳税时间，获取了货币时间价值，为该烟花厂的生产经营提供了便利。由此可见，该烟花厂可以考虑在情况允许时，不将包装物作价随同产品出售，而是采用收取包装物押金的方式，并对包装物的退回设置一些条款（比如包装物有损坏，则没收全部押金），以保证包装物押金不被退回，这样就可以缓缴税款。

5.【解析】

首先，分析甲企业当前的资产负债结构。目前，甲企业的银行存款余额为10 000万元，远大于甲企业的长期负债 100 万元；其次，从甲企业的战略规划出发，它并无扩大生产规模等需要大量资金支出的计划，因此甲企业目前的流动性充足。

若甲企业利用自产的发动机支付投资金额对价，则该项业务属于单位将自产货物作为投资提供给其他单位或者个人，在增值税上应视同销售；若甲企业利用自有资金进行投资，则在支付环节不产生增值税纳税义务。

(1) 选择以自产发动机进行投资。

甲企业当期增值税销项税额 $= 1\,000 \times 13\% = 130$（万元）

甲企业当期增值税进项税额 $= 580 \div (1 + 13\%) \times 13\% = 66.73$（万元）

当期应纳增值税 $= 130 - 66.73 = 63.27$（万元）

应纳城市维护建设税和教育费附加 $= 63.27 \times (7\% + 3\% + 2\%) = 7.59$（万元）

(2) 选择以自有资金进行投资。

甲企业当期增值税销项税额 $= 0$

甲企业当期增值税进项税额 $= 580 \div (1 + 13\%) \times 13\% = 66.73$（万元）

甲企业当期应纳增值税 $= 0$

甲企业当期应纳城市维护建设税和教育费附加 $= 0$

以自有资金投资相对于以自产发动机投资，共减轻企业税收负担

$= 63.27 + 7.59 = 70.86$（万元）

所以，甲企业应选择以自有资金进行投资。

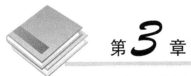

第 **3** 章

消费税的税收筹划

一、学习目的与要求

消费税是对某些产品在征收增值税后再加征一道税款的税种。虽然消费税也属于货物与劳务税，但无论是征税范围、纳税人，还是征税环节、计税依据等，都与增值税有明显的不同。通过本章的学习，学生应理解消费税筹划的主要原理，从设立业务、销售业务、加工业务等层面，掌握消费税筹划的方法，并能针对具体问题制定筹划方案。

二、重点与难点

（一）消费税筹划原理

1. 纳税人的筹划

消费税是针对特定纳税人征收的，而且其征税环节具有单一性，并非在每个环节多次征收。因此，在消费税的税收筹划中可以通过企业合并以达到递延税款缴纳时间的目的。与此同时，不同环节涉及的消费税税率还可能存在差异，这就会给纳税人的消费税税负带来影响。

企业合并会使原来企业间的销售环节转变为企业内部的原材料转让环节，从而递延部分消费税税款的缴纳。如果两个合并企业之间存在原材料供求关系，则在企业合并前，这笔原材料的转让关系为购销关系，应按照正常的购销价格缴纳消费税；而在企业合并后，两个企业之间的原材料供应关系转变为企业内部的原材料转让关系，因此这一环节不用缴纳消费税，而是递延到以后的销售环节再缴纳。

此外，如果后一个环节的消费税税率较前一个环节低，则可直接减轻企业的消费税税负。当前一个环节应征的消费税税款延迟到后面环节征收时，若后面环节的税率较低，则企业合并前各企业间的销售额因在企业合并后适用了较低税率，从而减轻了税负，缓解了资金占比高的情况。

2. 计税依据的税收筹划

由于消费税的征税环节具有单一性，因而从税收筹划的角度看，可以在单一环节通过减少计税依据的税收筹划方式来降低税负。在我国，消费税的大部分应税消费品只在生产出厂环节缴纳，此后的环节不需要再缴纳。为降低计税价格，企业应尽可能将计税环节向前推移，也就是把一部分价值剔除在计税依据之外。

根据税法的规定可以看出，只有符合条件的押金可以不并入销售额计算缴纳消费税，因而采用收取押金的方式比其他两种方式更有利于节税：一是企业先以押金的形式签订合同，待客户逾期不退还押金时再计算消费税，实现递延纳税；二是企业收取押金时应注意合同签订的退还时间要尽量控制在 12 个月之内。

3. 税率的税收筹划

消费税在一些税目下设置了多个子目，不同的子目适用不同的税率，而同一税目下的不同子目具有很多的共性，纳税人可以创造条件将某子目转换为另一子目，以便在不同的税率之间选择较低的税率纳税。

企业在兼营不同税率应税消费品的情况下，一方面要健全财务核算制度，做到账目清楚并分别核算各种应税消费品的销售情况；另一方面要选择合适的销售方式和核算方式，达到适用较低消费税税率的目的，从而降低税负。纳税人应针对消费税税率多档次的特点，根据税法的规定，进行必要的合并核算和分开核算，以达到节税的目的。

现行消费税政策规定，纳税人将应税消费品和非应税消费品以及适用税率不同的应税消费品组成成套消费品销售的，从高适用税率。企业对于成套销售的收益与税负应进行全面权衡，看有无必要搭配为成套产品，以免造成不必要的税收负担。如果成套销售的收益大于由此增加的税负，则可以选择成套销售。

4. 纳税义务发生时间的税收筹划

从税收筹划的角度看，选择恰当的销售方式可以使企业合理地推迟纳税义务发生时间，递延税款缴纳。需要注意的是，企业通过选择销售方式以推迟纳税义务发生时间并没有降低企业的绝对税额，而是通过递延税款缴纳以获得相对节税的好处。

（二）企业设立业务中的消费税筹划

1. 企业合并的税收筹划

消费税针对特定纳税人征收，同时消费税的征税环节具有单一性，在生产（进口）、流通或消费的某一环节征收（卷烟和超豪华小汽车除外），因此在设立环节，如果企业间的经营业务为应税消费品的上下游关系，则可以采用上下游企业合并的办法进行税收筹划，达到递延缴纳税款或节税的目的，以降低消费税税负。

对于白酒类企业来说，企业合并对于消费税的税收筹划更有意义。对于购入已税酒类继续生产白酒的企业，消费税并不能得到抵扣，而企业合并可以直接省去上游环节的消费税税负。

2. 设立独立核算的销售机构的税收筹划

应税消费品的生产销售环节是征收消费税的主要环节，因为消费税实行单一环节征收，所以在生产销售环节征收后，在流通环节无须再征收。因此，消费税税收筹划的关键在于降低出厂环节的计税价格。纳税人可以通过自设独立核算门市部销售自产应税消费品，以企业的出厂销售价格作为销售额计算消费税。

（三）企业销售业务中的消费税筹划

1. 非成套销售的税收筹划

从税收筹划的角度，如果成套销售中的产品皆为应税消费品且适用税率相同，可以选择成套销售，这样能在应纳税额不变的情况下提高销量、增加利润；如果成套销售的产品中含有非应税消费品或适用不同税率的应税消费品，则企业需要分析成套销售所带来的额外收益与应纳税额之间的关系——若成套销售的收益大于由此增加的税负，可以选择成套销售。

2. 结算方式的税收筹划

我国现行消费税政策规定，消费税的纳税义务发生时间根据应税行为的性质和结算方式的不同而不同。纳税人的不同应税行为和结算方式直接影响着消费税的缴纳时间。通过合理选择结算方式，纳税人可以实现递延纳税的效果。

3. 销售价格的税收筹划

企业关于应税消费品销售价格的规定能够直接影响消费税的计税依据，从而对消费税税额造成影响。在我国现行消费税的相关规定中，对于某种特定应税消费品价格的变化，消费税的相应税目会有不同税率的区分，或者以不同子目来划分。纳税人可以通过制定合理的销售价格，实现适用较低的消费税税率或免于征税的目标。

4. 以应税消费品实物抵债、投资入股的税收筹划

消费税法律制度对于纳税人的某些特定行为规定了特殊条款，纳税人用于换取生产资料和消费资料、投资入股和抵偿债务等方面的应税消费品，应以纳税人同类应税消费品的最高销售价格为依据计算消费税。纳税人将应税消费品自用于其他方面，比如馈赠、赞助、广告等，应按纳税人生产的同类消费品的销售价格计算纳税；没有同类消费品销售价格的，按照组成计税价格计算纳税。当纳税人以应税消费品用于偿还债务、投资入股时，要尽量采用"先销售、后抵债"的方式，防止按较高价格计税，进而增加自身税负。

5. 以外币结算应税消费品的税收筹划

当纳税人销售的应税消费品以人民币以外的货币结算销售额时，应按人民币汇率中间价折合成人民币销售额后，再计算应纳消费税税额。一般来说，外汇市场价格波动越大，

选择折合率进行节税的必要性越大。如果能以较低的人民币汇率计算应纳税额，对企业就是有利的。需要注意的是，对于每一个纳税人来说，汇率折算方法一经确定，在一年内不得随意变动。因此，在选择汇率折算方法时，纳税人需要对未来的经济形势和汇率走势做出恰当判断。

6. 企业加工业务中的税收筹划

（1）委托加工与自行加工的税收筹划。自行加工的消费税计税依据为应税消费品的销售价格，而委托加工的消费税计税依据为同类消费品的销售价格或者组成计税价格。企业收回委托加工物资后，如果直接出售且价格低于受托方的计税价格，无须缴纳消费税；如果继续生产应税消费品再出售，则需要缴纳消费税，但在计税时准予扣除受托方已代收代缴的消费税。若企业收回委托加工产品后以高于受托方的组成计税价格出售，则需要计算缴纳消费税。不同加工方式下的应纳消费税总额相同，但缴纳消费税的时间不同，企业可以选择自行加工方式，实现递延纳税的效果。

（2）委托加工方的选择。企业在选择委托加工方时，需要考虑受托方有无同类消费品销售。若受托方有同类消费品销售，且同类消费品的销售价格高于委托加工消费品的最终销售价格，就会带来消费税应纳税额的增加。若受托方有同类消费品销售但其销售价格低于应税消费品最终的销售价格，或受托方无同类消费品销售，需要用组成计税价格代收代缴消费税，则不会加重委托方的消费税负担。

纳税人对接受委托加工的受托方所在地的选择，也会影响最终税负。我国税法规定，凡缴纳增值税、消费税的单位及个人，都是城市维护建设税的纳税人，在受托方代收代缴消费税时，应同时计算缴纳城市维护建设税和教育费附加。在其他条件相同的情况下，纳税人在选择委托加工方时，应选择农村地区的委托加工方，因为其城市维护建设税税率最低。

三、关键术语

价外费用是指价外向购买方收取的手续费、补贴、基金、集资费、返还利润、奖励费、违约金、滞纳金、延期付款利息、赔偿金、代收款项、代垫款项、包装费、包装物租金、储备费、优质费、运输装卸费以及其他各种性质的价外收费。

消费税的兼营行为是指消费税纳税人同时经营两种以上税率的应税消费品的行为。现行消费税政策规定，纳税人兼营不同税率的应税消费品，应当分别核算不同税率应税消费品的销售额和销售数量；未分别核算不同税率应税消费品的，从高适用税率。

委托加工的应税消费品是指由委托方提供原材料和主要材料，受托方只收取加工费和代垫部分辅助材料加工的应税消费品。由受托方提供原材料或其他情形的，一律不能视同委托加工应税消费品。委托加工应税消费品收回后，继续用于生产应税消费品的，其加工环节缴纳的消费税税款可以扣除。需要注意的是，由受托方提供原材料，或受托方先将原材料卖给委托方再接受加工，以及由受托方以委托方名义购进原材料生产的应税消费品，不论纳税人在财务上是否做销售处理，都不得作为委托加工应税消费品，而应看作受托方销售自制消费品，此时消费税的纳税人为受托方。

四、练习题

（一）术语解释

1. 价外费用
2. 消费税兼营行为
3. 委托加工的应税消费品

（二）填空题

1. 在中华人民共和国境内_____、_____和_____应税消费品的单位和个人，为消费税的纳税人。

2. 对委托加工的应税消费品，除受托方为个人外，消费税应由_____代收代缴。

3. 纳税人兼营不同税率的应税消费品，未分别核算不同税率应税消费品的，应当_____适用税率。

4. 某化妆品厂下设一个非独立核算门市部，每年该厂向门市部移送高档化妆品1万套，每套单价500元，门市部的销售单价为550元（以上均为不含税价）。若化妆品厂将该门市部分立，使其具备独立纳税人身份，则每年可节约消费税_____万元。（高档化妆品的消费税税率为15%。）

5. 白酒企业进行税收筹划的风险之一，是白酒生产企业销售给销售单位的白酒的消费税计税价格不能低于销售单位对外销售价格的_____，否则将会面临税务机关的价格核定，补缴消费税税额。

6. 我国税法规定，委托加工的应税消费品是指由_____提供原材料和主要材料，_____只收取加工费和代垫部分辅助材料加工的应税消费品。

7. 对于委托加工的应税消费品，应按照_____的销售价格计算纳税；没有此价格的，应按照_____计算纳税。

8. 纳税人销售应税消费品采取预收货款结算方式的，其纳税义务发生时间为_____。

9. 对于委托加工的应税消费品，在_____的情况下，应按照组成计税价格计算纳税。

10. 对于委托加工的应税消费品的应纳消费税，我国采取了_____的管理办法。

（三）判断题

1. 我国的消费税是在应税消费品生产经营的各个环节征收。（　　）
2. 委托方委托受托方提供原材料，并且加工生产的过程属于委托加工。（　　）
3. 针对消费税纳税人的税收筹划一般是通过企业合并以递延税款缴纳的时间。（　　）
4. 每种应税消费品的消费税税率各不相同，这种差别为消费税税率的税收筹划提供了客观条件。（　　）
5. 纳税人自产自用的应税消费品用于连续生产应税消费品的，于移送使用时计算征收消费税。（　　）
6. 白酒生产企业销售给销售单位的白酒，假设对外不含税零售价为 500 元，企业可以300 元的价格（不含税）进行内部销售。（　　）
7. 用委托加工收回的应税消费品连续生产应税消费品，其已纳税款准予按照规定从连续生产的应税消费品应纳消费税税额中抵扣。（　　）
8. 对于消费税的纳税人，如果将委托加工的应税消费品收回后加价出售，就说明采用委托加工方式比自行加工方式节省了消费税。（　　）
9. 将生产的应税消费品用于连续生产应税消费品的，于移送使用时计算征收消费税。（　　）
10. 委托加工应税消费品的消费税纳税人是受托方。（　　）
11. 受托方以委托方名义购进原材料生产的应税消费品并卖给委托方，此时的消费税由受托方代收代缴。（　　）

（四）单选题

1. 下列各项属于消费税纳税人的是（　　）。
A. 粮食生产厂　　　　　　　　　　B. 家具制造厂
C. 油漆生产厂　　　　　　　　　　D. 牛奶生产厂
2. 下列产品应按复合计税方式缴纳消费税的是（　　）。
A. 生产化妆品　　　　　　　　　　B. 批发卷烟
C. 生产乘用小汽车　　　　　　　　D. 生产电池
3. 采取预收货款结算方式的，其纳税义务发生时间是发出消费品的（　　）。
A. 当日　　　　　B. 次日　　　　　C. 3 日以内　　　　　D. 7 日以内
4. 下列产品不需要缴纳消费税的是（　　）。
A. 实木地板　　　　B. 电池　　　　C. 一次性筷子　　　　D. 别墅
5. 下列产品需要缴纳消费税的有（　　）。
A. 家用洗发水　　　B. 高档面霜　　　C. 工业用酒精　　　D. 烟叶
6. 把与化妆品组成套装销售的护肤品拿出来销售，则护肤品无须缴纳消费税，这是利用（　　）进行税收筹划。
A. 税率　　　　　B. 税收扣除　　　　C. 退税　　　　　D. 免税

7. 下列不是利用税率进行税收筹划的是（　　　）。

A. 子目转换
B. 在相邻层级合理定价
C. 递延纳税
D. 兼营和成套销售的税收筹划

8. 下列利用计税依据进行税收筹划的是（　　　）。

A. 设立独立核算的经销部门
B. 子目转换
C. 企业合并纳税
D. 递延纳税

9. 在下列应税消费品中，不存在明显的税率跳跃临界点，税收筹划空间较小的是（　　　）。

A. 卷烟
B. 乘用车
C. 摩托车
D. 高档手表

10. 下列不并入销售额征收消费税的是（　　　）。

A. 包装物销售
B. 包装物租金
C. 包装物押金
D. 逾期未收回包装物押金

11. 某月，某酒厂将自产的5吨新型白酒作为职工福利发放给职工。已知这批白酒的成本为100 000元，无同类产品的市场销售价格；成本利润率为10％。根据消费税法律制度的规定，这批白酒应缴纳的消费税税额为（　　　）。

A. 27 000
B. 27 500
C. 32 500
D. 337 50

12. 对生产以下产品的企业而言，通过合并生产环节会带来较大收益的是（　　　）。

A. 卷烟
B. 珠宝首饰
C. 白酒
D. 超豪华小汽车

13. 根据消费税法律制度的规定，在下列各项中，应按纳税人同类应税消费品的最高销售价格作为计税依据计征消费税的是（　　　）。

A. 用于无偿赠送的应税消费品
B. 用于集体福利的应税消费品
C. 用于换取生产资料的应税消费品
D. 用于连续生产非应税消费品的应税消费品

14. 实行从价定率办法计算纳税的组成计税价格公式为（　　　）。

A. 组成计税价格 =（材料成本 + 加工费）÷（1 - 比例税率）
B. 组成计税价格 =（材料成本 + 加工费）÷（1 + 比例税率）
C. 组成计税价格 =（材料成本 + 加工费 + 委托加工数量×定额税率）÷（1 - 比例税率）
D. 组成计税价格 =（材料成本 + 加工费 + 委托加工数量×定额税率）÷（1 + 比例税率）

15. 委托加工应税消费品的组成计税价格公式为（　　　）。

A.（材料成本 + 加工费）÷（1 - 增值税税率）
B.（材料成本 + 加工费）÷（1 + 增值税税率）
C.（材料成本 + 加工费）÷（1 - 消费税税率）
D.（材料成本 + 加工费）÷（1 + 消费税税率）

16. 甲公司生产一批化妆品作为本企业职工福利，没有同类产品价格可供比照，需要按组成计税价格缴纳消费税。其组成计税价格是（　　　）。

A.（材料成本 + 加工费）÷（1 - 消费税税率）

B.（成本＋利润）÷（1－消费税税率）

C.（材料成本＋加工费）÷（1－消费税税率）

D.（成本＋利润）÷（1＋消费税税率）

17. 某日化厂将某品牌的高档化妆品与护肤品组成成套化妆品。其中，该化妆品的生产成本为90元/套，护肤品的生产成本为50元/套。将100套成套化妆品分给职工作为奖励。该日化厂上述业务应纳消费税（   ）元。（成本利润率为5%，消费税税率为15%。）

 A. 2 100   B. 2 205   C. 1 668   D. 2 594

18. 下列关于消费税的税率，说法错误的是（   ）。

 A. 消费税税率形式的选择主要是根据课税对象的具体情况来确定的

 B. 消费税对卷烟、白酒实行复合税率，是为了更有效地保全消费税的税基

 C. 消费税对啤酒实行定额税率，是因为啤酒的计量单位不规范

 D. 消费税对电池征收消费税但税率较低，是为了限制消费而不限制生产

19. 下列关于企业加工业务的消费税筹划，说法错误的是（   ）。

 A. 委托加工的应税消费品是指由委托方提供原材料和主要材料的应税消费品

 B. 受托方先将原材料卖给委托方，然后再接受加工的应税消费品应作为委托加工应税消费品

 C. 对于委托加工的应税消费品的应纳消费税，我国采取源泉控制的管理办法，即由受托方向委托方交货时代收代缴消费税

 D. 委托方收回应税消费品后，若用于连续生产应税消费品，已纳的消费税税款准予按规定抵扣

20. 甲企业（一般纳税人）外购一批木材，取得的增值税专用发票上注明的价款为50万元、税额为6.5万元；将该批木材运往乙企业委托其加工木制一次性筷子，取得税务局代开的增值税专用发票上注明的运费为1万元、税额为0.03万元，支付不含税委托加工费5万元。假定乙企业无同类产品对外销售价格，木制一次性筷子的消费税税率为5%。乙企业当月应代收代缴的消费税为（   ）万元。

 A. 2.62   B. 2.67   C. 2.89   D. 2.95

21. 甲企业委托乙企业加工一批烟丝，甲企业提供原材料的成本为20万元，支付乙企业加工费3万元。乙企业按照同类烟丝的销售价格36万元代收代缴甲企业消费税10.8万元。甲企业将委托加工收回烟丝的20%按照7.2万元平价销售给消费者；25%以12万元的价格销售给丙卷烟厂；另有5%因管理不善发生损毁。甲企业收回烟丝后的上述行为应缴纳消费税（   ）万元。（上述价格均不含增值税。）

 A. 0.9   B. 1.98   C. 3.6   D. 4.75

22. 根据消费税法律制度的规定，在下列各项中，应以纳税人同类应税消费品的最高销售价格作为计税依据计征消费税的是（   ）。

 A. 用于无偿赠送的应税消费品

 B. 用于集体福利的应税消费品

 C. 用于换取生产资料的应税消费品

 D. 用于连续生产非应税消费品的应税消费品

23. 甲公司生产一批化妆品用于本企业职工福利，没有同类产品价格可供比照，需要按组成计税价格缴纳消费税。其组成计税价格是（　　）。

　　A.（材料成本＋加工费）÷（1－消费税税率）

　　B.（成本＋利润）÷（1－消费税税率）

　　C.（材料成本＋加工费）÷（1＋消费税税率）

　　D.（成本＋利润）÷（1＋消费税税率）

24. A卷烟厂委托B厂将一批价值100万元的烟叶加工成烟丝，协定加工费为75万元。加工的烟丝运回A厂后，A厂继续加工成甲类卷烟，加工成本、分摊费用共计95万元。这批卷烟的售出价格为700万元。烟丝的消费税税率为30％，卷烟的消费税税率为56％。在这种情况下，A厂向B厂支付加工费时，由B厂代收代缴的消费税为（　　）万元。

　　A. 125　　　　　　B. 100　　　　　　C. 75　　　　　　D. 50

25. A公司生产化妆品，欲将一批价值100万元的原材料加工成高档化妆品。A公司先委托B公司将原材料加工成初级高档化妆品，并支付加工费36万元，在收回后进一步加工成高档化妆品，同时支付加工费34万元。在加工完成后，A公司对外的销售收入为400万元。在这种情况下，A公司对外销售时应缴纳的消费税为（　　）万元。

　　A. 21　　　　　　B. 24　　　　　　C. 34　　　　　　D. 36

26. 在下列关于委托加工的说法中，不正确的是（　　）。

　　A. 委托方收回应税消费品后，若用于连续生产应税消费品，已纳的消费税税额准予按规定抵扣

　　B. 委托加工应税消费品的消费税纳税人是受托方

　　C. 自行加工的消费税计税依据为应税消费品的销售价格，而委托加工的消费税计税依据为同类消费品的销售价格或者组成计税价格

　　D. 企业在收回委托加工物资后，如果直接出售且价格低于受托方的计税价格，则无须缴纳消费税

27. 在下列关于加工方式选择的说法中，不正确的是（　　）。

　　A. 若企业收回委托加工产品后以高于或等于受托方的组成计税价格出售，不同加工方式下的应纳消费税总额相同，但缴纳消费税的时间不同，企业可以选择自行加工方式

　　B. 纳税人对于接受委托加工的受托方的所在地的选择，对最终税负也有影响

　　C. 若受托方有同类消费品销售但其销售价格低于应税消费品最终的销售价格或受托方无同类消费品销售，需要用组成计税价格代收代缴消费税，会加重委托方的消费税负担

　　D. 对于委托加工的应税消费品，应按照受托方同类消费品的销售价格计算纳税；没有同类消费品销售价格的，应按照组成计税价格计算纳税

28. 关于金银首饰消费税的规定，下列描述不正确的是（　　）。

　　A. 金银首饰出口不退、进口不征消费税

　　B. 用已税的珠宝玉石生产的金银镶嵌首饰在计税时一律不得扣除已纳消费税

　　C. 镀金首饰在零售环节征收消费税

　　D. 纳税人采用"以旧换新"方式销售金银首饰，应按实际收取的不含税价计算消费税

（五）多选题

1. 进口、委托加工、自产自用卷烟和白酒的从量定额计税依据分别为（ ）。
   A. 海关核定的进口征税数量　　　　B. 委托方收回数量
   C. 受托方加工数量　　　　　　　　D. 移送使用数量

2. 消费税税收筹划的基本途径有（ ）。
   A. 合理确定销售额　　　　　　　　B. 合理选择税率
   C. 外购应税消费品已纳税额的扣除　D. 委托加工的选择

3. 生产不同消费税税率产品的企业进行税收筹划，应（ ）。
   A. 将不同消费税税率的产品分别核算
   B. 分别申报纳税
   C. 将不同消费税税率的产品合在一起核算
   D. 合在一起申报纳税

4. 以下哪些方法可以实现消费税的绝对节税？（ ）
   A. 递延纳税　　　　　　　　　　　B. 设立独立销售部门
   C. 设立独立运输部门　　　　　　　D. 充分利用税收政策
   E. 企业合并进行卷烟生产

5. 在销售白酒等应税消费品时，计税依据包括（ ）。
   A. 运输费用　　　　　　　　　　　B. 包装费
   C. 包装物押金　　　　　　　　　　D. 包装物租金
   E. 违约金

6. 根据消费税现行的规定，下列应缴纳消费税的有（ ）。
   A. 钻石的进口　　　　　　　　　　B. 高档化妆品的购买消费
   C. 卷烟的批发　　　　　　　　　　D. 金银首饰的零售

7. 根据现行税法，下列消费品的生产经营环节既征收增值税又征收消费税的有（ ）。
   A. 批发环节销售的卷烟
   B. 零售环节销售的金基合金首饰
   C. 批发环节销售的白酒
   D. 进口环节取得外国政府捐赠的小汽车

8. 在企业生产销售白酒取得的下列款项中，应并入销售额计征消费税的有（ ）。
   A. 优质费　　　　　　　　　　　　B. 包装物租金
   C. 品牌使用费　　　　　　　　　　D. 包装物押金

9. 下列关于从量计征消费税计税依据确定方法的表述，正确的有（ ）。
   A. 销售应税消费品的，为应税消费品的销售数量
   B. 进口应税消费品的，为海关核定的应税消费品进口征税数量
   C. 以应税消费品投资入股的，为应税消费品移送使用数量
   D. 委托加工应税消费品的，为加工完成的应税消费品数量

10. 在下列关于委托加工应税消费品的计税价格的表述中，正确的有（　　）。

A. 委托方将收回的应税消费品以不高于受托方的计税价格出售的，为直接出售，不再缴纳消费税

B. 委托方以高于受托方的计税价格出售的，不属于直接出售，需要按照规定申报缴纳消费税，在计税时准予扣除受托方已代收代缴的消费税

C. 委托方收回应税消费品后，若用于连续生产应税消费品的，已缴纳的消费税税额准予按规定抵扣

D. 对于委托加工的应税消费品，应按照受托方同类消费品的销售价格计算纳税；没有同类消费品销售价格的，应按照组成计税价格计算纳税

11. 在下列情况中，消费税纳税人不是委托方的有（　　）。

A. 受托方先将原材料卖给委托方再接受加工

B. 受托方提供原材料加工

C. 受托方只收取加工费和代垫部分辅助材料加工

D. 受托方以委托方名义购进原材料生产的应税消费品

12. 下列关于委托加工的说法，正确的是（　　）。

A. 委托加工的应税消费品是指由委托方提供原材料和主要材料，受托方只收取加工费和代垫部分辅助材料加工的应税消费品

B. 委托加工的应税消费品收回后，继续用于生产应税消费品的，其加工环节缴纳的消费税税款可以扣除

C. 纳税人委托个人（含个体工商户）加工应税消费品的，由受托方代收代缴消费税

D. 由受托方提供原材料或其他情形的，一律不能视同委托加工应税消费品

13. 从税收筹划的角度考虑，委托人在选择加工方式时应考虑哪些因素？（　　）

A. 受托方有无同类产品销售　　　　　　B. 受托方的所在地

C. 组成计税价格　　　　　　　　　　　D. 原材料价格

14. 在下列各项中，属于消费税纳税人的是（　　）。

A. 酒精生产企业　　　　　　　　　　　B. 汽车轮胎制造厂

C. 进口太阳能电池的国有企业　　　　　D. 委托加工涂料的外商投资企业

E. 生产护肤护发品的工厂

（六）简答题

1. 简述消费税应纳税额的三种计算方式。

2. 简述为什么企业合并可以减轻纳税人的消费税税负。

3. 简述设立独立核算的销售机构的税收筹划关键。

4. 委托加工应税消费品的计税价格应如何确定？

5. 简述选择委托加工方的税收筹划原理。

6. 从针对应税消费品征税的具体环节来看，我国消费税的征税对象具体包括什么？

7. 分别写出实行从价定率办法计算纳税和实行复合计税办法计算纳税的组成计税价格公式。

8. 简述委托方在通过选择加工方式实现税收筹划时需要考虑的因素。

（七）计算题

1. 甲酒厂生产品牌白酒 500 箱，每箱 12 瓶，每瓶 500 克。这种白酒的成本价为 300 元/箱，含税市场价为 550 元/箱。甲酒厂生产甲类啤酒 200 吨，这种啤酒的成本价为 800 元/吨，含税售价为 1 200 元/吨。白酒的消费税税率为 20% 的比例税率加 0.5 元/500 克的定额税率；甲类啤酒的消费税税率为 250 元/吨。计算甲酒厂当月的消费税应纳税额。

2. 某外贸公司进口一批卷烟，共 50 000 标准条，每条 200 支。该公司向国外买家支付的价格为 500 万元，从境外到我国境内输入点起卸前的运费为 50 万元，保险费为 20 万元。从海关运往公司所在地的运费为 20 万元，关税税率为 25%。甲类卷烟的消费税税率为 56% 加征 0.003 元/支，乙类卷烟的消费税税率为 36% 加征 0.003 元/支。计算该外贸公司应缴纳的消费税。

3. 甲酒厂（一般纳税人）主要经营粮食白酒的生产与销售，6 月发生下列业务：

（1）以自产的 10 吨 A 类白酒换入乙企业的蒸汽酿酒设备，乙企业开具的增值税专用发票上注明的价款为 20 万元、增值税为 2.6 万元。已知这批白酒的生产成本为 1 万元/吨，不含增值税平均销售价格为 2 万元/吨，不含增值税最高销售价格为 2.5 万元/吨。

（2）移送 50 吨 B 类白酒给自设非独立核算门市部，不含增值税售价为 1.5 万元/吨，门市部对外不含增值税售价为 3 万元/吨。

（3）受丙企业委托加工 20 吨粮食白酒，双方约定由丙企业提供原材料，成本为 30 万元，开具的增值税专用发票上注明的加工费为 8 万元、增值税为 1.04 万元。甲酒厂同类产品的不含税售价为 2.75 万元/吨。

（其他相关资料：白酒消费税税率为 20% 加 0.5 元/500 克，粮食白酒成本利润率为 10%。）

要求：根据上述资料，按照下列序号回答问题；如有计算，需要计算出合计数。

（1）简要说明税务机关应核定白酒消费税最低计税价格的两种情况。

（2）计算业务(1)应缴纳的消费税税额。

（3）计算业务(2)应缴纳的消费税税额。

（4）说明业务(3)的消费税纳税义务人和计税依据。

（5）计算业务(3)应缴纳的消费税税额。

（八）分析题

1. 某酒厂接到一笔生产 10 吨粮食白酒的业务，原材料成本为 100 万元，合同议定的销售价格为 800 万元（不含税）。现有两种生产方案：

方案一：委托第三方酒厂加工完成，加工费为 200 万元，产品收回后以合同价直接对外销售。

方案二：由该酒厂自行加工完成，生产成本为 250 万元。

不考虑增值税、城市维护建设税，试根据消费税的相关规定为该酒厂做出决策。

2. 某月，一白酒生产厂商共销售粮食白酒 10 000 斤（500 箱），该厂商按照 800 元/箱的批发价与下属的经销部结算，经销部按照 1 000 元/箱的价格对外销售。从消费税的角度为该厂商进行税收筹划。（以上价格为不含税价格，不考虑城市维护建设税、教育费附加及地方教育附加。）

3. 一家卷烟厂生产卷烟的调拨价格为 80 元/条，当月销售 6 000 条。这批卷烟的生产成本为 30 元/条，本月分配给这批卷烟的固定成本为 5 000 元。转让价格为每标准条 70 元以上（含 70 元）的卷烟，税率为 56%；转让价格为每标准条 70 元以下（不含 70 元）的卷烟，税率为 36%。该卷烟厂应如何降低消费税？（以上价格不含税，不考虑其他税收。）

4. 甲酿酒厂接到一笔生产 100 吨粮食白酒的业务，发出的材料成本为 160 万元，合同议定的销售价格为 1 000 万元。现有两种生产方案：

方案一：委托乙厂加工完成，加工费为 220 万元，产品收回后以合同价直接对外销售。

方案二：由甲酿酒厂自行加工完成，生产成本为 220 万元。

不考虑增值税、城市维护建设税，根据消费税的相关规定帮助企业做出决策。

5. 某酒厂既生产税率为 20% 加 0.5 元/500 克的粮食白酒，又生产税率为 10% 的药酒。某年 8 月，该酒厂对外销售 12 000 瓶粮食白酒，每瓶 500ml，单价为 28 元/瓶；销售 8 000 瓶药酒，单价为 58 元/瓶，每瓶 500 克。该酒厂应当如何进行税收筹划？

6. 某集团公司由甲、乙两个企业组成，进行连续加工，甲企业的产品是乙企业的原料，甲企业适用的税率为 20%，乙企业适用的税率为 5%。

第一种方法：甲、乙两企业单独销售，甲企业的销售收入为 200 万元，乙企业的销售收入为 220 万元。

第二种方法：甲企业将产品低价卖给乙企业，销售收入为 150 万元。

该公司应如何进行税收筹划。

7. 某集团公司下属的酒厂专营一个知名品牌粮食白酒的生产，其产品主要销售给全国各地的批发商。另有部分白酒是本市的一些零售户、酒店、个体消费者自行到工厂购买。按照去年的销售状况，其销售量大约为 10 000 箱（500ml×12 瓶/箱），每箱白酒的价格为 1 500 元（不含税价格），粮食白酒适用的消费税税率为 20%，从量定额税率为 0.5 元/500ml。对于该酒厂的销售状况，你有何税收筹划方案？指出该方案可以比直接销售节约多少税收？

8. A 公司销售白酒 100 瓶，每瓶 1 500 元，每瓶重 0.5kg，其中包装物价值 100 元。

（1）方案 1：企业连同包装物一起销售，销售额为 150 000 元。

（2）方案 2：包装物不连同产品一起销售，而是采用收取包装物押金的方法，规定购买方在保证包装物完好的情况下，可以退还押金。A 公司收取包装物押金 10 000 元。

请计算这两种税收筹划方案的消费税税额，并做出方案选择。

9. 某卷烟厂生产卷烟的调拨价格为 75 元/条，当月销售 6 000 条。这批卷烟的生产成本为 29.5 元/条，当月分摊在这批卷烟上的期间费用为 8 000 元。计算分析该卷烟厂应如何进行税收筹划，以减轻消费税税负（在不考虑其他税种的情况下）。

10. 甲公司销售某种高档化妆品 10 000 件，每件价值 4 000 元，包装物价值 200 元/件，上述价格都为不含增值税的价格（高档化妆品的消费税税率为 15%）。对于包装物的处理有两种方案：

方案一：采取连同包装物一起销售的方式。

方案二：采取收取包装物押金的方式，分押金 12 个月内收回和 12 个月内未收回两种情况。

试分析甲公司应采用哪种方案？说明理由。

11. 某小汽车生产企业当月对外销售同型号的小汽车共有三种价格：以 20 万元的单价销售 150 辆，以 22 万元的单价销售 200 辆，以 24 万元的单价销售 60 辆。这批汽车的成本为 15 万元/辆，假设成本利润率为 20%（这批小汽车适用的消费税税率为 9%）。该企业当月以 100 辆同型号的小汽车换取 A 企业产品（协商价格为 21 万元/辆），以 100 辆同型号小汽车抵减欠 B 企业的 2 000 万元债务（协商价格为 21 万元/辆），以 100 辆同型号小汽车投资 C 企业（评估价格为 22 万元/辆）。在仅考虑消费税的情况下，该企业应如何进行税收筹划？（上述价格均为不含增值税价格。）

12. 甲公司有一批价值为 200 万元的原材料需要加工。甲公司初步拟定委托乙公司加工成半成品 A，加工费为 150 万元。在收回半成品 A 后，甲公司继续加工成产品 B，其加工成本、费用预计为 300 万元。该方案是最佳的吗？你有何税收筹划的建议？（产品 B 的售价为 1 500 万元。半成品 A 的消费税税率为 15%，产品 B 的消费税税率也为 15%。甲公司委托乙公司将原材料加工成产品 B 的加工费预计为 300 万元，企业所得税的税率为 25%。按照税法的规定，产品 B 在收回委托加工产品时，支付的消费税可以抵扣。）

13. 某酒厂接到一笔白酒订单，双方议定的销售价格是 100 万元（不含增值税）。组织白酒的生产有以下方案可以选择：

（1）委托 A 厂加工成半成品，然后由该酒厂生产白酒。该酒厂以价值 25 万元的原材料委托 A 厂加工成半成品，加工费为 15 万元；运回后由该酒厂加工成白酒，需要支付人工及费用 10 万元。

（2）该酒厂以价值 25 万元的原材料自行完成白酒生产。需要支付人工及其他费用 22 万元。半成品的消费税税率为 10%，白酒的消费税从价计税税率为 20%。

根据以上资料，通过分析这两种方案的税后利润选择最优税收筹划方案。（不考虑城市维护建设税、教育费附加、增值税，白酒的从量计税税额忽略不计。）

14. A 卷烟厂委托 B 厂将一批价值 100 万元的烟叶加工成烟丝，协定加工费为 75 万元。加工的烟丝运回 A 厂后，A 厂继续加工成甲类卷烟，加工成本、分摊费用共计 95 万元。这批卷烟的销售价格为 700 万元，共计 40 个标准箱。烟丝的消费税税率为 30%，卷烟的消费税从价税率为 56%，从量税为 0.003 元/支。现有两种方案可供选择。

方案一：将委托 B 厂加工的应税消费品收回后，在 A 厂继续加工成甲类卷烟后销售。

方案二：A 厂自行购入 100 万元的烟叶，在加工成甲类卷烟后对外销售。

试分析 A 卷烟厂应选择哪种方案？

15. A 涂料公司生产的某涂料供不应求，但 A 公司的产能不足。鉴于目前 A 公司没有扩大产能的计划，所以 A 公司准备找一些合作涂料厂进行合作。

目前，有两种方案：方案一是外购涂料后贴牌销售，即购入合作涂料厂生产的涂料后改贴 A 公司标牌，使得外购涂料变成 A 公司的自产涂料对外销售；方案二是委托加工，即购入涂料的主要原料后，委托合作涂料厂生产涂料并贴上 A 公司标牌再对外销售。A 公司在这两种方案下缴纳的消费税是否一致？

16. 某化妆品有限公司在 2022 年、2023 年有以下几笔大宗业务：

（1）2022 年 10 月 18 日，与甲商场签订了一笔高档化妆品销售合同，销售金额为 300

万元（不含税，下同），货物于 2022 年 10 月 18 日、2023 年 2 月 18 日、2023 年 6 月 18 日分三批发给商场（每批 100 万元），货款于每批货物发出后两个月支付。公司会计在 2022 年 10 月底将 300 万元销售额计算缴纳了消费税。

（2）2022 年 10 月 20 日，与乙商场签订一笔高档化妆品销售合同，合同价款为 180 万元，货物于 2022 年 10 月 26 日发出，货款于 2023 年 6 月 30 日支付。公司会计在 2022 年 10 月底将 180 万元销售额计算缴纳了消费税。

（3）2022 年 11 月 8 日，与丙商场签订一笔高档化妆品销售合同，合同价款为 100 万元，货物于 2023 年 4 月 30 日前发出。为了支持该化妆品有限公司的生产，丙商场将货款在 2022 年 11 月 8 日签订合同时支付。公司会计在 2022 年 11 月底将 100 万元销售额计算缴纳了消费税。

该公司会计对消费税的缴纳是否正确？

17. 某酿造厂以 80 元/公斤的 500 公斤 A 牌白酒抵偿原企业经营中欠黄河粮食加工有限公司的债务。税务机关在稽查时发现，该酿造厂当月销售 A 牌白酒的情况是：以 80 元/公斤的价格销售了 600 公斤，以 100 元/公斤的价格销售了 1 500 公斤；以 120 元/公斤的价格销售了 600 公斤。该酿造厂应如何缴纳消费税？应如何设计税收筹划方案？

（九）综合题

A 公司生产化妆品，欲将一批价值 100 万元的原材料加工成高档化妆品，现有三种方式可供选择。

方式一：委托 B 公司加工成高档化妆品，加工费为 70 万元，收回后直接销售，对外售价为 400 万元。

方式二：委托 B 公司加工成初级高档化妆品，支付加工费 30 万元，收回后再进一步加工，支付加工费用 50 万元。在加工完成后，A 公司的对外售价为 400 万元。

方式三：自行加工，发生加工费用 70 万元。A 公司的对外售价为 400 万元。

B 公司无同类消费品销售。这批化妆品的最终售价预计为 400 万元。高档化妆品的消费税税率为 15%，企业所得税税率为 25%。

请问 A 公司采用何种加工方式的利润最高？（不考虑城市维护建设税及教育费附加。）

五、练习题答案

（一）术语解释

1. 价外费用是指价外向购买方收取的手续费、补贴、基金、集资费、返还利润、奖励费、违约金、滞纳金、延期付款利息、赔偿金、代收款项、代垫款项、包装费、包装物租金、储备费、优质费、运输装卸费以及其他各种性质的价外收费。

2. 消费税的兼营行为是指消费税纳税人同时经营两种以上税率的应税消费品的行为。现行消费税政策规定，纳税人兼营不同税率的应税消费品，应当分别核算不同税率应税消费品的销售额和销售数量；未分别核算不同税率应税消费品的，从高适用税率。

3. 我国税法规定，委托加工的应税消费品是指由委托方提供原材料和主要材料，受托方只收取加工费和代垫部分辅助材料加工的应税消费品。由受托方提供原材料或其他情形的，一律不能视同委托加工应税消费品。委托加工应税消费品收回后，继续用于生产应税消费品的，其加工环节缴纳的消费税税款可以扣除。

（二）填空题

1. 销售 委托加工 进口 【解析】教材原文。

2. 受托方 【解析】对委托加工的应税消费品，除受托方为个人外，由受托方在向委托方交货时代收代缴税款。

3. 从高 【解析】纳税人兼营不同税率的应税消费品，未分别核算不同税率应税消费品的，应当从高适用税率。

4. 7.5

5. 70% 【解析】根据《国家税务总局关于加强白酒消费税征收管理的通知》（国税函〔2009〕380号）的规定，白酒生产企业销售给销售单位的白酒的消费税计税价格低于销售单位对外销售价格（不含增值税）70%的，税务机关应核定消费税的最低计税价格。

6. 委托方 受托方

7. 受托方同类消费品 组成计税价格

8. 发出应税消费品的当日

9. 没有同类消费品销售价格

10. 源泉控制

（三）判断题

1. × 【解析】我国的消费税主要是在应税消费品生产经营的起始环节征收，这一点有别于增值税，增值税是在各个环节征收。

2. × 【解析】由受托方提供原材料或其他情形的，一律不能视同委托加工应税消费品。

3. √

4. √

5. × 【解析】纳税人自产自用的应税消费品用于连续生产应税消费品的，不纳税，在以后的销售环节纳税。

6. × 【解析】根据国税函〔2009〕380号文的规定，白酒生产企业销售给销售单位的白酒的消费税计税价格低于销售单位对外销售价格（不含增值税）70%的，税务机关应核定消费税的最低计税价格。

7. √

8. ×

9. ×　【解析】纳税人生产的应税消费品，于纳税人销售时纳税。纳税人自产自用的应税消费品，用于连续生产应税消费品的，不纳税；用于其他方面的，于移送使用时纳税。

10. ×　【解析】委托加工应税消费品的消费税纳税人是委托方，不是受托方，受托方承担的只是代收代缴义务。

11. ×　【解析】由受托方提供原材料，不论纳税人在财务上是否做销售处理，都不得作为委托加工应税消费品，而应看作受托方销售自制消费品，此时消费税的纳税人为受托方。

（四）单选题

1. C　【解析】自2015年2月1日起，我国将电池、涂料列入消费税的征收范围。油漆属于涂料，所以生产油漆需要缴纳消费税。

2. B　【解析】自2015年5月10日起，将卷烟批发环节的从价税税率从5%提高至11%，并按0.005元/支加征从量税。

3. A　【解析】根据《消费税暂行条例实施细则》，采取预收货款结算方式的，其纳税义务发生时间是发出消费品的当日。

4. D　【解析】虽然别墅属于奢华消费品，但目前并不在消费税的征收范围内。

5. B　【解析】消费税的税目包括高档化妆品和卷烟、白酒等，随着我国的经济发展和税收政策的不断完善，家用洗发水等普通洗护产品和酒精已不在消费税的征收范围内。

6. A　【解析】利用兼营和成套销售的税收筹划属于利用税率进行的税收筹划。

7. C　【解析】选项A、选项B和选项D均为利用税率进行的税收筹划，选项C是利用纳税义务发生时间进行的税收筹划。

8. A　【解析】选项B是利用税率进行的税收筹划，选项C是利用纳税人进行的税收筹划，选项D是利用纳税义务发生时间进行的税收筹划。

9. D

10. C　【解析】包装物押金不属于价外费用，不并入销售额征收消费税。

11. D　【解析】

$$组成计税价格 = [100\,000 \times (1 + 10\%) + 5 \times 2\,000 \times 0.5] \div (1 - 20\%)$$
$$= 143\,750（元）$$
$$应纳消费税税额 = 143\,750 \times 20\% + 5 \times 2\,000 \times 0.5 = 33\,750（元）$$

12. C　【解析】选项A和选项B都是单一环节征税，合并生产环节并不会带来绝对节税，实现的一般是递延纳税带来的货币时间价值；选项D是双环节征税，在进口和零售环节均要征收，合并生产环节也没有较大收益。对于购入已税白酒继续生产的企业，消费税不能得到抵扣，而企业合并可以直接省去上游环节的消费税税负，因而有较大的经济利益。

13. C　【解析】纳税人用于换取生产资料和消费资料、投资入股和抵偿债务等方面的应税消费品，应当以纳税人同类应税消费品的最高销售价格作为计税依据计算消费税。

14. A 【解析】实行从价定率办法计算纳税的组成计税价格计算公式为：

组成计税价格＝（材料成本＋加工费）÷（1－比例税率）

15. C

16. B

17. D 【解析】

应纳消费税＝（90＋50）×（1＋5％）÷（1－15％）×15％×100＝2 594（元）

18. C 【解析】消费税税率形式的选择，主要是根据课税对象的具体情况来确定的，对一些供求基本平衡、价格差异不大、计算单位规范的消费品，选择计税简便的定额税率，如黄酒、啤酒、成品油等。

19. B 【解析】由受托方提供原材料或受托方先将原材料卖给委托方然后再接受加工，以及由受托方以委托方名义购进原材料生产的应税消费品，不论纳税人在财务上是否做销售处理，都不得作为委托加工应税消费品。

20. D 【解析】委托加工的应税消费品，受托方没有同类消费品销售价格的，应按照组成计税价格计算代收代缴的消费税，实行从价计征办法计算纳税的组成计税价格公式为：

组成计税价格＝（材料成本＋加工费）÷（1－消费税税率）

本题需要注意两点：一是材料成本的金额包括买价和运输费；二是材料成本和加工费都要使用不含增值税的金额。乙企业当月应代收代缴的消费税为2.95万元〔＝（50＋1＋5）÷（1－5％）×5％〕。

21. A 【解析】甲企业收回烟丝的20％按照7.2万元平价销售给消费者，没有超过受托方的计税价格，不需要缴纳消费税；25％以12万元的价格销售给丙卷烟厂，需要计算缴纳的消费税为0.9万元（＝12×30％－36×25％×30％）；另有5％因管理不善发生损毁，增值税需要做进项税额转出，但消费税不做处理，即消费税不计也不抵。

22. C 【解析】纳税人用于换取生产资料和消费资料、投资入股和抵偿债务等方面的应税消费品，应当以纳税人同类应税消费品的最高销售价格作为依据计算消费税。

23. B

24. C 【解析】在这种情况下没有同类消费品的销售价格，所以选择组成计税价格公式计算。

消费税的组成计税价格＝（100＋75）÷（1－30％）＝250（万元）
应缴消费税＝250×30％＝75（万元）

25. D 【解析】

B公司应代收代缴消费税＝（100＋36）÷（1－15％）×15％＝24（万元）
A公司对外销售应缴纳消费税＝400×15％－24＝36（万元）

26. B 【解析】委托加工应税消费品的消费税纳税人是委托方，不是受托方，受托方承担的只是代收代缴义务。

27. C 【解析】用组成计税价格代收代缴消费税，并不会加重委托方的消费税负担。

只有受托方同类消费品的销售价格高于加工消费品的最终销售价格，才会增加应纳税额，给委托方增加税负。

28. C

（五）多选题

1. ABD

2. ABCD

3. AB 【解析】纳税人兼营不同税率的应税消费品，未分别核算不同税率应税消费品的，应当从高适用税率。因此，纳税人对不同税率的应税消费品应当分别核算，分别申报纳税。

4. BCD 【解析】选项 A 和选项 E 均只实现了相对节税，即税款的减少不体现在金额上，而是体现在货币时间价值上。选项 E 中卷烟的加工，从烟丝加工到卷烟，若由分企业制造，那么在购进时上一环节的消费税可以抵扣，而合并后只是实现了消费税的递延纳税，没有减少税款。

5. ABDE 【解析】包装物押金不属于价外费用，在进行税收筹划时可以通过将包装费、包装物租金等转为包装物押金，以减少消费税税基，实现绝对节税。

6. CD 【解析】钻石在进口环节不缴纳消费税，所以选项 A 错；高档化妆品的生产商在出厂销售时缴纳消费税，而购买环节不纳税，所以选项 B 错；卷烟批发环节要征税；金银首饰、钻石、钻石饰品的零售商在零售环节缴纳消费税，所以选项 C 和选项 D 正确。

7. AB 【解析】白酒在生产环节缴纳消费税，在批发环节不再征收消费税。外国政府、国际组织无偿援助的进口物资和设备免交关税、增值税、消费税。

8. ABCD 【解析】销售额为纳税人销售应税消费品向购买方收取的全部价款和价外费用。价外费用是指价外向购买方收取的手续费、补贴、基金、集资费、返还利润、奖励费、违约金、滞纳金、延期付款利息、赔偿金、代收款项、代垫款项、包装费、包装物租金、储备费、优质费、运输装卸费以及其他各种性质的价外收费。

9. ABC

10. ABCD

11. ABD 【解析】由受托方提供原材料，或受托方先将原材料卖给委托方然后再接受加工，以及由受托方以委托方名义购进原材料生产的应税消费品，不论纳税人在财务上是否做销售处理，都不得作为委托加工应税消费品，而应看作受托方销售自制消费品，此时消费税的纳税人为受托方。

12. ABD 【解析】纳税人委托个人（含个体工商户）加工应税消费品的，一律由委托方收回后在委托方所在地缴纳消费税。

13. AB 【解析】对于委托加工的应税消费品，应按照受托方同类消费品的销售价格计算纳税；没有同类消费品销售价格的，应按照组成计税价格计算纳税。若受托方有同类消费品销售，且同类消费品的销售价格高于加工消费品的最终销售价格，就会带来消费税应纳税额的增加。因此，从税收筹划的角度考虑，选项 A 属于需要考虑的因素，而选项 C 不属于。在其他条件相同的情况下，选择委托加工方时，应选择农村地区的委托加工方，其城市维护建设税税率最低，因此选项B属于需要考虑的因素。选项D属于在计算成本时要考虑的因素，无关税收筹划。

14．CD

（六）简答题

1．【解析】

（1）从价计征。

应纳税额＝应税消费品的销售额×适用税率

（2）从量计征。

应纳税额＝应税消费品的销售数量×定额税率

（3）从价从量复合计征。该计算方式只适用于卷烟和白酒。应纳税额等于应税销售数量乘以定额税率再加上应税销售额（不含增值税）乘以比例税率。

2．【解析】

由于消费税是针对特定的销售环节和纳税人，因而可以通过企业合并递延纳税时间。

（1）企业合并会使原来企业间的购销环节转变为企业内部的原材料转让环节，从而递延缴纳全部或部分消费税税款。如果合并企业之间存在着原材料供应关系，应该按照正常的购销价格缴纳消费税税款。在企业合并后，企业之间的原材料供应关系转变为内部的原材料转让关系，也就是在转让原材料时不用缴纳消费税，而是递延到销售环节再征收。

（2）如果后一环节的消费税税率较前一环节低，还可以直接减轻企业的消费税税负。因为前一环节应该征收的税款延迟到后一环节再征收，由于后一环节的税率较低，所以企业合并前的销售额在合并后适用了较低的税率，从而减轻了税负。

3．【解析】

关键在于降低了出厂环节的计税价格。纳税人通过自设独立核算门市部销售自产应税消费品，可以企业与该部门之间合理的应税消费品转让价格作为销售额计算消费税。

4．【解析】

对于委托加工的应税消费品，应按照受托方同类消费品的销售价格计算纳税；没有同类消费品销售价格的，应按照组成计税价格计算纳税。

实行从价定率办法计算纳税的组成计税价格计算公式为：

组成计税价格＝（材料成本＋加工费）÷（1－比例税率）

实行复合计税办法计算纳税的组成计税价格计算公式为：

组成计税价格＝（材料成本＋加工费＋委托加工数量×定额税率）÷（1－比例税率）

5．【解析】

对于委托加工的应税消费品，应按照受托方同类消费品的销售价格计算纳税；没有同类消费品销售价格的，应按照组成计税价格计算纳税。企业在选择委托加工方时，需要考虑受托方有无同类消费品销售。若受托方有同类消费品销售，且同类消费品的销售价格高于委托加工消费品的最终销售价格，就会带来消费税应纳税额的增加。若受托方有同类消费品销售但其销售价格低于应税消费品最终的销售价格，或受托方无同类消费品销售，需要用组成计税价格代收代缴消费税，则不会加重委托方的消费税负担。

6. 【解析】

从针对应税消费品征税的具体环节来看，为了方便征收管理、加强税源控制，我国的消费税主要是在应税消费品生产经营的起始环节征收，具体包括：

（1）生产应税消费品。

（2）委托加工应税消费品。

（3）进口应税消费品。

（4）批发应税消费品。

（5）零售应税消费品。

7. 【解析】

实行从价定率办法计算纳税的组成计税价格公式为：

$$组成计税价格＝（材料成本＋加工费）÷（1－比例税率）$$

实行复合计税办法计算纳税的组成计税价格公式为：

$$组成计税价格＝（材料成本＋加工费＋委托加工数量×定额税率）÷（1－比例税率）$$

8. 【解析】

（1）受托方同类消费品的销售价格。企业在选择委托加工方时，需要考虑受托方有无同类消费品销售。若受托方有同类消费品销售，且同类消费品的销售价格高于委托加工消费品的最终销售价格，就会带来消费税应纳税额的增加。若受托方有同类消费品销售但其销售价格低于应税消费品最终的销售价格，或受托方无同类消费品销售，需要用组成计税价格代收代缴消费税，则不会加重委托方的消费税负担。

（2）受托方所在地的选择。我国税法规定，凡缴纳增值税、消费税的单位及个人，都是城市维护建设税的纳税人。在受托方代收代缴消费税时，应同时计算应纳城市维护建设税和教育费附加。在其他条件相同的情况下，企业在选择委托加工方时，应选择农村地区的委托加工方，因为其城市维护建设税的税率最低。

（七）计算题

1. 【解析】

白酒采用复合计税方法，从价税税率为 20%，另加 0.5 元/500 克的从量税，由此可知：

$$白酒的应纳税额＝550÷（1＋13\%）×500×20\%＋0.5×500×12$$
$$＝51\ 672.57（元）$$

甲类啤酒采用从价计税办法，税率为 250 元/吨，由此可知：

$$啤酒的应纳税额＝200×250＝50\ 000（元）$$
$$甲酒厂的应纳税额＝51\ 672.57＋50\ 000＝101\ 672.57（元）$$

2. 【解析】

$$每标准条卷烟的价格 = 5\ 000\ 000 \div 50\ 000 = 100(元/条)$$

因此，这批卷烟为甲类卷烟，适用的税率为56%和0.003元/支。

$$关税完税价格 = 500 + 50 + 20 = 570(万元)$$
$$关税 = 570 \times 25\% = 142.5(万元)$$
$$消费税的组成计税价格 = (570 + 142.5 + 50\ 000 \times 200 \times 0.003 \div 10\ 000)$$
$$\div (1 - 56\%)$$
$$= 1\ 626.14(万元)$$
$$消费税的应纳税额 = 50\ 000 \times 200 \times 0.003 \div 10\ 000 + 1\ 626.14 \times 56\%$$
$$= 913.64(万元)$$

3. 【解析】

（1）对于白酒生产企业销售给销售单位的白酒，若生产企业的消费税计税价格低于销售单位对外销售价格（不含增值税）70%的，税务机关应核定消费税的最低计税价格。

自2015年6月1日起，纳税人将委托加工收回的白酒销售给销售单位，消费税计税价格低于销售单位对外销售价格（不含增值税）70%的，税务机关也应核定消费税的最低计税价格。

（2）业务(1)应缴纳的消费税为6万元（= 10 × 2.5 × 20% + 10 × 2 000 × 0.5 ÷ 10 000）。

纳税人用于换取生产资料、消费资料、投资入股、抵偿债务的应税消费品，应按照同类应税消费品的最高销售价格计算消费税。

（3）业务(2)应缴纳的消费税为35万元（= 3 × 50 × 20% + 50 × 2 000 × 0.5 ÷ 10 000）。

纳税人通过自设非独立核算门市部销售的自产应税消费品，应按门市部对外销售额或者销售数量征收消费税。

（4）业务(3)的消费税纳税义务人是丙企业。

符合委托加工条件的应税消费品的加工，消费税的纳税人是委托方。

从价部分的计税依据为55万元（= 2.75 × 20）。

从量部分的计税依据为20吨。

对于委托加工的应税消费品，应按照受托方的同类消费品销售价格计算纳税；没有同类消费品销售价格的，应按照组成计税价格计算纳税。

（5）业务(3)应缴纳的消费税为13万元（= 2.75 × 20 × 20% + 20 × 2 000 × 0.5 ÷ 10 000）。

（八）分析题

1. 【解析】

方案一：

委托加工代扣代缴消费税

$$= (100 + 200 + 10 \times 2\ 000 \times 0.5 \div 10\ 000) \div (1 - 20\%) \times 20\% + 10 \times 2\ 000 \times 0.5 \div 10\ 000$$
$$= 76.25(万元)$$

产品收回销售后
需要缴纳消费税 $= 800 \times 20\% + 10 \times 2\,000 \times 0.5 \div 10\,000 - 76.25 = 84.75（万元）$

税后利润 $= 800 - (100 + 200 + 76.25 + 84.75) = 339（万元）$

方案二：

应交消费税 $= 800 \times 20\% + 10 \times 2\,000 \times 0.5 \div 10\,000 = 161（万元）$

税后利润 $= 800 - (100 + 250 + 161) = 289（万元）$

因此，该酒厂应选择方案一，虽然两种生产方案应缴纳的消费税总额相同，但委托加工的成本更低。

2.【解析】

如果按照此模式进行，该厂商应缴纳的消费税为 105 000 元（ $= 10\,000 \times 0.5 + 500 \times 1\,000 \times 20\%$ ）。

如果将该厂商的经销部门进行独立核算，则应缴纳的消费税为 85 000 元（ $= 10\,000 \times 0.5 + 500 \times 800 \times 20\%$ ）。

综上所述，该厂商的经销部门应进行独立核算。

3.【解析】

如果该卷烟厂不进行税收筹划，应当按照 56% 的从价税率和 0.003 元/支的从量税率缴纳消费税。

应交消费税 $= 80 \times 6\,000 \times 56\% + 6\,000 \times 200 \times 0.003 = 272\,400（元）$

税后利润 $= (80 - 30) \times 6\,000 - 272\,400 - 5\,000 = 22\,600（元）$

税收筹划方案：该卷烟厂生产的卷烟价格为 80 元，与 70 元的临界点相差不大，但适用税率相差 20%。如果该卷烟厂主动将卷烟价格降到 70 元以下，可能会大大减轻税收负担，弥补价格下降带来的损失。假设该卷烟厂将每条卷烟的价格降到 69.99 元，当月企业的税收和利润情况分别为：

应交消费税 $= 69.99 \times 6\,000 \times 36\% + 6\,000 \times 200 \times 0.003 = 154\,778.4（万元）$

税后利润 $= (69.99 - 30) \times 6\,000 - 154\,778.4 - 5\,000 = 80\,161.6（元）$

综上所述，该卷烟厂选择将每条卷烟的价格主动降至 70 元以下，如 69.99 元，由于适用了较低的消费税税率，所以该卷烟厂可以负担更少的消费税，反而会获得更多的利润。

4.【解析】

方案一：

委托加工代扣代缴消费税 $= (160 + 220 + 100 \times 2\,000 \times 0.5 \div 10\,000) \div (1 - 20\%)$
$\times 20\% + 100 \times 2\,000 \times 0.5 \div 10\,000$
$= 107.5（万元）$

税后利润 $= 1\,000 - (160 + 220 + 107.5) = 512.5（万元）$

方案二：

应交消费税 $= 1\,000 \times 20\% + 100 \times 2\,000 \times 0.5 \div 10\,000 = 210（万元）$

税后利润 $= 1\,000 - (160 + 220 + 210) = 410（万元）$

因此，甲酿酒厂应选择方案一。

5. 【解析】

如果单独核算，则分别适用白酒（20％加 0.5 元/500 克）和药酒（属于其他酒类，10％）的消费税税率，故有

$$白酒应交消费税 = 28×12\ 000×20％ + 12\ 000×0.5 = 73\ 200(元)$$
$$药酒应交消费税 = 58×8\ 000×10％ = 46\ 400(元)$$
$$合 计 = 73\ 200 + 46\ 400 = 119\ 600(元)$$

如果未单独核算，则全部从高适用白酒的消费税税率：

$$(28×12\ 000 + 58×8\ 000)×20％ + (12\ 000 + 8\ 000)×0.5 = 170\ 000(元)$$

因此，该酒厂应当将两种酒单独核算。

6. 【解析】

第一种情况：

$$应交消费税 = 200×20％ + 220×5％ = 51(万元)$$

第二种情况：

$$应交消费税 = 150×20％ + 220×5％ = 41(万元)$$

因此，甲企业应当低价卖给乙企业，以降低该集团公司的整体消费税税负。

7. 【解析】

由于白酒是在单一环节征税，因而该酒厂可以通过控制出厂环节的应纳税所得额来减少消费税，即设立独立销售部门。相对于直接销售，此举相当于间接销售白酒给消费者，也就是该酒厂以较低的价格（不低于对外零售价 70％的价格）向独立销售部门销售。

假设该酒厂以每箱 1 200 元（1 200>1 500×70％ = 1 050）的不含税价格销售给独立销售部门，同时对外零售价格不变、对外销售量不变，则

$$设立独立销售部门后节约的税额 = (1\ 500 - 1\ 200)×10\ 000×20％ = 600\ 000(元)$$

8. 【解析】

方案 1：

$$应纳消费税 = 1\ 500×100×20％ + 0.5×100 = 30\ 050(元)$$

方案 2：

$$应纳消费税 = 1\ 400×100×20％ + 0.5×100 = 28\ 050(元)$$

方案 2 比方案 1 不仅节省了 2 000 元消费税，而且可以从银行获得 10 000 元押金所产生的利息，还提高了资源使用效率。

9. 【解析】

如果不进行税收筹划，该卷烟厂当月的应纳税额和利润分别为：

$$应纳消费税税额 = 6\ 000×200×0.003 + 75×6\ 000×56％ = 255\ 600(元)$$
$$销售利润 = 75×6\ 000 - 29.5×6\ 000 - 255\ 600 - 8\ 000 = 9\ 400(元)$$

该卷烟厂可以将每条卷烟的调拨价格调整至 70 元以下，以适用更低的消费税税率。

假设该卷烟厂将每条卷烟的调拨价格调低至 69.9 元，那么该卷烟厂当月的应纳税额和利润分别为：

应纳消费税 = $6\,000 \times 200 \times 0.003 + 69.9 \times 6\,000 \times 36\% = 154\,584$（元）

销售利润 = $69.9 \times 6\,000 - 29.5 \times 6\,000 - 154\,584 - 8\,000 = 79\,816$（元）

通过比较可以发现，该卷烟厂在降低每条卷烟的调拨价格后，其销售收入减少了 30 600 元，但应纳消费税税额减少了 101 016 元，即税款的减少远大于销售收入的减少，从而使销售利润增加了 70 416 元。

10.【解析】

方案一：采取连同包装物一起销售的方式。

应交消费税税额 = $(4\,000 + 200) \times 10\,000 \times 15\% = 630$（万元）

方案二：采取收取包装物押金的方式。

（1）包装物押金 12 个月内收回。

应交消费税税额 = $10\,000 \times 4\,000 \times 15\% = 600$（万元）

节省消费税 = $630 - 600 = 30$（万元）

（2）包装物押金 12 个月内未收回。

12 个月后应缴消费税税额 = $10\,000 \times 200 \times 15\% = 30$（万元）

甲公司将 30 万元消费税税额的纳税期限延缓了一年，充分利用了货币时间价值。

11.【解析】

如果直接用小汽车抵债及投资入股：

应交消费税 = $24 \times 300 \times 9\% = 648$（万元）

如果先销售，后抵债或投资：

应交消费税 = $21 \times 200 \times 9\% + 22 \times 100 \times 9\% = 576$（万元）

因此，该企业节省了 72 万元消费税。

12.【解析】

甲公司的方案不是最佳的。一般企业选择委托加工方式是因为受托方的加工成本小于自行加工成本，因而选择委托加工方式相对更有优势。

税收筹划方案：甲公司委托乙公司将原材料加工成成品，然后收回直接销售。

税收筹划前：

乙公司在移交委托加工产品 B 时，应代收代缴消费税。

乙公司应代收代缴消费税 = $(200 + 150) \div (1 - 15\%) \times 15\% = 61.76$（万元）

甲公司对外销售应缴纳消费税 = $1\,500 \times 15\% - 61.76 = 163.24$（万元）

合计应纳消费税 = $61.76 + 163.24 = 225$（万元）

城市维护建设税及教育费附加 = $(61.75 + 163.24) \times (7\% + 3\%) = 22.5$（万元）

税后利润 = $(1\,500 - 200 - 150 - 300 - 61.75 - 163.24 - 22.5) \times (1 - 25\%)$

$$= 451.88(万元)$$

税收筹划后：

乙公司在移交委托加工产品 B 时，应代收代缴消费税。

乙公司应代收代缴消费税 $= (200 + 300) \div (1 - 15\%) \times 15\% = 88.24(万元)$

甲公司收回委托加工产品 B 后直接销售，则

需要再缴纳消费税 $= 1\ 500 \times 15\% - 88.24 = 136.76(万元)$
合计应纳消费税 $= 88.24 + 136.76 = 225(万元)$
城市维护建设税及教育费附加 $= (88.24 + 136.76) \times (7\% + 3\%) = 22.5(万元)$
税后利润 $= (1\ 500 - 200 - 300 - 88.24 - 136.76 - 22.5) \times (1 - 25\%)$
$\qquad = 564.375(万元)$

因此税收筹划后可使税后利润更高。

13. 【解析】

(1) 委托 A 厂加工成半成品，然后由该酒厂生产白酒。

加工提货环节应由委托方代收代缴的消费税为：

$(25 + 15) \div (1 - 10\%) \times 10\% = 4.44(万元)$
白酒销售后应再缴纳的消费税 $= 100 \times 20\% = 20(万元)$
税后利润 $= (100 - 25 - 15 - 10 - 4.44 - 20) \times (1 - 25\%) = 19.17(万元)$

(2) 该酒厂加工白酒销售时。

白酒缴纳消费税 $= 100 \times 20\% = 20(万元)$
税后利润 $= (100 - 25 - 22 - 20) \times (1 - 25\%) = 24.75(万元)$

因此方案 2 更优。

14. 【解析】

方案一：A 厂在向 B 厂支付加工费的同时，向受托方支付代收代缴的消费税：

消费税组成计税价格 $= (100 + 75) \div (1 - 30\%) = 250(万元)$
应交消费税 $= 250 \times 30\% = 75(万元)$

A 厂销售卷烟后，则

应交消费税 $= 700 \times 56\% + 40 \times 250 \times 200 \times 0.003 \div 10\ 000 - 75 = 317.6(万元)$
A 厂的税后利润 $= (700 - 100 - 75 - 75 - 95 - 317.6) \times (1 - 25\%) = 28.05(万元)$

方案二：A 厂将购入价值 100 万元的烟叶自行加工成甲类卷烟，加工成本、分摊费用共计 95 万元。

应交消费税 $= 700 \times 56\% + 40 \times 250 \times 200 \times 0.003 \div 10\ 000 = 392.6(万元)$
税后利润 $= (700 - 100 - 95 - 392.6) \times (1 - 25\%) = 84.3(万元)$

所以选择方案二可使税后利润最大化。

15. 【解析】

方案一：合作涂料厂向 A 公司销售自产的涂料，应缴纳消费税，税率为 4%。A 公司

购入该涂料后贴上 A 公司商标再对外销售，应视同应税消费品的生产行为，在对外销售涂料时仍要缴纳消费税，税率为 4%，其计税依据为向购买方收取的全部价款和价外费用。在这种方式下，合作涂料厂和 A 公司均应缴纳消费税，并且涂料厂缴纳的消费税不能在 A 公司进行抵减。

方案二：由合作涂料厂代收代缴 A 公司的消费税，其计税依据为合作涂料厂生产的同类涂料的销售价格；没有同类涂料销售价格的，按照组成计税价格计算纳税。

$$组成计税价格 ＝（材料成本 ＋ 加工费）÷（1 － 4\%）$$

A 公司将委托加工的涂料再对外销售，如果销售价格高于合作涂料厂的计税价格，应缴纳消费税，其计税依据为向购买方收取的全部价款和价外费用，税率为 4%，合作涂料厂代收代缴的消费税可用于抵减 A 公司的应交消费税。而 A 公司对外销售的涂料通常应取得利润，也就是对外销售价格要高于购入价格或委托加工涂料成本。

因此，不论是方案一还是方案二，A 公司缴纳的消费税相同。

16. 【解析】

该公司在业务并没有完全结束时就已经缴纳了消费税，使得企业资金占压比较严重。从税收筹划的角度考虑，具体分析如下：

（1）对于第一笔业务，由于合同没有明确销售方式，公司会计依法对其按直接销售处理，于业务发生当月月底计算缴纳消费税 45 万元（＝300×15%）。如果该公司的销售人员在与甲商场签订合同时，将这笔业务明确为分期收款结算方式销售业务，那么这笔业务的部分销售收入的纳税义务发生时间就可以向后推迟，即在 2022 年 10 月底、2023 年 2 月底和 2023 年 6 月底分别发出高档化妆品时再计算缴纳消费税。

（2）对于第二笔业务，如果公司的销售人员在与乙商场签订合同时，将这笔业务明确为赊销业务，那么这笔业务的消费税税额 27 万元（＝180×15%）可以向后递延 8 个月。

（3）对于第三笔业务，从销售合同的性质来看，显然属于预收货款结算方式销售业务，如果公司会计认识到这一点，那么这笔业务的 15 万元（＝100×15%）消费税税额可以向后推延 5 个月。

17. 【解析】

当月，该酿造厂销售此类白酒的最高销售价格为 120 元/公斤，因此这笔偿债白酒应缴纳的消费税为 12 500 元（＝0.5×500×2＋120×500×20%）。

如果该酿造厂以 80 元/公斤的价格和正常的手续将 500 公斤 A 牌白酒销售给黄河粮食加工有限公司，再通过有关账户调整抵减"应付账款"，那么这笔抵债白酒就可按协议中的价格计算缴纳消费税。这样既符合税法规定，又收到了节税的效果。

（九）综合题

【解析】

第一种方案：A 公司完全委托加工，收回应税消费品后直接销售。B 公司在移交委托加工物资时，应代收代缴消费税。

$$B 公司应代收代缴消费税 ＝（100 ＋ 70）÷（1 － 15\%）×15\% ＝30（万元）$$

A公司收回委托加工物资后直接销售，需要再缴纳消费税 $= 400 \times 15\% - 30$

$$= 30（万元）$$

合计应纳消费税 $= 30 + 30 = 60$（万元）

A公司的税后利润 $= (400 - 100 - 70 - 30 - 30) \times (1 - 25\%) = 127.5$（万元）

第二种方案：A公司部分委托加工，收回后继续加工成应税消费品再销售。B公司在移交委托加工物资时，应代收代缴消费税。

B公司应代收代缴消费税 $= (100 + 30) \div (1 - 15\%) \times 15\% = 22.94$（万元）

A公司对外销售应交消费税 $= 400 \times 15\% - 22.94 = 37.06$（万元）

合计应纳消费税 $= 22.94 + 37.06 = 60$（万元）

A公司的税后利润 $= (400 - 100 - 30 - 50 - 22.94 - 37.06) \times (1 - 25\%)$

$$= 120（万元）$$

第三种方案：A公司自行加工成应税消费品直接销售。

A公司应交消费税 $= 400 \times 15\% = 60$（万元）

A公司的税后利润 $= (400 - 100 - 70 - 60) \times (1 - 25\%) = 127.5$（万元）

对于方案一和方案三，虽然这两种方案在计算企业所得税后的利润一致，但不同加工方式下消费税的纳税时间不同，比如采用委托加工方式在提货环节就发生了消费税的纳税义务。在实际情况中，一般企业采用委托加工方式是因为受托方的加工成本小于自行加工成本，因此采用委托加工相对自行加工更有优势，所以方案三更好。

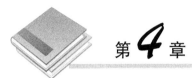

第**4**章

企业所得税的税收筹划

一、学习目的与要求

本章主要介绍企业所得税的税收筹划方法与技巧，然后从企业所得税的筹划原理出发，讲述了企业设立业务、企业投资业务、企业融资业务、企业销售业务、企业采购业务、企业经营过程、企业研发业务、企业重组业务的税收筹划方法和案例。通过本章的学习，学生应掌握企业所得税的最新政策及税收筹划方法，并能针对具体问题制定税收筹划方案。

二、重点与难点

（一）企业所得税筹划原理

1. 收入项目的税收筹划

（1）不征税收入的税收筹划。不征税收入的筹划要点是对不征税收入的用途进行考虑，不征税收入会减少应纳税额，但不征税收入形成的支出不得在税前扣除又会导致应纳税额的增加，因此要在两者之间进行比较。例如，企业收到了政府补助性收入，当收到的政府补助性收入用于补偿企业以后年度的相关费用或损失的，若将其作为不征税收入，就会导致本年度的应纳税所得额不变，以后年度的应纳税所得额增加；若将其作为征税收入,则会导致本年度的应纳税所得额增加,考虑到货币时间价值,应将其作为不征税收入。与此同时,企业对其取得的不征税收入以及不征税收入所形成的支出和资产要单独核算,以免由于核算不清而被划入征税的范围。

(2) 免税收入的税收筹划。企业取得的各项免税收入所对应的成本与费用,除另有规定外,可以在计算企业应纳税所得额时扣除。企业应该合理安排相关活动,使得收入符合免税收入的相关规定,从而享受该税收优惠。当企业有闲置资金时,可以与其他投资项目进行比较,准确估计项目的收益率,在取得同等收益率的情况下优先购买国债和权益性投资。需要注意的是,非营利性组织在进行税收筹划时,要分清非营利性收入和营利性收入,不能分清的,不能视为免税收入。

2. 扣除项目的税收筹划

(1) 成本的税收筹划。在企业所得税中,成本项目的税收筹划可以从以下几个方面进行:第一,合理处理成本的归属对象及归属期间。纳税人必须将经营活动中发生的成本合理划分为直接成本和间接成本。特别是对于既生产应税产品又生产免税产品的企业,合理确定直接成本和间接成本的归属对象及归属期间显得尤为重要。第二,成本结转处理方法的税收筹划。成本结转处理方法主要包括约当产量法、完工产品计算法、定额成本计价法等。税法并没有限制使用哪一种方法,采用不同的成本结转处理方法对完工产品成本结转的影响很大,企业应根据实际情况选择适当的方法。第三,成本核算方法的税收筹划。成本核算方法主要包括品种法、分批法、分步法三种基本方法。每一种方法对产成品的成本都会产生很大的影响,所以合理选择成本核算方法能够影响企业的产成品价值。第四,成本与费用在存货、资本化对象或期间费用之间的选择。如果企业的某项成本与费用能在存货与资本化对象之间进行选择,对于纳税人来说,应该尽可能选择计入存货成本,这样可以加快其税前扣除速度。如果企业发生的某项成本与费用可以在存货与期间费用之间选择,从企业所得税的角度来说,应该计入期间费用,因为期间费用在当期就可以得到扣除。

(2) 费用的税收筹划。

1) 税法有扣除标准的费用项目一般采用以下税收筹划方法:第一,原则上遵循税法的规定进行抵扣,避免因纳税调整而增加企业税负。第二,区分不同费用项目的核算范围,确保税法允许扣除的费用得以充分抵扣。第三,合理转化费用,将有扣除标准的费用通过会计处理,转化为没有扣除标准的费用,以加大扣除项目总额,降低应纳税所得额。

2) 税法没有扣除标准的费用项目一般采用以下税收筹划方法:第一,正确设置费用项目,合理加大费用开支。通过转变费用的性质,将有扣除标准的费用转换为没有扣除标准的费用,使其尽可能多地得到抵扣。第二,选择合理的费用分摊方法。例如,在对低值易耗品、无形资产、长期待摊费用等进行摊销时,要视纳税人在不同时期的盈亏情况而定。在盈利年度,应选择使费用尽快得到分摊的方法,使其抵税作用尽早发挥,推迟所得税的纳税时间;在亏损年度,应选择使亏损能全部得到税前弥补的费用摊销方法,充分发挥费用的抵税效应;在享受税收优惠的年度,应选择能使减免税年度摊销额最小、正常年度摊销额增加的摊销方法。

3) 税法给予优惠的费用项目。税法给予优惠的费用项目包括研究开发费用等,纳税人应充分利用税收优惠政策,使得费用扣除最大化。例如,企业在一个纳税年度中开展研究开发活动实际发生的研究开发费用，允许按当年实际发生额的一定比例进行加计扣除。

3. 纳税义务发生时间的税收筹划

（1）收入的确认时间。

1）推迟销售收入的实现时间。销售收入的实现是以发出产品并取得索取货款的凭据为依据的。如果销售发生在月末或年末，企业可以尽量延缓销售至次月或次年。需要注意的是，企业不能为了自己推迟纳税而让客户推迟购买时间，这有可能失去一大批客户；与此同时，企业也不能为推迟纳税而推迟收款，这不利于企业的资金周转。企业应综合考虑各种因素，实现财务利益最大化。

2）采取分期收款结算方式。分期收款销售产品以合同约定的收款日期确定收入的实现。若企业一时收不到货款，应采取分期收款方式，以推迟销售收入的确认时间。

3）推迟长期工程收入的实现。长期工程（如建筑、安装、装配工程，加工、制造大型机械设备、船舶等）的持续时间超过一年的，按完工进度或完成的工作量确定收入的实现。在此，完工进度与完成的工作量是由企业自身经营情况决定的，因而在收入的实现时间上，企业具有较大的主动性，可以尽量推迟收入的实现。

（2）提前费用与支出的扣除时间。

1）提前摊销开办费用。尽管税法规定了摊销期限，但并未限定摊销方法是否必须为平均摊销法。因此，企业应在前期提高开办费用的摊销比例，从而获得货币时间价值。

2）提前计提折旧费用。在税法允许的条件下，采用加速折旧或者降低折旧年限的方式提前计提折旧，从而达到提前扣除费用的效果，使得税款递延至以后期间，以获得货币时间价值。

3）提前计提成本。比如存货结转成本等，在物价持续上升的时候，可以采用加权平均法，使其当期扣除的金额大于采用先进先出法时当期可扣除的金额，从而递延纳税。

需要注意的是，提前支出的扣除时间并不适用于任何情况。例如，对处于"两免三减半"优惠期间的企业，减免期扣除项目的增加会导致企业享受的税收优惠减少，因此应将扣除项目推迟至正常纳税年度。

4. 税率的税收筹划

（1）横向税率筹划。企业在低税率地区设立分支机构，应采用子公司的形式，子公司是独立的法人机构，可直接在所在地缴纳企业所得税，同时享受低税率的优惠；企业在高税率地区设立分支机构，应采用分公司的形式，分公司不是独立的法人机构，其所得需要汇总到总机构所在地纳税，借以降低分支机构的税负。除此之外，当企业整体难以满足高新技术企业的条件时，企业可以将其研发部门单独成立子公司，以享受15%的优惠税率。当不同地区的分支机构之间存在差异时，可以通过关联企业之间适当的转让定价筹划，将利润从税率较高的企业转移到税率较低的企业，从而谋求最大化的税收筹划效果。

（2）纵向税率筹划。在成立初期，企业应该到国家重点扶持发展的地区从事鼓励类产业，从而适用低税率计算企业所得税，享受相应的税收优惠。此外，企业可以通过不在中国境内设立机构、场所，或者虽在中国境内设立机构、场所，但取得的所得与其所设机构、场所无实际联系的方式，从而适用20%的低税率并减按50%征收的优惠政策。除此之外，企业在成立之初应尽量满足小微企业的条件，以享受较低的优惠税率。在企业发展壮大后，其组织结构和业务形式日益多样化，企业可采取分立不同的业务部门、在集团内部成立关联公司等方式，使得企业的部分业务部门可以享受优惠税率。当企业发展成跨国公司后，可以采用在广泛签订了税收协定的国家设立中介公司的形式，以享受协定国之间优惠的预提所得税税率。

5. 税收优惠的税收筹划

（1）享受区域税收优惠政策。对于已成立的企业来说，如果具备了其他享受优惠政策的条件，只是由于注册地点不在特定税收优惠地区而不能享受相应的税收优惠政策，那么企业就应该考虑是否需要搬迁的问题。此时，企业需要充分考虑生产经营的寿命周期，为了享受税收优惠政策而导致的企业利润的改变，以及因为搬迁带来的成本与费用及新注册地与老注册地在信息、技术来源、客户开拓等方面的差异，进行全面分析，对有关的经济技术数据进行测算，然后做出相应决策。

迁移企业注册地本身也存在一个税收筹划的问题。在做出迁移决策的情况下，如何迁移就成为一个需要决策的问题。如果情况允许，可以将整个企业从一般地区迁移到有税收优惠政策的地区。如果全部搬迁不够理想，可以将企业的主要办事机构迁移到上述地区，采取只变更企业注册地的办法，而把老企业作为分支机构仍留在原地继续生产。如果上述办法行不通，则企业可以通过自身的产权重组达到变更注册地的目的。此外，也可以采取先在合适的地区创办一家新的企业，并取得享受税收优惠的资格，然后将原有的企业与新企业合并，将原有的企业变更为享受税收优惠政策企业的一个分支机构，以享受合并纳税的好处。当然，也可以通过企业间的关联交易，将高税率地区企业的利润转移到享受税收优惠的企业中去，实现企业整体税率的下降。需要注意的是，通过关联企业的关联交易实现利润的转移，要确保关联交易价格在税法允许的范围之内，否则税务机关将对关联交易价格进行纳税调整。

（2）亏损弥补的税收筹划。

1）重视亏损年度后的运营。企业在出现亏损后，必须重点抓生产经营及投资业务，比如企业可以减小以后5年内投资的风险性，以相对安全的投资为主，确保亏损能在规定的5年期限内得到全额弥补。需要注意的是，自2018年1月1日起，高新技术企业和科技型中小企业的亏损结转年限由5年延长至10年。

2）利用企业合并、企业分立、汇总纳税等优惠条款消化亏损。按照税法的规定，采用汇总纳税、合并纳税的成员企业发生的亏损，可直接冲抵其他成员企业的所得额或并入总公司的亏损额，不需要用该企业以后年度的所得进行弥补。对于符合特殊性税务处理条件的企业合并，被合并企业的亏损可以在税法规定的年限和限额内由合并企业弥补。所以，对于一些长期处于高盈利状态的企业，可以通过合并一些亏损企业，以减少其应纳税所得额，达到节税的目的。特别是一些大型集团公司，应尽量采取汇总纳税、合并纳税的方式，用盈利企业的所得额冲抵亏损企业的亏损额，从而减少应纳税额。

（二）企业设立业务中的所得税筹划

1. 纳税人身份的税收筹划

（1）居民纳税人与非居民纳税人之间的选择。作为居民纳税人，就应当承担无限纳税义务，既要对来源于中国境内的所得申报纳税，又要对来源于境外的收入和所得申报纳税。这样，有可能导致纳税人税负很重和双重征税的问题。因此，企业应尽可能选择非居民纳税人身份，负有限的纳税义务，从而减轻税收负担。

（2）转变为小微企业的税收筹划。由于小微企业适用的实际税率较低，因此小型企业在设立时应认真规划企业的规模和从业人数。当企业的规模较大或人数较多时，可考虑设立两个或多个独立的纳税企业，从而分散企业的人数、资产规模和应纳税所得额，享受小微企业的税收优惠，以减轻税收负担。

（3）争取成为高新技术企业的税收筹划。高新技术企业享受15％的优惠税率水平。《企业所得税法》对高新技术企业的认定做出了一系列规定。企业在设立、投资等经营活动中应结合自身情况，充分考虑投资的对象并慎重定位企业的性质，以求最大限度地享受税收优惠，用好税收优惠政策。

2. 企业组织形式的税收筹划

（1）子公司与分公司。子公司是以独立法人身份出现的，因而可以享受子公司所在地提供的包括减免税在内的税收优惠。但是，设立子公司的手续繁杂，需要具备一定的条件；子公司必须独立经营、自负盈亏、独立纳税；子公司在经营过程中还要接受当地政府部门的监督管理等。分公司不具有独立的法人身份，因而不能享受当地的税收优惠。但是，设立分公司的手续简单，有关财务资料不必公开，不需要独立缴纳企业所得税，并且分公司这种组织形式便于总公司进行管理控制。

设立子公司与设立分公司的税收利益孰高孰低并不是绝对的，它受到一国税收制度、企业经营状况及企业内部利润分配政策等多种因素的影响。通常说来，在投资初期，分支机构发生亏损的可能性比较大，宜采用分公司的组织形式，因而其亏损可以与总公司的损益汇总纳税。在公司发展成熟后，宜采用子公司的组织形式，以便充分享受公司所在地的各项税收优惠。

（2）公司制与非公司制。一般来说，企业在设立时应合理选择纳税主体的身份，应考虑的主要问题有：第一，从总体税负的角度考虑，非公司制企业的税负一般要低于公司制企业，因为前者不存在重复征税问题，而后者一般涉及重复征税问题。第二，在公司制企业与非公司制企业的身份选择决策中，要充分考虑税基、税率和税收优惠政策等多种因素，最终税负的高低是多种因素共同作用的结果，不能只考虑一种因素。第三，在公司制企业与非公司制企业的身份选择决策中，还要充分考虑可能出现的各种风险。

3. 开办费用的税收筹划

税法规定，企业在筹建期间发生的开办费用，应当从开始生产经营月份的次月起，在不少于5年的期限内分期摊销。开办费用税收筹划的重点在于确定摊销比例，最大化开办费用。尽管税法规定了摊销期限，但并未限定摊销方法是否必须为平均摊销法。因此，企业应在前期提高开办费用的摊销比例，从而获得货币时间价值；或是在企业预期盈利的年度，在利润较多的年份多摊销一些，弹性地利用摊销比例，合理降低税收负担。

（三）企业投资业务中的企业所得税筹划

1. 投资地点的税收筹划

国家为了适应各地区的不同情况，针对一些地区制定了不同的税收政策。例如，现行税法中规定的享受减免税优惠政策的地区主要包括西部地区、东北老工业基地、经济特区、经济技术开发区、沿海开放城市、保税区、旅游度假区等。这些优惠的税收政策为企业进行注册地点选择的税收筹划提供了空间。企业在设立之初或为扩大经营进行投资时，可以选择低税负的地区进行投资，以享受税收优惠的好处。

2. 投资方式的税收筹划

按投资者能否直接控制其投资资金的运用进行划分，可将企业投资分为直接投资和间接投资。直接投资是指投资者用于开办企业、购置设备、收购和兼并其他企业等的投资行为，其主要特征是投资者能够有效地控制各类投资资金的使用，并能实施全过程管理。间接投资主要是指投资者购买金融资产的行为，可以分为股票投资、债券投资等。不同投资所得会面临不同的税收待遇，比如国债利息收入属于免税收入。企业应综合考虑不同收益类型所适用的所得税政策对税后收益率的影响，选择税后收益率最大的投资方案。

3. 投资方向的税收筹划

选择减免税项目进行投资：

第一，投资于农、林、牧、渔业项目的所得，可以免征、减征企业所得税。投资于基础农业，如蔬菜、谷物、薯类、油料、豆类、棉花、麻类、糖料、水果、坚果的种植，牲畜、家禽的饲养，农作物新品种的选育等可以享受免征企业所得税的待遇。投资于农、林、牧、渔业项目，如花卉、茶以及其他饮料作物和香料作物的种植，可以减半征收企业所得税。

第二，投资于公共基础设施项目及环境保护、节能节水项目，从项目取得第一笔生产经营收入所属纳税年度起实行"三免三减半"的税收优惠政策。

（四）企业融资业务中的企业所得税筹划

1. 租赁方式的税收筹划

企业可以通过融资租赁迅速获取所需资产，这样做相当于获取了一笔分期付款的贷款。另外，从税收的角度来看：第一，租入的固定资产可以计提折旧，而且折旧可以计入成本与费用，从而减少了利润、降低了税负。第二，支付的租金利息也可按规定在企业所得税前扣除，从而减少了应纳税所得额、降低了税负，使税收抵免作用更为明显。

2. 融资渠道的税收筹划

融资渠道是指筹集资金的方向与通道。企业的融资渠道可以分为内部渠道和外部渠道。其中，内部渠道主要是指企业的自我积累和内部集资；外部渠道主要包括向金融机构、非金融机构借款，向社会发行债券、股票等。不同的融资渠道意味着企业会有不同的资本结构，因此企业承担的税负也不一样。企业可以结合自身实际需要和资本市场环境，选择最适宜的渠道进行税收筹划。

（1）企业内部融资的税收筹划。如果企业通过自我积累的方式进行融资，通常所需时间较长，无法满足绝大多数企业正常的生产经营需要。另外，从税收的角度来看，企业自我积累的资金无法产生利息税前扣除的抵税效应，加之企业资金的占用和使用融为一体，因而企业会承担较高的风险。如果企业采用自我集资的方式进行融资，则需要考虑集资对象。如果是向职工个人借款，则应注意其产生的利息支出在税前扣除的额度不得高于按照金融机构同期同类贷款利率计算的数额。

（2）企业外部融资的税收筹划。在外部融资时，如果企业采用负债的方式进行融资，其借款利息可以在税前扣除，从而减轻企业的税收负担。如果企业采用增加资本金的方式进行融资，则其所支付的股息或者红利是在税后利润中进行的，无法在税前扣除。因此，仅从节税的角度来说，负债融资方式比权益融资方式更好。然而，融资方式还会涉及其他融资成本，企业采用负债融资的方式还需要考虑还款的风险因素，但发行股票无须偿还本金，企业没有债务压力，还可以给企业带来很多宣传机会。因此，在实际情况中，不能仅从税收负担角度考虑各种融资成本的优劣。

（3）借款用途的税收筹划。企业的借款用途不一，有的作为流动资金用于日常生产经营活动，有的作为资本性支出用于添置固定资产和无形资产，有的还可以作为资本运营用于对外投资等。企业在借款时，要根据自身的实际情况，按税法对不同借款费用的处理规定，在合法和有效的前提下做好税收筹划，以降低筹集成本。

（4）借款偿还方式的税收筹划。在长期借款融资的税收筹划中，借款偿还方式的不同也会导致不同的税收待遇，从而同样存在税收筹划的空间。

（五）企业销售与采购业务中的企业所得税筹划

1. 销售结算方式的税收筹划

对于销售结算方式的税收筹划，最关键的一点就是尽量递延纳税义务发生时间，为企业赢得货币时间价值。

2. 关联企业间转让价格的税收筹划

关联企业间的转让价格是指关联企业中各个经济实体之间产品、服务和无形资产转让时的定价。如果产品、服务或无形资产的定价过低，则买方的盈利能力就会增强，而卖方的盈利能力就会相对减弱；反之，如果定价过高，则卖方的盈利能力就会增强，而买方则会遭受同样的损失。但对于关联企业整体来说，盈利没有受到影响，因为利润转移只是在关联企业内部的各个经济实体之间进行。例如，在生产企业和销售企业承担的纳税负担不一致的情况下，若销售企业适用的税率高于生产企业或生产企业适用的税率高于销售企业，那么有关联关系的销售企业和生产企业就可以通过某种契约的形式，增加低税率一方的利润，使两者共同承担的税负最小化。转让定价税收筹划的前提条件是关联企业间的税率不同。

3. 采购业务的税收筹划

企业在采购时应尽量选择价格较低的一方，同时应尽早取得增值税专用发票，进行企业所得税税前扣除。从财务角度分析，如果采购方不能获取增值税专用发票，就意味着不能计入成本，即不能实现税前扣除。

（六）企业经营过程中的企业所得税筹划

1. 存货计价方式的税收筹划

在价格平稳或者价格波动不大时，存货计价方法对成本的影响不显著，但当价格水平不断波动时，存货计价方法对成本的影响就较为显著。

第一，根据物价变动趋势选择存货计价方法。当物价有上涨趋势时，采用月末一次加权平均法计算出的期末存货价值最低、销售成本最高，可将利润递延至次年，以延缓纳税时间。当物价呈现下降趋势时，则采用先进先出法计算出的存货价值最低，同样可达到延缓纳税的目的。在物价升降不定的情况下，企业选择个别计价法最合适，企业可以选择成本高的存货先发出，这样能够使前期纳税少、后期纳税多，相当于企业使用了一笔国家提供的无息贷款，这就是延期纳税的好处。如果存货较多，不宜采用个别计价法，企业应采用加权平均法，使各期纳税较平均，不至于使前期纳税多，而后期纳税少。当然，在物价持续下降的情况下，企业采用先进先出法同样能带来税收收益。

第二，根据减免税期间选择存货计价方法。当企业处于企业所得税的免税期时，企业获得的利润越多，其得到的免税额就越多。这样，企业就可以选择前期成本低的存货计价方法，以减少当期成本、费用的摊入，扩大当期利润。

当企业处于征税期或高税率期时，可以选择前期成本高的存货计价方法，将当期的摊入成本尽量扩大，以减少当期利润、降低应纳税额。

2. 固定资产折旧的税收筹划

在企业创办初期且享有减免税优惠待遇时，企业可以通过延长固定资产折旧年限，将计提的折旧递延到减免税期满后计入成本，从而获得节税利益。对处于正常生产经营期且未享有税收优惠的企业来说，缩短固定资产折旧年限，往往可以加速固定资产成本的回收，使企业的后期成本与费用前移、前期利润后移，从而获得递延纳税的好处。在物价持续上涨时期，如果企业采用加速折旧法，既可以缩短资产回收期，又可以加快折旧速度，有利于发挥"折旧税盾"效应，从而取得递延纳税的好处。企业应加快处理既不能计提折旧又不使用的固定资产，尽早实现财产损失的税前扣除。

3. 固定资产修理的税收筹划

固定资产的日常维修与大修理支出在税收处理上有较大的差异。相比较而言，日常维修费用能直接在税前扣除，而固定资产的大修理支出必须作为长期待摊费用按规定摊销，不得直接在当期税前扣除。

4. 工资、薪金的税收筹划

（1）把发放的部分福利费用转化为职工工资。税法规定，企业发放的职工工资可以100％在企业所得税税前扣除，而职工福利费只能扣除工资、薪金总额的14％，因此可以根据企业福利费总额的实际发生情况，对超出部分进行转化列支，以减少企业所得税的支出。当然，企业也可以考虑将职工福利费转化为劳动保护支出。例如，如果企业为每位职工发放防暑降温费，则属于职工福利费，只能在工资、薪金总额的14％以内扣除；如果企业发放的是价值相同的防暑降温药品，则属于劳动保护支出，可以100％扣除。

（2）合理安排研发人员的工资，可以减轻企业所得税税负。在职工从事研究开发期间，可以多安排工资、奖金（包括全年一次性奖金），从而更多地享受加计扣除。需要注意的是，多安排工资、奖金相应增加的个人所得税负担，不能超过加计扣除部分减少的企业所得税负担，否则将得不偿失。

（3）合理安排在职残疾人员的工资，可以减轻企业所得税税负。税法规定，企业安置残疾人员的，在据实扣除支付给残疾职工工资的基础上，按照支付给残疾职工工资的100％加计扣除。

5. 业务招待费的税收筹划

企业发生的业务招待费支出，首先，应尽量控制在销售收入的5‰范围之内；其次，要利用业务招待费与业务宣传费的内容有相互替代的性质，进行项目之间的转换。例如，企业外购用于赠送的礼品应作为业务招待费，但如果礼品上印有企业标记，对企业的形象、产品有宣传作用，也可作为业务宣传费，因为广告费和业务宣传费支出不超过当年销售收入15%的部分可据实扣除，超过比例的部分可结转到以后年度扣除。在考虑是作为业务宣传费还是业务招待费时，应优先列为业务宣传费。

6. 业务宣传费的税收筹划

税法规定，企业发生的业务宣传费不高于当年销售收入15%的部分准予扣除，超支部分可以向以后年度结转。企业发生的业务宣传费支出应尽量控制在销售收入15%的范围之内。但财政部、国家税务总局于2017年5月27日联合下发的《关于广告费和业务宣传费支出税前扣除政策的通知》（财税〔2017〕41号）规定，对化妆品制造或销售、医药制造和饮料制造（不含酒类制造）企业发生的广告费和业务宣传费支出，不超过当年销售（营业）收入30%的部分，准予扣除；超过部分，准予在以后纳税年度结转扣除。因此，相关企业只需将发生的业务宣传费支出尽量控制在销售收入30%的范围内即可。另外，当企业的广告费过多时，可以考虑成立单独核算的销售分公司。随着企业销售总额的规模增加，广告费列支标准也会增长，但要注意成立销售分公司的成本。

7. 捐赠的税收筹划

企业捐赠从以下三个方面进行税收筹划：

第一，捐赠对象的税收筹划。企业应合理安排其捐赠活动，尽可能捐赠能够在税前全额扣除的项目，比如对公益性青少年活动场所的捐赠，对自主科研机构、高等院校的研究开发经费的捐赠，向受灾地区的捐赠等。

第二，捐赠时间的税收筹划。企业应该合理安排捐赠发生的时间，应该在正常的纳税年度捐赠，避免在免税期和亏损年度捐赠，以保证其捐赠金额可以按规定限额在税前扣除。

第三，捐赠金额的税收筹划。企业在捐赠前应该预测三年内的利润总额，使其捐赠金额尽可能控制在三年利润总额的12%以内，从而得以充分扣除。若企业的捐赠金额超过限额，企业可以采取分期捐赠的方式，使捐赠金额尽可能在税前扣除。

（七）企业研究开发业务中的企业所得税筹划

1. 技术转让收入的税收筹划

税法规定，在一个纳税年度内，居民企业的技术转让所得不超过500万元的部分，免征企业所得税；超过500万元的部分，减半征收企业所得税。取得技术转让收入的企业应利用该项税收优惠政策，实现免税所得最大化。

2. 研究开发费用的税收筹划

第一，企业应合理安排研究开发费用的发生时间，使得研究开发费用发生在正常的纳税年度，避免发生在免税期和亏损年度，以保证其研究开发费用可以在税前扣除。

第二，企业应合理安排研究开发费用的金额，使得研究开发费用加计扣除金额小于企业利润。如果研究开发费用加计扣除金额大于企业利润，则可以将研究开发费用分期，从而实现研究开发费用的充分扣除。

（八）企业重组业务中的企业所得税筹划

1. 资产重组的税收筹划

（1）资产重组税务处理的差异比较。资产重组的税务处理分为一般性税务处理和特殊性税务处理，两者的主要差异在于确认重组所得的时间不同。

在特殊性税务处理中，具有如下特点：①以原有计税基础确定，原有各项资产和负债的计税基础与其他相关所得税事项保持不变；②对交易中的股权支付暂不确认有关资产的转让所得或损失，非股权支付仍应在交易当期确认相应的资产转让所得或损失，并调整相应资产的计税基础；③企业债务重组确认的应纳税所得额占该企业当年应纳税所得额50%以上的，可以在5个纳税年度内，均匀计入各年度的应纳税所得额。

在一般性税务处理中，具有如下特点：①计税基础应以公允价值为基础确定；②相关所得税事项原则上保持不变；③确认重组所得或损失。

（2）股权收购的税收筹划。在一般性税务处理条件下，股权收购应确认股权转让所得或损失，收购方取得股权的计税基础以公允价值为基础确定，而在特殊性税务处理条件下，股权转让所得或损失暂时无须确认，收购方和被收购方取得股权的计税基础以账面价值确定。在特殊性税务处理条件下，暂时无须缴纳企业所得税，起到了免税重组的效果，即使在日后转让时需要纳税，也起到了递延纳税的效果。因此，企业应尽量使股权收购满足特殊性税务处理的一般条件，并且收购的股权不低于被收购企业全部股权或资产的50%，同时保证在股权收购发生时的股权支付金额不低于其交易支付总金额的85%，以满足特殊性税务处理条件，达到免税重组的目的。

（3）资产收购的税收筹划。在一般性税务处理条件下，资产收购应确认资产转让所得或损失，收购方取得资产的计税基础为公允价值，而在特殊性税务处理条件下，资产转让所得或损失暂时无须确认，收购方和被收购方取得资产的计税基础以账面价值确定。在特殊性税务处理条件下，企业暂时无须缴纳企业所得税，起到了免税重组的效果，即使在日后转让时需要纳税，也起到了递延纳税的效果。因此，企业应尽量使资产收购满足特殊性税务处理的一般条件，并且收购的资产不低于被收购企业全部股权或资产的50%，同时保证在股权收购或资产收购发生时的股权支付金额不低于其交易支付总金额的85%，以满足特殊性税务处理条件，达到免税重组的目的。

（4）企业合并的税收筹划。

1）选择合并目标的税收筹划。

第一，考察目标企业的财务状况。企业若有较高的盈利水平，为降低其整体税负，可以选择一家有大量净经营亏损的企业作为合并目标，通过合并后盈亏抵补，实现企业所得税的免除。需要注意的是，这类合并活动必须警惕亏损企业可能给合并后的企业带来不良影响，防止企业被拖入亏损境地。

第二，考察目标企业的所在地及企业类型。从目标企业所在地角度考虑，我国对在经济特区、西部地区、少数民族地区注册经营的企业实行一系列企业所得税优惠政策。从企业类型角度考虑，在其他条件相同的情况下，税负最低的是国家重点扶持的高新技术企业（企业所得税税率为 15%）、小型微利企业（企业所得税税率为 20%）。若并购方从税收战略的角度出发，选择能享受到这些优惠政策的目标企业作为合并对象，则企业合并后可以继续享受相关的税收优惠政策。

2）选择出资方式的税收筹划。企业合并按出资方式可分为以下三种：现金购买资产式合并、现金购买股票式合并、股权置换式合并。前两种方式属于货币出资，在企业合并过程中需要缴纳企业所得税，属于应税重组交易。第三种企业合并以股票方式出资，对目标企业股东来说，不需要立即确认其因交换而获得并购企业股票所形成的资本利得，无须缴纳企业所得税，属于免税重组交易。

股权置换式合并是一种用股票出资进行企业合并的方式。这种重组交易模式在整个资本运作过程中既没有产生现金流，又没有实现资本利得，因而这一过程是免税的。在经济实践中，股权置换式合并可分为以下三种类型：

第一，吸收合并与新设合并。在吸收合并方式下，目标企业股东用其所持的目标企业股票换取并购企业的股票，成为并购企业的股东，而目标企业不再存在；在新设合并方式下，目标企业和并购企业的股东都将其持有的股票换成新设立企业的股票，成为新设立企业的股东，原先的两个企业都不再存在。

第二，相互持股合并。相互持股合并是指并购企业与目标企业进行股票交换，也就是并购企业与目标企业相互持股。通常说来，由于并购企业的持股比例更大，因而可以对目标企业的管理决策施加更大的影响。在相互持股合并中，目标企业既可以通过清算进入并购企业而不复存在，又可以作为独立经营的实体而存在。

第三，股票换取资产式合并。目标企业将资产出售给并购企业，以换取并购企业有投票权的股票；然后，目标企业清算，将并购企业的股票交给其股东，以置换已被注销的目标企业股票。

在股票换取资产式合并方式下，资产的评估价值往往高于账面价值，因而并购企业可获得增加的折旧扣税额。在目标企业的资产账面价值大于其市场价值的情况下，并购企业倾向于采用股票换股票的免税并购方式，以使目标企业的资产原封不动地结转给并购企业。

如果并购企业将目标企业的股票转换为可转换债券，经过一段时间后再将它们转换为普通股股票，那么并购企业支付的这些债券的利息可从税前利润中扣除，从而减少并购企业缴纳的企业所得税。在免税重组交易下，目标企业的股东不需要立刻确认形成的资本利得，因而不需要缴纳企业所得税；只有在免税重组中，并购企业才可以获得净经营亏损，并用来冲减未来的应税收益。所以，并购企业通过股票换取资产式合并，可以在不纳税的情况下实现资产的流动与转移，并达到追加投资和资产多样化的理财目标。

需要注意的是，并购企业在进行企业合并的税收筹划时，必须将免税重组交易方式与应税重组交易方式结合使用，以实现最大的节税利益。

3）选择会计处理方法的税收筹划。企业合并的会计处理方法有购买法和权益结合法。这两种会计处理方法对重组资产的确认、公允价值与账面价值的差额处理等具有不同的规定，将会影响重组后企业的整体纳税状况。

在购买法下，并购企业支付给目标企业的购买价格不等于目标企业净资产的账面价值。在购买日，将构成净资产的各个资产项目按评估的公允价值入账，公允价值超过净资产账面价值的差额在会计上作为商誉处理。商誉不允许摊销，只在会计期末进行减值测试；固定资产因公允价值超过账面价值形成的增值会提高折旧费用，产生一定的节税效果，故股票换取资产式合并宜采用购买法。

权益结合法仅适用于发行普通股股票换取目标企业普通股股票的情况。参与企业合并的各企业的资产、负债都以原账面价值入账，同时并购企业支付的并购价格等于目标企业净资产的账面价值，不存在商誉和资产增值多计提折旧的问题，所以不会对并购企业的未来收益产生影响。

与权益结合法相比，在购买法下资产被确认的价值较高，并且由于增加折旧会引起净利润的减少，从而形成节税效果。但购买法会引起企业的现金流出增加或负债增加，从而相对降低了资产回报率，因此税收筹划要全面衡量得失。

（5）企业分立的税收筹划。企业分立是一种产权结构的调整，不可避免地会影响到税收。在我国企业分立实务中，税法规定了免税分立与应税分立两种模式。对于纳税人来说，在实施企业分立时，应尽量采用免税分立，用以合理降低企业税负。

（6）股权或资产划转的税收筹划。股权或资产划转的税收筹划要点是使该划转行为符合以下特殊性税务处理条件：

1）获得的股权支付要符合规定。母公司向子公司按账面净值划转其持有的股权或资产，母公司获得子公司100％的股权支付，或母公司没有获得任何股权或非股权支付。子公司向母公司按账面净值划转其持有的股权或资产，子公司没有获得任何股权或非股权支付。在母公司主导下，一家子公司向另一家子公司按账面净值划转其持有的股权或资产，划出方没有获得任何股权或非股权支付。

2）会计处理要符合规定。在会计处理上，划入方和划出方均不能确认损益。母公司向子公司按账面净值划转其持有的股权或资产，母公司获得子公司100％的股权支付。母公司按增加长期股权投资处理，子公司按接受投资（包括资本公积，下同）处理。如果母公司没有获得任何股权或非股权支付，则母公司按冲减实收资本（包括资本公积，下同）处理，子公司按接受投资处理。子公司向母公司按账面净值划转其持有的股权或资产，子公司没有获得任何股权或非股权支付，母公司按收回投资或接受投资处理，子公司按冲减实收资本处理。在母公司主导下，一家子公司向另一家子公司按账面净值划转其持有的股权或资产，划出方没有获得任何股权或非股权支付，则划出方按冲减所有者权益处理，划入方按接受投资处理。

（7）中国境内与境外（包括港、澳、台地区）之间的股权和资产收购交易的税收筹划。企业发生涉及中国境内与境外（包括港、澳、台地区）之间的股权和资产收购交易，若想适用特殊性税务处理，除了要符合特殊性税务处理要求的股权支付比例、资产收购比例等条件，还应同时符合下列条件：

1）非居民企业向其100％直接控股的另一非居民企业转让其拥有的居民企业股权，没有因此造成以后这项股权转让所得预提所得税的负担变化，且转让方非居民企业向主管税务机关书面承诺在3年（含3年）内不转让其拥有的受让方非居民企业的股权（包括因境外企业分立、合并导致中国居民企业股权被转让的情形）。

2）非居民企业向与其具有100％直接控股关系的居民企业转让其拥有的另一居民企业的股权。

3）居民企业以其拥有的资产或股权向其100％直接控股的非居民企业进行投资。

三、关键术语

子公司与分公司的区别为：子公司是以独立法人身份出现的，因而可以享受子公司所在地提供的包括减免税在内的税收优惠。但是，设立子公司的手续繁杂，需要具备一定的条件；子公司必须独立经营、自负盈亏、独立纳税；子公司在经营过程中还要接受当地政府部门的监督管理等。分公司不具有独立的法人身份，因而不能享受当地的税收优惠。但是，设立分公司的手续简单，有关财务资料不必公开，不需要独立缴纳企业所得税，并且分公司这种组织形式便于总公司进行管理控制。

创业投资企业从事国家重点扶持和鼓励的创业投资项目，可以按投资额的一定比例抵扣应纳税所得额。抵扣应纳税所得额是指创业投资企业采取股权投资的方式投资于未上市中小高新技术企业两年以上的，可以按照其投资额的70％在股权持有满两年的当年抵扣该创业投资企业的应纳税所得额；当年不足抵扣的，可以在以后纳税年度结转抵扣。从2018年1月1日起，对创业投资企业投资种子期、初创期科技型企业的，可享受按投资额70％抵扣应纳税所得额的优惠政策；自2018年7月1日起，将享受这一优惠政策的投资主体由公司制和合伙制创业投资企业的法人合伙人扩大到个人投资者。政策生效前两年内发生的投资也可享受前述优惠。

融资渠道是指筹集资金的方向与通道。企业的融资渠道可以分为内部渠道和外部渠道。其中，内部渠道主要是指企业的自我积累和内部集资；外部渠道主要包括向金融机构、非金融机构借款，向社会发行债券、股票等。

存货计价方法：《企业会计准则第1号——存货》规定，企业应当采用先进先出法、加权平均法或者个别计价法确定发出存货的成本；对于性质和用途相似的存货，应当采用相同的成本计算方法确定发出存货的成本；对于不能替代使用的存货、为特定项目专门购入或制造的存货以及提供的劳务，通常采用个别计价法确定发出存货的成本。计价方法一经选用，不得随意变更。

有关加速折旧的税法规定：《中华人民共和国企业所得税法实施条例》第九十八条规定，企业可以采取缩短折旧年限或者采取加速折旧法的固定资产，包括：①由于技术进步，产品更新换代较快的固定资产；②常年处于强震动、高腐蚀状态的固定资产。采取缩短折旧年限方法的，最低折旧年限不得低于税法规定折旧年限的60％；采取加速折旧法的，可以采取双倍余额递减法或者年数总和法。

固定资产的大修理支出是指同时符合下列条件的支出：①修理支出达到取得固定资产时的计税基础50％以上；②修理后固定资产的使用年限延长2年以上。

企业重组是指企业在日常经营活动以外发生的法律结构或经济结构重大改变的交

易，包括企业法律形式改变、债务重组、股权收购、资产收购、企业合并、企业分立等。

债务重组是指在债务人发生财务困难的情况下，债权人按照其与债务人达成的书面协议或者法院的裁定做出让步的事项。第一，以非货币性资产清偿债务，应当分解为转让相关非货币性资产、按非货币性资产公允价值清偿债务两项业务，同时确认相关资产的所得或损失。第二，发生债权转股权的，应当分解为债务清偿和股权投资两项业务，同时确认有关债务清偿所得或损失。第三，债务人应当按照支付的债务清偿额低于债务计税基础的差额，确认债务重组所得；债权人应当按照收到的债务清偿额低于债权计税基础的差额，确认债务重组损失。第四，债务人的相关所得税纳税事项原则上保持不变。

股权收购是指一家企业（以下称为"收购企业"）购买另一家企业（以下称为"被收购企业"）的股权，以实现对被收购企业控制的交易。收购企业支付对价的形式包括股权支付、非股权支付或两者的组合。

资产收购是指一家企业（以下称为"受让企业"）购买另一家企业实质经营性资产的交易。受让企业支付对价的形式包括股权支付、非股权支付或两者的组合。

股权支付是指在企业重组中购买、换取资产的一方支付的对价中，以该企业或其控股企业的股权、股份作为支付的形式。

非股权支付是指以该企业的现金、银行存款、应收款项、该企业或其控股企业股权和股份以外的有价证券、存货、固定资产、其他资产以及承担债务等作为支付的形式。

企业合并是指一家或多家企业（以下称为"合并企业"）将其全部资产和负债转让给另一家现存或新设企业（以下称为"被合并企业"），被合并企业股东换取合并企业的股权或非股权支付，实现两家或两家以上企业的依法合并。第一，合并企业应按公允价值确定被合并企业各项资产和负债的计税基础。第二，被合并企业及其股东都应按清算进行企业所得税处理。第三，被合并企业的亏损不得在合并企业结转弥补。

企业分立是指一家企业（以下称为"被分立企业"）将部分或全部资产分离转让给现存或新设的企业（以下称为"分立企业"），被分立企业股东换取分立企业的股权或非股权支付，实现企业的依法分立。第一，被分立企业对分立出去的资产应按公允价值确认资产转让所得或损失。第二，分立企业应按公允价值确认接受资产的计税基础。第三，被分立企业继续存在时，其股东取得的对价应视同被分立企业分配进行处理。第四，被分立企业不再继续存在时，被分立企业及其股东都应按清算进行企业所得税处理。第五，在企业分立中，相关企业的亏损不得相互结转弥补。

企业重组同时符合下列条件的，适用特殊性税务处理规定：①具有合理的商业目的，且不以减少、免除或者推迟缴纳税款为主要目的。②被收购、合并或者分立部分的资产或股权比例符合规定的比例。③企业重组后的连续12个月内不改变重组资产原来的实质性经营活动。④重组交易对价中涉及的股权支付金额符合规定比例。⑤在重组交易对价中取得股权支付的原主要股东在重组后连续12个月内不得转让所取得的股权。

四、练习题

（一）术语解释

1. 固定资产的大修理支出
2. 企业重组
3. 债务重组
4. 股权收购
5. 资产收购
6. 企业合并
7. 企业分立
8. 特殊性税务处理的适用条件

（二）填空题

1. 高新技术企业和科技型中小企业的亏损结转年限为_____年。

2. 公司制企业和非公司制企业应缴纳的税种不同。非公司制企业比照个体工商户的生产、经营所得，征收_____，公司制企业征收_____。如果向个人投资者分配股息、红利，还要代扣其_____。

3. 税法规定，在一个纳税年度内，居民企业技术转让所得不超过_____的部分，免征企业所得税；超过的部分，减半征收企业所得税。

4. 按投资者能否直接控制其投资资金的运用进行划分，可将企业投资分为_____和_____。

5. 投资地点的税收筹划主要是利用_____来实现，即利用当地的低税率或特殊投资政策来实现税收筹划、降低税额。

6. 企业以经营租赁方式租入固定资产发生的租赁费支出，_____扣除。

7. 固定资产折旧金额的大小主要取决于固定资产原值、_____、_____以及净残值，企业在进行固定资产折旧筹划时应充分考虑这四种因素的影响。

8. 企业发生的公益性捐赠支出，在年度利润总额_____以内的部分，准予在计算应纳税所得额时扣除。

9. 合并企业应按_____确定接受被合并企业各项资产和负债的计税基础。

10. 在一般性税务处理条件下，股权收购应确认股权转让所得或损失，收购方取得股权的计税基础以_____为基础确定，而在特殊性税务处理条件下，股权转让所得或损失暂时无须确认，收购方和被收购方取得股权的计税基础以_____确定。

（三）判断题

1. 租金所得按照收取租金的企业所在地确定。（　　）

2. 分公司是企业所得税的独立纳税人，而子公司不是。（　　）

3. 分公司具有独立法人身份，而子公司不具有独立法人身份。（　　）

4. 安排研究开发费用的发生时间可以不考虑企业的盈亏情况。（　　）

5. 企业应根据自身具体情况，尽可能考虑各种条件，寻求税率较低的地区或行业进行投资以降低税负。（　　）

6. 如果总公司所在地的税率较高，而从属机构设立在较低税率地区，那么设立分公司后应独立纳税，此时分公司所负担的是所在地的较低税率，从而在总体上减少了公司所得税税负。（　　）

7. 如果企业通过自我积累方式进行融资，所需时间较长，无法满足绝大多数企业正常的生产经营需要。（　　）

8. 采用直接收款方式销售货物，已将货物移送对方并暂估销售收入入账，但既未取得销售款项或取得销售款项索取凭据又未开具销售发票的，其纳税义务发生时间为取得销售款项或取得销售款项索取凭据的当日。（　　）

9. 采取预收款方式销售货物，其纳税义务发生时间为货物发出的当日，但生产销售生产工期超过 12 个月的大型机械设备、船舶、飞机等货物，为收到预收款或者书面合同约定的收款日期的当日。（　　）

10. 当企业处于征税期或高税率期时，企业就可以选择月末一次加权平均法，以减少当期利润、降低应纳税额。（　　）

11. 企业发生的与生产经营活动有关的业务招待费支出，按照发生额的 60% 扣除，但最高不得超过当年销售收入的 5‰，超支部分可在 3 年内向后结转。（　　）

12. 企业采取新设合并的，视同新办企业，享受新办企业的税收优惠政策。（　　）

13. 对于企业分立，通常被分立企业应按公允价值转让其被分离出去的部分或全部资产，并按规定计算被分立资产的财产转让所得或损失，依法缴纳企业所得税。（　　）

（四）单选题

1. 根据《企业所得税法》的相关规定，下列行为应视同销售确认收入的有（　　）。

A. 将外购货物用于交际应酬　　　　　　B. 将自产货物用于生产制造

C. 将自建商品房转为固定资产　　　　　D. 将自产货物用于职工宿舍建设

2. 企业所得税的税收筹划应重点关注（　　）的调整。

A. 成本费用　　　　　　　　　　　　　B. 销售价格

C. 销售利润　　　　　　　　　　　　　D. 销售额

3. 以下不属于成本项目税收筹划的是（　　）。

A. 合理处理成本的归属对象和归属期间　B. 成本结转处理方法的税收筹划

C. 成本核算方法的税收筹划　　　　　　D. 享受区域税收优惠政策

4. 在下列企业中，属于我国企业所得税居民企业的是（　　　）。

A. 依照中国台湾地区法律成立且实际管理机构在中国台湾地区的企业

B. 依照中国香港地区法律成立但实际管理机构在内地的企业

C. 依照美国法律成立且实际管理机构在美国，但在中国境内设立营业场所的企业

D. 依照日本法律成立，但实际管理机构在中国香港地区，但在内地从事经营活动的企业

5. 居民纳税人应该承担（　　　）纳税义务，非居民纳税人应该承担（　　　）纳税义务。

A. 有限，无限   B. 无限，无限

C. 无限，有限   D. 有限，有限

6. 在投资初期，宜采用（　　　）的组织形式，在公司经营成熟后，宜采用（　　　）的组织形式。

A. 分公司，子公司   B. 分公司，分公司

C. 子公司，子公司   D. 子公司，分公司

7. 从总体税负的角度考虑，非公司制企业的税负一般（　　　）公司制企业。

A. 高于   B. 低于

C. 等于   D. 无法比较

8. 税法规定，企业筹建期间发生的开办费用的摊销期限是（　　　）。

A. 不长于 3 年   B. 不短于 3 年

C. 不长于 5 年   D. 不短于 5 年

9. 下列不属于企业设立的税收筹划的是（　　　）。

A. 投资行业及地点的税收筹划   B. 组织形式的税收筹划

C. 投资的税收筹划   D. 融资的税收筹划

10. 在下列情况中，不能实现税额减少的是（　　　）。

A. 将子公司设在国家高新技术开发区

B. 将分公司设在西部大开发地区

C. 同样的投资金额选择投资国债而非其他债券

D. 创业投资企业投资种子期科技型企业

11. 在资金额和收益额相同的情况下，从企业选择投资方式的角度，（　　　）方案的税后收益率较高。

A. 购买上市公司股票并于 6 个月后抛售

B. 购买国债

C. 购置设备

D. 投资设立非科技、非小微企业

12. 在计算税后收益率时应计入企业应纳税所得额作为税基的是（　　　）。

A. 允许弥补的以前年度亏损

B. 教育费附加及地方教育附加

C. 企业的免税收入对应的费用、折旧、摊销

D. 企业的不征税收入对应的费用、折旧、摊销

13. 某银行该年第四季度发生下列业务：取得贷款利息收入 150 万元；取得结算手续费收入 30 万元；开办融资租赁业务，租期 5 年，租赁费收入 70 万元，购买租赁资产价款 50 万元，支付增值税 6.5 万元，支付运输及保险费 1.5 万元；取得结算罚款收入 3 万元。

其中，融资租赁业务的计税收入为（　　）万元。

A. 195　　　　　B. 12　　　　　C. 62　　　　　D. 70

14. 在以下说法中，不正确的是（　　）。

A. 企业以融资租赁方式租入固定资产发生的租赁费支出，按照规定构成融资租入固定资产价值的部分应当提取折旧费用，分期扣除

B. 企业可以利用税收优惠政策进行投资方向的税收筹划

C. 企业融资渠道分为内部渠道和外部渠道，而且外部渠道优于内部渠道

D. 企业采用负债的方式进行融资，借款利息可以在税前扣除

15. 某企业从中国工商银行取得 5 年期长期借款 200 万元，年利率为 6%，筹资费率为 0.5%，企业可以少缴纳企业所得税（　　）万元。

A. 15　　　　　B. 0.25　　　　　C. 15.25　　　　　D. 0

16. 在下列关于收入确认时间的说法中，不正确的是（　　）。

A. 接受捐赠，在计算缴纳企业所得税时一次性确认收入

B. 企业转让股权收入，应于转让协议生效且完成股权变更手续时，确认收入的实现

C. 股息等权益性投资收益以投资方收到所得的日期确认收入的实现

D. 特许权使用费收入以合同约定的特许权使用人应付特许权使用费的日期确认收入的实现

17. 下列关于增值税纳税义务发生时间的陈述，不正确的是（　　）。

A. 进口货物，增值税纳税义务发生时间为报关进口的当日

B. 纳税人销售货物或者应税劳务先开具发票的，为开具发票的当日

C. 增值税扣缴义务发生时间为纳税人增值税纳税义务发生的当日

D. 采取预收款方式销售货物、提供应税服务，增值税纳税义务发生时间一律为发出货物或提供服务的当日

18. 根据《企业所得税法》的规定，对于下列资产的税务处理，不正确的是（　　）。

A. 生产性生物资产不可以确定预计净残值，应全额计提折旧

B. 企业在转让或者处置投资资产时，投资资产的成本准予扣除

C. 企业在重组过程中，应当在交易发生时确认有关资产的转让所得者或者损失

D. 已足额提取折旧的固定资产的改建支出，按照固定资产预计尚可使用年限分期摊销

19. 在物价波动较大、升降不定且货物较少的情况下，出于税收筹划的目的，企业应选择哪种存货计价方法？（　　）

A. 先进先出法　　　　　　　　　　B. 个别计价法

C. 加权平均法　　　　　　　　　　D. 移动加权平均法

20. 在下列关于企业固定资产折旧税收筹划的表述中，不正确的是（　　）。

A. 采取缩短折旧年限方法的，最低折旧年限不得低于税法规定折旧年限的 60%

B. 在物价持续上涨时期，企业可以通过延长固定资产折旧的年限获得节税利益

C. 对于不能计提折旧又不使用的固定资产应加快处理，尽早实现财产损失的税前扣除

D. 在企业创办初期且享有减免税优惠待遇时，企业可以通过延长固定资产折旧年限，将计提的折旧递延到减免税期满后计入成本，从而获得节税利益

21. 甲公司当年的销售收入为 2 000 万元，某月外购 100 万元的礼品赠送给客户，将其列为业务招待费。甲公司拟对此进行税收筹划，将礼品印上企业标记，其对企业的形象、产品有宣传作用，可作为业务宣传费。该税收筹划方案较原方案可节税（   ）万元。

A. 10   B. 20   C. 90   D. 100

22. 在下列关于工资、薪金税收筹划的说法中，不正确的是（   ）。

A. 企业发生的研究开发费用，未形成无形资产计入当期损益的，在按照规定据实扣除的基础上，按照研究开发费用的 100% 加计扣除

B. 在职工从事研究开发期间，可多安排工资、奖金（包括全年一次性奖金），从而更多地享受加计扣除

C. 企业为职工负担商业保险的，可以通过以职工名义买商业保险的方式减轻企业所得税税负

D. 企业发放的职工福利费可以 100% 在企业所得税前扣除，而职工工资只能扣除工资总额的 14%，因此可以根据企业福利费总额的实际发生情况，对超出部分进行转化列支

23. 甲公司对旧生产设备进行大修，大修过程中所耗材料费、配件费为 80 万元，增值税为 12.8 万元，支付工人工资 20 万元，总共花费 100 万元，而整台设备的原值为 198 万元。在下列关于甲公司税收筹划的说法中，不正确的是（   ）。

A. 凡修理支出达到取得固定资产时的计税基础 50% 以上且修理后固定资产的使用年限延长 2 年以上的，一律作为大修理支出

B. 100 万元费用可以视为日常维修处理，计入当期损益在企业所得税前扣除

C. 100 万元费用应计入长期待摊费用，在固定资产尚可使用期限内逐年摊销

D. 若能将修理费用视为日常维修处理，并计入当期损益在企业所得税前扣除，就可以获得递延纳税的好处

24. 根据《企业所得税法》的相关规定，企业债务重组确认的应纳税所得额占该企业当年应纳税所得额（   ）以上的，可以在 5 个纳税年度内均匀计入各年度的应纳税所得额。

A. 50%   B. 60%

C. 75%   D. 85%

25. 在下列有关企业合并的说法中，符合企业所得税特殊性税务处理规定的是（   ）。

A. 被合并企业合并前的相关所得税事项由合并企业承继

B. 被合并企业未超过法定弥补期限的亏损额不能结转到合并企业

C. 被合并企业可要求合并企业支付其合并资产总额 50% 的货币资金

D. 被合并企业股东取得合并企业股权的计税基础以市场公允价值确定

26. 以下不属于企业重组适用特殊性税务处理规定的是（   ）。

A. 具有合理的商业目的，且不以减少、免除或者推迟缴纳税款为主要目的

B. 被收购、合并或者分立部分的资产或股权比例符合规定的比例

C. 企业重组后的连续 24 个月内不改变重组资产原来的实质性经营活动

D. 重组交易对价中涉及股权支付金额符合规定比例

27. 下列适用企业所得税研究开发费用加计扣除政策的行业是（   ）。

A. 烟草制造业   B. 新能源汽车制造业

C. 房地产业   D. 娱乐业

28. 下列各项在计算应纳税所得额时可以扣除的项目是（   ）。

A. 坏账准备金

B. 利润分红支出

C. 企业违反销售协议被采购方索取的罚款

D. 违反食品卫生法被政府处以的罚款

（五）多选题

1. 企业所得税的税收筹划可以包括（   ）。

A. 税收优惠的税收筹划   B. 税率的税收筹划

C. 纳税义务发生时间的税收筹划   D. 扣除项目的税收筹划

2. 在下列项目中，不得扣除企业所得税的是（   ）。

A. 税收滞纳金   B. 罚金、罚款

C. 向投资者支付的股息、红利   D. 公益性捐赠支出

3. 在下列说法中，正确的是（   ）。

A. 子公司独立经营、独立纳税   B. 子公司合并经营、合并纳税

C. 分公司自负盈亏、独立纳税   D. 分公司合并盈亏、合并纳税

4. 在下列说法中，错误的是（   ）。

A. 居民企业技术转让所得不超过 500 万元的部分，免征企业所得税

B. 居民企业技术转让所得超过 500 万元的部分，按照标准税率征收企业所得税

C. 企业开展研究开发活动中实际发生的研究开发费用，未形成无形资产计入当期损益的，按照实际费用全额扣除

D. 企业开展研究开发活动中实际发生的研究开发费用，形成无形资产的，按照无形资产成本的 200％摊销

5. 在日常税收筹划的过程中，我们可以通过（   ）方式来达到减轻税负的效果。

A. 递延纳税时间   B. 在经济特区投资建厂

C. 选择高新技术行业投资   D. 提前实现获利年度

E. 减少企业筹建期间的成本支出

6. 现行税法中规定的享受减免税优惠的地区有（   ）。

A. 西部地区   B. 保税区

C. 沿海开放城市   D. 陆地边境地区

E. 旅游度假区

7. 假设 A 企业投资建设了一个高新技术企业，在（   ）情况下，该高新技术企业将不享受税收优惠。

A. 高新技术企业资质弄虚作假

B. 相关条件未经过税务机关审核

C. 减免税条件发生变化

D. 高新技术产品（服务）收入占企业当年总收入 60％以下

E. 研究开发费用全部费用化

8. 下列筹资方式的资本成本具有抵税作用的是（　　）。

A. 留存收益成本　　　　　　　　　　　B. 普通股

C. 长期借款　　　　　　　　　　　　　D. 长期债券

9. 在下列说法中，正确的是（　　）。

A. 以融资租赁方式租入固定资产的租赁费，可按实际发生数在支付时直接扣除

B. 以经营租赁方式租入固定资产，需要计提折旧

C. 资本性借款费用应当分期扣除或者计入有关资产成本，不得在发生当期直接扣除

D. 企业向非金融机构借款，其利息支出可以直接扣除

10. 在纳税人提供的下列劳务中，按照完工进度确认收入实现的有（　　）。

A. 广告制作费　　　　　　　　　　　　B. 安装费

C. 服务费　　　　　　　　　　　　　　D. 软件费

11. 在下列各项中，以发出货物并办妥托收手续为纳税义务发生时间的销售结算方式有（　　）。

A. 赊销和分期收款方式　　　　　　　　B. 预收款方式

C. 托收承付方式　　　　　　　　　　　D. 委托银行收款方式

12. 下列属于关联企业转让定价税收筹划的有（　　）。

A. 利用关联企业之间相互提供劳务进行税收筹划

B. 利用无形资产价值评定困难进行税收筹划

C. 利用产品交易进行税收筹划

D. 利用原材料及零部件购销进行税收筹划

13. 下列做法能够降低企业所得税负担的有（　　）。

A. 亏损企业均应选择能使本期成本最大化的计价方法

B. 盈利企业应尽可能缩短折旧年限并采用加速折旧法

C. 采用双倍余额递减法和年数总和法计提折旧可以降低盈利企业的税负

D. 在物价持续下跌的情况下，采用先进先出法

14. 在对存货计价方式进行税收筹划时，企业在（　　）情况下采用月末一次加权平均法最有利？

A. 物价变动明显，物价呈上涨趋势

B. 物价变动明显，物价呈下降趋势

C. 企业处于企业所得税的免税期

D. 企业处于征税期或高税率期时

15. 折旧是影响企业所得税的重要因素，固定资产折旧金额的大小主要取决于（　　）。

A. 固定资产原值　　　　　　　　　　　B. 折旧年限

C. 折旧方法　　　　　　　　　　　　　D. 净残值

16. 企业捐赠应从（　　）方面进行税收筹划。

A. 捐赠对象

B. 捐赠物品

C. 捐赠时间

D. 捐赠金额

17. 在对业务招待费的税收筹划中，应秉持（　　）的原则。

A. 优先列为业务招待费

B. 优先列为业务宣传费

C. 如果广告费和业务宣传费超标，则列为业务招待费

D. 如果业务招待费超标，则列为广告费和业务宣传费超标

18. 在下列关于工资、薪金税收筹划的说法中，正确的是（　　）。

A. 企业为每位职工发放防暑降温费，属于职工福利费，按工资、薪金总额的14％以内扣除

B. 企业为每位职工发放与防暑降温费同等价值的防暑降温药品，属于职工福利费，按工资、薪金总额的14％以内扣除

C. 企业发生的研究开发费用，形成无形资产的，按照无形资产成本的200％摊销

D. 企业多安排工资、奖金相应增加的个人所得税负担，不能超过加计扣除部分减少的企业所得税负担，否则将得不偿失

19. 企业实施合并重组，当适用企业所得税一般性税务处理方法时，在下列处理中正确的有（　　）。

A. 被合并企业及其股东都应按清算进行企业所得税处理

B. 合并企业应按账面价值确定接受被合并企业负债的计税基础

C. 被合并企业的亏损不得在合并企业结转弥补

D. 合并企业应按公允价值确定接受被合并企业各项资产的计税基础

20. 在下列关于企业股权收购重组的一般性税务处理的表述中，正确的是（　　）。

A. 被收购方应确认股权的转让所得或损失

B. 被收购方的相关所得税事项原则上保持不变

C. 收购方取得被收购方股权的计税基础以被收购方股权的原有计税基础确定

D. 收购方取得股权的计税基础应以公允价值为基础确定

（六）简答题

1. 简述企业所得税计税依据税收筹划的方法。

2. 企业选择纳税主体的身份时，应考虑哪些问题？

3. 简述减免税的税收筹划原理。

4. 请从税收角度简述直接投资和间接投资。

5. 从税收角度来看，企业进行融资租赁有哪些好处？

6. 简述企业工资、薪金的主要税收筹划方法。

7. 简述企业捐赠的主要税收筹划方法。

8. 简述企业重组适用特殊性税务处理的条件。

9. 简述企业合并的税收筹划要点。

10. 请对比分析企业所得税对子公司与分公司不同的税收规定，以及相应的税收筹划方案。

（七）计算题

1. 2023 年，某机械制造企业的产品销售收入为 3 000 万元，销售成本为 1 500 万元，销售税金及附加为 12 万元，销售费用为 200 万元（含广告费 100 万元），管理费用为 500 万元（含业务招待费 20 万元，办公室房租 36 万元，存货跌价准备 2 万元），投资收益 25 万元（含国债利息 6 万元，从深圳联营企业分回税后利润 19 万元），营业外支出 10.5 万元，属于违反购销合同被供货方处以的违约罚款。其他补充资料：①当年 9 月 1 日起租用办公室，支付 2 年房租 36 万元；②企业已预缴企业所得税税款 190 万元。要求：计算 2023 年该企业应补（退）的企业所得税。

2. 2023 年，某工业企业的生产经营情况如下：

销售收入为 4 500 万元，销售成本为 2 000 万元，增值税为 700 万元，销售税金及附加为 80 万元。

其他业务收入为 300 万元。

销售费用为 1 500 万元。其中，广告费为 800 万元，业务宣传费为 20 万元。

管理费用为 500 万元。其中，业务招待费为 50 万元，研究开发费用为 40 万元。

财务费用为 80 万元。其中，含向非金融机构借款 1 年的利息 50 万元，年利率为 10%（银行同期同类贷款利率为 6%）。

营业外支出为 30 万元。其中，含向供货商支付的违约金 5 万元，接受工商局罚款 1 万元，通过政府部门向灾区捐赠 20 万元。

投资收益为 18 万元。其中，从直接投资外地居民企业分回的税后利润为 17 万元（该居民企业适用的企业所得税税率为 15%），国债利息为 1 万元。

账面会计利润为 628 万元，已缴纳 157 万元。

要求：计算 2023 年该工业企业应补（退）的企业所得税。

3. 某企业为居民企业，2023 年度的生产经营情况如下：

（1）销售收入为 5 500 万元。

（2）销售成本为 3 800 万元，增值税为 900 万元，销售税金及附加为 100 万元。

（3）销售费用为 800 万元，其中含广告费 500 万元。

（4）管理费用为 600 万元，其中含业务招待费 100 万元、研究新产品费用 50 万元。

（5）财务费用为 100 万元，其中含向非金融机构借款 500 万元的年利息支出，年利率 10%（银行同期同类贷款利率为 6%）。

（6）营业外支出为 50 万元，其中含向供货商支付的违约金 10 万元，向税务局支付的税收滞纳金为 2 万元，通过公益性社会组织向受灾地区捐赠的现金 10 万元。

计算该公司 2023 年应缴纳的企业所得税。

4. 假定某企业为居民企业，2023 年的经营业务如下：

（1）取得销售收入 2 500 万元。

（2）销售成本为 1 100 万元。

（3）发生销售费用 670 万元（其中，广告费为 450 万元）；管理费用为 480 万元（其中，业务招待费为 15 万元）；财务费用为 60 万元。

（4）销售税金为 160 万元（含增值税 120 万元）。

（5）营业外收入为 70 万元，营业外支出为 50 万元（含通过公益性社会组织向受灾山区捐款 30 万元，支付税收滞纳金 6 万元）。

（6）计入成本费用的实发工资总额为 150 万元，拨缴职工工会经费 3 万元，支出职工福利费和职工教育经费 29 万元。

计算该企业 2023 年度实际应缴纳的企业所得税。

5. 位于某市区的工业企业，占地 10 万平方米，房产原值为 1 875 万元。2023 年取得主营业务收入 5 000 万元，其他业务收入 600 万元，营业外收入 48 万元，投资收益 90 万元；发生主营业务成本 2 800 万元，其他业务成本 400 万元，营业外支出 180 万元；税金及附加 400 万元，管理费用 400 万元，销售费用 1 000 万元，财务费用 150 万元。另外，该企业的从业人数为 55 人，资产总额为 2 800 万元。

（1）业务招待费支出 50 万元。

（2）向个人借款利息支出 100 万元，利率超过同期同类银行贷款利率 1 倍。

（3）广告费支出 850 万元。

（4）资产减值准备支出 100 万元，未经过核定。

（5）工资、薪金总额为 800 万元，工会经费为 16 万元，职工福利费为 122 万元，职工教育经费为 25 万元。

（6）在投资收益中，国债利息收入 50 万元，投资于上市公司取得股息 40 万元，该股票持有 5 个月时卖出。

（7）通过教育部门捐赠 80 万元，用于小学图书馆建设；非广告性质赞助支出 20 万元。

其他资料：前四年的待弥补亏损分别是 140 万元、240 万元、0 万元、100 万元。

已知房产税的减除标准为 20%，税率为 1.2%，城镇土地使用税的单位税额为 4 元，均未计入管理费用中。

（1）计算业务招待费应调整的应纳税所得额。

（2）计算借款利息应调整的应纳税所得额。

（3）计算广告费支出应调整的应纳税所得额。

（4）计算资产减值准备应调整的应纳税所得额并说明理由。

（5）计算工会经费、职工福利费、职工教育经费应调整的应纳税所得额。

（6）计算投资收益应调整的应纳税所得额并说明理由。

（7）计算该企业 2023 年的房产税。

（8）计算该企业 2023 年的城镇土地使用税。

（9）计算 2023 年的利润总额。

（10）计算弥补亏损后的应纳税所得额。

（11）计算该企业 2023 年应缴纳的企业所得税。

（八）分析题

1. 某企业为树立良好的社会形象，决定通过当地政府部门向某地区捐赠 300 万元。企业预计第 1 年年底的会计利润为 1 000 万元，预计第 2 年年底的会计利润为 2 000 万元，适用的企业所得税税率为 25%。该企业制定了两个方案：方案一，第 1 年年底将 300 万元全部捐赠；方案二，第 1 年年底捐赠 100 万元，第 2 年年底再捐赠 200 万元。从税收筹划角度来分析哪个方案更有利。

2. A 公司适用的企业所得税税率为 25%，拟投资设立一高新技术子公司，适用的企业所得税税率为 15%，预测其当年的税前会计利润为 3 万元。假定 A 公司当年实现利润 100 万元，并有两种方案可供参考：①设立全资子公司，并向 A 公司分配利润 2 万元；②设立分公司。请做出选择。

3. B 公司适用的企业所得税税率为 25%，拟投资设立回收期长的公司，预测所投资公司当年亏损 600 万元。假定 B 公司当年实现利润 1 000 万元，现有两个方案可供选择：一是设立全资子公司；二是设立分公司。请做出选择。

4. 某科技企业年应纳税所得额为 300 万元。其中，从事高新技术相关业务的应纳税所得额为 100 万元。请为该企业进行税收筹划。

5. 李先生计划与 2 位朋友平均出资创办企业，从事农业机械生产行业，预计年应纳税所得额为 150 万元。李先生应如何进行税收筹划？

6. A 公司计划将生产精密仪器的技术转让给 B 公司，协议技术转让费用为 900 万元。A 公司应如何进行税收筹划？

7. C 公司以计算机软件技术的推广应用为主营业务，它准备在贵阳国家高新技术产业开发区——金阳科技产业园设立分支机构，总投资 2 700 万元。母公司适用的企业所得税税率为 25%，每年盈利在 2 000 万元以上。现有两个备选方案需要进行决策：

方案甲：设立一个以应用软件为核心的系统集成及国际互联网的运用为主要经营方向的子公司。经相关部门认定为高科技公司，可以享受税收优惠待遇，但母公司不属于高科技公司。由于设立初期需要大量投资和研究开发费用，子公司前 3 年分别亏损 1 750 万元、700 万元、350 万元，后 3 年分别盈利 700 万元、1 400 万元、2 100 万元。

方案乙：考虑到分支机构在设立前 3 年会发生极大亏损，而第 4 年以后可能开始盈利，而且无论是设立子公司还是设立分公司，企业在设立初期所需的投资和研究开发费用大体相当，在生产经营方面也不会有很大的差异。C 公司考虑设立分公司，前 3 年分公司分别亏损 1 750 万元、700 万元和 350 万元。从第 4 年起，C 公司将该分公司改组为子公司，在改组过程中发生的费用远低于新设一家子公司所需的费用。由于这一分支机构在生产经营等方面都是连续的，只是在性质上发生了变更，因此可以假设这种变更不会对分支机构的正常生产经营产生较大影响。在改组后，子公司前 3 年的盈利分别为 700 万元、1 400 万元和 2 100 万元。

请通过计算，对这两种方案进行选择。[①]

---

① 杨静. 税收筹划在我国中小企业投资活动中的应用. 交通财会，2009（5）.

8. 2021年，某高新技术开发区设立了一家处于种子期的科技型企业A，并从甲创投公司获得股权融资2 500万元。2021年，A企业实现利润300万元，2022年实现利润400万元。2023年1月，甲创投公司将A企业的股权转让，转让价格为4 500万元。请从创业投资企业对外投资的税收筹划角度分析甲创投公司可少缴纳的税款。①

9. 某轮胎制造企业适用的企业所得税税率为25%。由于业务发展需要，该企业急需增添一台电子设备用于轮胎生产，但目前流动资金短缺。该企业面临如下条件约束：这种设备的市场价格为100万元，使用寿命为3年，折旧期与使用期一致。会计制度要求采用双倍余额递减法计提折旧，税法规定按照直线法计提折旧，两者均不考虑净残值。

方案一：该企业可以选择从甲租赁公司融资租入该设备，租期为3年，每年末支付租金（含租赁资产的成本及利息）26万元，租赁手续费3 000元随第一期租金支付。在租赁期满后，该企业可获得设备的所有权。

方案二：乙租赁公司提供该设备的经营租赁，每年末仅需支付租金25万元。

经推算，投资人要求的必要报酬率为10%，要保证税后现金流出现值之和最小，该企业应选择哪种租赁方式？

10. 某企业需要进行融资，现有两种方案：

方案一是发行总面额为200万元的5年期债券，票面利率与同期银行利率（即6%）相同，发行费率为5%。

方案二是发行普通股，市价为56元/股，本年预计发放股利2元/股，估计股利的年增长率为12%。

该企业选择哪种方式更有利于节税？

11. 某企业需要一台生产设备，它适用的企业所得税税率为25%、贴现率为10%。

现有两种税收筹划方案：

方案一：经营租赁，每年的租金为15万元，年末支付，共租用5年。

方案二：购置，买价为60万元，5年计提完折旧，每年计提12万元，没有净残值，没有维修费。

年金现值系数$(P/A, 10\%, 5) = 3.790\,8$

该企业应选择哪种方案获取该生产设备？

12. 张某自办企业的年应纳所得税额为300 000元。该企业从事国家非限制和禁止行业，同时满足从业人数不超过300人、资产总额不超过5 000万元、年度应纳税所得额不超过300万元三个条件。

（1）若该企业按个人独资企业或合伙企业设立，需要缴纳多少个人所得税？（从2019年1月1日起，我国对个体工商户、个人独资企业、合伙企业的生产、经营所得按照经营所得项目征收个人所得税。）

（2）若该企业设立为公司制企业，并且将税后利润全部分配给投资者张某，则张某的税收负担是多少？

（3）比较（1）和（2）两种企业组织形式，张某应如何设立企业？

---

① 李丹，曾庆峰. 财税新政下小微企业创新创业发展之纳税筹划. 财会月刊，2017（12）.

13. 甲公司有一项不用的固定资产，原值为 200 万元，预计使用期限为 5 年，无净残值。目前已使用一年，账面剩余价值为 160 万元。由于该固定资产的能耗过高而被暂停使用，如果现在出售可获得 10 万元。甲公司如何利用出售该固定资产的方式进行税收筹划？

14. 乙公司计划每年向职工发放 30 万元，现有以下两种方案可供选择，出于税收筹划的考虑，该公司应选择哪一种方案？

方案一：全部作为职工的工资发放。

方案二：20 万元作为职工工资发放，10 万元作为职工福利费发放。

15. 甲公司为房地产开发企业，计划在上海的黄金地段开发楼盘，预计本年的销售收入为 8 000 万元，计划本年的广告费和业务宣传费为 2 400 万元。税法规定，企业发生的符合条件的广告费和业务宣传费支出，除国务院财政、税务主管部门另有规定外，不超过当年销售（营业）收入 15% 的部分，准予扣除；超过部分，准予在以后纳税年度结转扣除。

甲公司围绕 2 400 万元广告费和业务宣传费做出两个税收筹划方案：

方案一：在当地电视台黄金时间每天播出 4 次广告，间隔播出 10 个月；在当地报刊连续刊登 12 个月广告。广告费共需 2 400 万元。

方案二：在当地电视台每天播出 3 次广告，间隔播出 10 个月；在当地报刊做广告。这两项活动共需要支出 1 800 万元。此外，公司雇用少量人员在节假日到各商场和文化活动场所散发宣传材料，需要支出 60 万元；建立自己的售房网页，并在有关网站发布售房信息，发布和维护费用需要支出 540 万元。

请从税收筹划的角度分析甲公司应选择哪个方案。

16. 甲公司共有股权 1 000 万股，为了将来有更好的发展，拟将 70% 的股权让乙公司收购，然后成为乙公司的子公司。假定在收购日，甲公司每股资产的计税基础为 7 元，每股资产的公允价值为 9 元。请设计相应的税收筹划方案。

17. 某摩托车生产企业拟合并一家小型股份公司。该股份公司全部资产的公允价值为 5 700 万元，全部负债为 3 200 万元，未超过弥补年限的亏损额为 620 万元。该企业应如何进行税收筹划？（假定当年末国家发行的最长期限的国债年利率为 6%。）

18. A 企业全部资产的计税基础是 600 万元，公允价值为 900 万元。B 企业欲收购 A 企业的全部资产，收购价款为 900 万元，而且全部价款以非股权形式支付。该资产收购适用一般性税务处理，A 企业转让资产的增值额为 300 万元（＝900－600），需要缴纳企业所得税 75 万元（＝300×25%）。B 企业收购 A 企业资产的计税基础为 900 万元。B 企业如何设计收购方案才能实现节税目的？

19. 甲公司根据市场需求，准备研究开发一款新产品，对该产品的研究开发需要两年，技术开发费用预计需要 800 万元。在不考虑技术开发费用进行费用化和资本化的前提下，预测甲公司在第一年可实现利润 700 万元，在第二年可实现利润 1 200 万元。假定甲公司适用的企业所得税税率为 25% 且无其他纳税调整事项，同时预算安排不影响企业正常的生产进度。现有两个备选方案：

方案一：第一年的预算为 400 万元，第二年的预算为 400 万元。

方案二：第一年的预算为 300 万元，第二年的预算为 500 万元。

请从税收筹划的角度分析甲公司的最优方案。

20. 甲公司于 2022 年 3 月 15 日以银行存款 1 000 万元投资于乙公司，占乙公司（非上市公司）股本总额的 70%，乙公司当年获得净利润 500 万元。甲公司有以下两个方案来处理这笔利润：

方案一：乙公司保留盈余不分配。2023 年 6 月，甲公司将其拥有的乙公司 70% 的股权全部转让给丙公司，转让价为 1 210 万元。转让过程中发生税费 0.7 万元。

方案二：2023 年 4 月，乙公司董事会决定将税后利润的 30% 用于分配，甲公司分得利润 105 万元。2023 年 6 月，甲公司将其拥有的乙公司 70% 的股权全部转让给丙公司，转让价为 1 100 万元，转让过程中发生税费 0.6 万元。

甲公司应选择哪个方案？

21. 为扩大生产经营规模，甲公司决定从乙公司收购其 100% 持股的丙公司。双方达成收购协议，丙公司经评估后的净资产价值为 17 300 万元（计税基础为 14 700 万元），乙公司对丙公司的初始投资成本为 8 000 万元。甲公司向乙公司支付了 1 300 万元现金和其控股公司 20% 的股权（公允价值为 16 000 万元，计税基础为 10 000 万元）。假设当事各公司均是居民企业，适用的企业所得税税率均为 25%。

22. A 公司是准备在甲、乙两地开展业务经营的大型集团公司，A 公司实现年利润 4 000 万元，适用的企业所得税税率为 25%。A 公司准备根据各地盈利情况和税率水平对甲、乙两地设立公司的组织形式进行选择。在下列两种情况中，A 公司应选择哪种税收筹划方案（不考虑小微企业的税收优惠）。

（1）分公司甲实现利润 700 万元，分公司乙亏损 500 万元，适用的企业所得税税率为 25%。

（2）甲、乙适用的企业所得税税率均为 15%，甲、乙分别实现利润 200 万元和 300 万元。

（九）综合题

1. A 公司现为服务业小规模纳税人，可计算的各项运行成本和费用为 200 万元，利润为 300 万元。如果成立个人独资企业 B，并将相同的业务交由 B 企业操作。比较这两种方式的节税效果。

2. 外商投资企业康美投资实业公司（以下简称"康美公司"）投资了两个子公司，即 A 公司（50% 控股）和 B 公司（100% 控股）。为了高效运作，康美公司直接控制这两个公司，但在实行集中管理的过程中，康美公司发生了大量的管理费用。由于康美公司除了进行管理工作外，不从事其他营业活动，因此康美公司没有收入可以弥补其发生的大量管理费用，所以其经营状况一直处于亏损。由于康美公司的两个子公司不用承担上述费用，因而利润很高，相应的企业所得税负担很重。对于康美公司及其两个子公司整体而言，由于收入和费用不配比，造成了整体税负的增加。

假设康美公司适用的企业所得税税率为 25%，子公司 A、子公司 B 均为高新技术企业，享受 15% 的优惠税率。康美公司发生的费用为 6 000 万元，没有应税收入，其应缴企业所得税为 0。子公司 A 的应税收入为 10 000 万元，费用为 5 000 万元，应缴企业所得税为 750 万元 [= (10 000 − 5 000) × 15%]；子公司 B 的应税收入为 10 000 万元，费用为

4 000 万元，应缴企业所得税为 900 万元 ［＝（10 000－4 000）×15％］，整体合计应缴企业所得税 1 650 万元。

康美公司与其子公司都是独立的法人，它们的财务核算也应遵循不同会计主体的收入分配及费用归结的原则，而康美公司直接、机械地将其费用分摊到子公司既不合法，又不合理。康美公司应如何进行税收筹划？

3. 2023 年，A 公司准备寻找一个投资项目进行长期投资，投资预算为 3 000 万元。经多方考察，现有三个备选方案，基本资料如下：

方案一，投资兴办一个中型机械加工厂，年加工收入 3 200 万元，购进原料 2 400 万元（均为不含税价，下同），人工及各项管理费用为 260 万元。（假定购进的原料均取得了合法的增值税专用发票。）

方案二，投资兴办一个餐饮企业，年销售额为 3 100 万元，原料成本为 1 800 万元，人工及各项管理费用为 230 万元（假设原料从适用 13％税率的一般纳税人处购买。）

方案三，投资兴建一个花卉种植农场（以种植为主，经过繁育种子、幼苗等过程，培育出成品花卉销售），花卉的年销售收入为 2 600 万元，种子、农药、化肥等购进金额为 1 000 万元，人工及各项管理费用为 200 万元。

请对这些方案进行对比分析，并选择对 A 公司最优的投资方案。

4. 甲公司为庆祝建厂 10 周年，决定在春节期间开展一次促销活动，现有两种方案可供选择：方案一，打 8 折，即按现价折扣 20％销售，原 100 元产品以 80 元售出；方案二，赠送购货价值 20％的礼品，即购买 100 元产品，可获得 20 元礼品（暂不考虑城市维护建设税及教育费附加，产品的毛利率为 30％，以上价格均为含税价格）。甲公司应选择哪种方案？

5. 甲公司的注册资本为 1 000 万元，有 A、B 两个自然人股东。在年初通过市场调研后，甲公司决定新上一个生产经营项目，经测算需要新增资金 3 000 万元，A、B 商定这笔资金由公司股东按原出资比例分别筹集。截至当年末，甲公司的所有者权益为 1 000 万元，其他公积金和未分配利润为零。甲公司的股东现有三种资金投入方式：

方案一：通过股权投资的方式向公司投入 3 000 万元。

方案二：甲公司向股东借款 3 000 万元。

方案三：股东向甲公司进行 350 万元股权投资，甲公司向股东借款 2 650 万元。

假设该投资项目不包括利息支出的年应纳税所得为 500 万元；甲公司本年度除向股东借款外，没有向其他关联方借款，并且年度内没有变化，年利率为 10％；该年度金融企业同期同类贷款利率为 11.5％。甲公司应选择哪种方案融资？

6. 甲公司计划投资 100 万元用于一个新项目，公司财务和战略部为该项目设定了三个方案。

方案一：债务资本与权益资本的比例为 0∶100。

方案二：债务资本与权益资本的比例为 20∶80。

方案三：债务资本与权益资本的比例为 60∶40。

每个方案的债务利率均为 10％。假设甲公司预计年息税前利润为 30 万元，适用的企业所得税税率为 25％。请对甲公司的这项业务进行税收筹划。

7. 甲公司计划购进某大型先进设备，预计需要资金200万元。该设备预计可使用寿命为6年，预计净残值为8万元。甲公司对于固定资产采取直线法进行折旧，折现率为10%。甲公司适用的企业所得税税率为25%。现在，甲公司有两种融资方案可供选择。

方案一：通过向银行取得贷款购买设备（5年期，利率为10%，每年偿付40万元本金及利息）。

方案二：融资租赁（融资手续费率为1%，融资利率为9%，甲公司需要每年支付租赁费40余万元）。请对甲公司的这项业务进行税收筹划。

8. 甲公司为非上市股份公司，其股本为10 000万股。甲公司的未分配利润为3 000万元，年底股利支付方案有三个：

方案一：采取固定股利支付率方案，每年的股利支付率为50%。

方案二：采取稳定股利方案，每股股利为0.1元。

方案三：采取剩余股利方案，甲公司的目标资本结构（即最佳资本结构）是债权资本占40%，股东股权资本占60%。

甲公司计划第二年对某项目投资2 000万元，资金成本为10%。假设甲公司的股东全为自然人股东，仅从税负的角度考虑，请选择较优的股利支付方案。

五、练习题答案

（一）术语解释

1. 固定资产的大修理支出是指同时符合下列条件的支出：①修理支出达到取得固定资产时的计税基础50%以上；②修理后固定资产的使用年限延长2年以上。

2. 企业重组是指企业在日常经营活动以外发生的法律结构或经济结构重大改变的交易，包括企业法律形式改变、债务重组、股权收购、资产收购、企业合并、企业分立等。

3. 债务重组是指在债务人发生财务困难的情况下，债权人按照其与债务人达成的书面协议或者法院的裁定做出让步的事项。

4. 股权收购是指一家企业购买另一家企业的股权，以实现对被收购企业控制的交易。收购企业支付对价的形式包括股权支付、非股权支付或两者的组合。

5. 资产收购是指一家企业购买另一家企业实质经营性资产的交易。受让企业支付对价的形式包括股权支付、非股权支付或两者的组合。

6. 企业合并是指一家或多家企业将其全部资产和负债转让给另一家现存或新设企业，被合并企业股东换取合并企业的股权或非股权支付，实现两家或两家以上企业的依法合并。第一，合并企业应按公允价值确定被合并企业各项资产和负债的计税基础。第二，被合并企业及其股东都应按清算进行企业所得税处理。第三，被合并企业的亏损不得在合并企业结转弥补。

7. 企业分立是指一家企业将部分或全部资产分离转让给现存或新设的企业，被分立企业股东换取分立企业的股权或非股权支付，实现企业的依法分立。第一，被分立企业对分立出去的资产应按公允价值确认资产转让所得或损失。第二，分立企业应按公允价值确认接受资产的计税基础。第三，被分立企业继续存在时，其股东取得的对价应视同被分立企业分配进行处理。第四，被分立企业不再继续存在时，被分立企业及其股东都应按清算进行企业所得税处理。第五，在企业分立中，相关企业的亏损不得相互结转弥补。

8. 企业重组同时符合下列条件的，适用特殊性税务处理规定：①具有合理的商业目的，且不以减少、免除或者推迟缴纳税款为主要目的。②被收购、合并或者分立部分的资产或股权比例符合规定的比例。③企业重组后的连续 12 个月内不改变重组资产原来的实质性经营活动。④重组交易对价中涉及的股权支付金额符合规定比例。⑤在重组交易对价中取得股权支付的原主要股东在重组后连续 12 个月内不得转让所取得的股权。

（二）填空题

1. 10　【解析】高新技术企业和科技型中小企业的亏损结转年限由 5 年延长至 10 年。

2. 个人所得税　企业所得税　个人所得税　【解析】我国对个人独资企业、合伙企业这类非公司制企业比照个体工商户的生产、经营所得，适用 5 级超额累进税率，征收个人所得税。公司制企业需要缴纳企业所得税。如果向个人投资者分配股息、红利，还要代扣其个人所得税。

3. 500 万元　【解析】税法规定，在一个纳税年度内，居民企业的技术转让所得不超过 500 万元的部分，免征企业所得税；超过 500 万元的部分，减半征收企业所得税。

4. 直接投资　间接投资　【解析】直接投资是指投资者能够有效地控制各类投资资金的使用，并能实施全过程管理的投资。间接投资主要是指投资者购买金融资产的行为，不能实现有效控制。

5. 税收优惠政策　【解析】国家为了适应各地区不同的情况，针对一些地区制定了不同的税收政策，纳税人可以充分利用各地的政策差异进行税收筹划。

6. 按照租赁期限均匀

7. 折旧年限　折旧方法

8. 12%

9. 公允价值

10. 公允价值　账面价值

（三）判断题

1. ×　【解析】租金所得按照负担、支付租金的企业所在地确定。

2. ×　【解析】子公司是企业所得税的独立纳税人，分公司不是企业所得税的独立纳税人。

3. ×　【解析】子公司具有独立法人身份，分公司不具有独立法人身份。

4. ×　【解析】企业应合理安排研究开发费用发生的时间，使得研究开发费用发生在正常的纳税年度，避免发生在免税期和亏损年度，以保证研究开发费用可以在税前扣除。

5. √ 【解析】国家为了适应各地区的不同情况，以及为了促进不同时期社会经济的发展，制定了不同地区不同行业的税收政策，企业可以充分利用政策获得税收利益。

6. × 【解析】分公司不能独立纳税，应与母公司合并进行税额计算。

7. √

8. √

9. √

10. √ 【解析】在征税期或高税率期，企业应选择月末一次加权平均法，这样可以将当期的摊入成本尽量扩大，以减少当期利润、降低应纳税额。

11. × 【解析】企业发生的与生产经营活动有关的业务招待费支出，按照发生额的60％扣除，但最高不得超过当年销售收入的5‰，且超支部分不得向以后年度结转。

12. × 【解析】无论企业采取何种方式合并，都不是新办企业，不应享受新办企业的税收优惠政策。

13. √

（四）单选题

1. A 【解析】根据《企业所得税法》的相关规定，将外购货物用于交际应酬应视同销售。

2. A 【解析】企业所得税的税收筹划应关注成本费用的调整。

3. D 【解析】选项D为利用税收优惠政策的税收筹划。

4. B 【解析】注册地标准和实际管理机构所在地标准，符合一个就可以认定为居民企业。

5. C 【解析】按照《企业所得税法》的规定，居民纳税人应该承担无限纳税义务，非居民纳税人应该承担有限纳税义务。

6. A 【解析】在投资初期，分支机构发生亏损的可能性比较大，宜采用分公司的组织形式，使其亏损与总公司的损益汇总纳税；在公司经营成熟后，宜采用子公司的组织形式，以便充分享受所在地的各项税收优惠。

7. B 【解析】从总体税负的角度考虑，非公司制企业的税负一般低于公司制企业，因为前者不存在重复征税问题，后者一般涉及重复征税问题。

8. D 【解析】税法规定，企业在筹建期间发生的开办费用，应当从开始生产经营月份的次月起，在不短于5年的期限内分期摊销。

9. D 【解析】投资地点的选择属于企业设立的税收筹划，而融资的税收筹划属于企业经营过程中的税收筹划。

10. B 【解析】分公司与总公司在企业所得税中视为一体，分公司的利润需要与总公司汇总计算，分公司无法在优惠地区享受到充分的税收优惠。

11. B 【解析】国债利息收入不征收所得税，此投资的税后收益率就是国债利率，较一般投资方案高。选项A、选项C和选项D均要缴纳一定的税收，在收益额一定的情况下，税后收益率较国债投资低。

12. C 【解析】企业的不征税收入对应的费用、折旧、摊销一般不得在计算应纳税所得额时扣除；免税收入对应的费用、折旧、摊销一般可以税前扣除。

13. B 【解析】70－50－6.5－1.5＝12万元。

14. C 【解析】融资渠道的税收筹划应该结合自身实际需要和资本市场环境综合考虑。

15. C 【解析】因借款利息和借款费用可以计入税前成本费用扣除或摊销，企业可以少缴纳企业所得税15.25万元［＝（200×5×6％＋200×0.5％）×25％］。

16. C

17. D 【解析】采取预收款方式销售货物，为货物发出的当日，但生产销售生产工期超过12个月的大型机械设备、船舶、飞机等货物，为收到预收款或者书面合同约定的收款日期的当日。与此同时，以预收款方式提供租赁服务，则在收到预收款时发生增值税纳税义务。

18. A

19. B 【解析】在物价升降不定且货物较少的情况下，企业选择个别计价法最合适。企业可以选择成本高的存货先发出，这样能够使前期纳税少、后期纳税多，相当于企业使用了一笔国家提供的无息贷款，这就是延期纳税的好处。

20. B 【解析】在物价持续上涨时期，企业应采用加速折旧法，这样既可以缩短资产回收期，又可以加快折旧速度，有利于发挥"折旧税盾"效应，从而取得递延纳税的好处。

21. C 【解析】税法规定，企业发生的与生产经营活动有关的业务招待费支出，按照发生额的60％扣除，但最高不得超过当年销售收入的5‰，且超支部分不得向以后年度结转，故先前方案甲公司仅可在税前抵扣10万元。若甲公司将礼品印上企业标记，其对企业的形象、产品有宣传作用，则可作为业务宣传费，因为广告费和业务宣传费支出不超过当年销售收入15％的部分可据实扣除，超过该比例的部分可结转到以后年度扣除，故有300万元（＝2 000×15％），因而税收筹划后甲公司可在税前扣除100万元，较原方案节税90万元。

22. D 【解析】企业发放的职工工资可以100％在企业所得税前扣除，而职工福利费只能扣除工资总额的14％。

23. B 【解析】按照税法的规定，凡修理支出达到取得固定资产时的计税基础50％以上且修理后固定资产的使用年限延长2年以上的，一律作为大修理支出，按照固定资产尚可使用年限分期摊销。因此，应将100万元费用计入长期待摊费用，在固定资产尚可使用期限内逐年摊销。

24. A

25. A 【解析】选项B：被合并企业合并前的相关所得税事项由合并企业承继，也就是被合并企业未超过法定弥补期限的亏损额可以结转到合并企业，可由合并企业弥补的被合并企业亏损的限额＝被合并企业净资产公允价值×截至合并业务发生当年年末国家发行的最长期限的国债利率。选项C：在企业合并的特殊性税务处理中，企业股东在该企业合并发生时取得的股权支付金额不低于其交易支付总额的85％，也就是货币资金支付部分不能高于15％，更不能是50％。选项D：被合并企业股东取得合并企业股权的计税基础，以其原持有的被合并企业股权的计税基础确定。

26. C

27. B　【解析】不适用税前加计扣除政策的行业为：①烟草制造业；②住宿和餐饮业；③批发和零售业；④房地产业；⑤租赁和商务服务业；⑥娱乐业；⑦财政部和国家税务总局规定的其他行业。

28. C

（五）多选题

1. ABCD

2. ABC　【解析】选项D公益性捐赠支出可以在年度利润总额12％的限额内扣除。

3. AD　【解析】子公司具有独立的法人身份，必须独立经营、自负盈亏、独立纳税；分公司不具有独立法人身份，可以与总公司合并计算盈亏、合并纳税。

4. BC　【解析】根据《企业所得税法》，居民企业技术转让所得不超过500万元的部分，免征企业所得税，选项A对；超过500万元的部分，减半征收企业所得税，选项B错。企业开展研究开发活动中实际发生的研究开发费用，未形成无形资产计入当期损益的，在按照规定据实扣除的基础上，按照研究开发费用的50％加计扣除，选项C错；形成无形资产的，按照无形资产成本的200％摊销，选项D对。

5. ABC　【解析】选项D会将收入提前实现，不利于实现货币时间价值；选项E会减少成本、增大利润，从而增加税收。

6. ABCDE

7. ABCD

8. CD　【解析】留存收益是在企业所得税税后形成的，不能起到抵税作用；股利支出不能税前扣除；长期借款的利息可以资本化，所以可以抵税。

9. AC　【解析】以经营租赁方式租入固定资产，不需计提折旧；企业向非金融机构借款，利息支出的扣除额度不得高于按照金融机构同期同类贷款利率计算的数额。

10. ABD　【解析】选项C包含在商品售价内，应在提供服务的期间分期确认收入。

11. CD

12. ABCD

13. BCD

14. AD　【解析】当物价有上涨趋势时，采用月末一次加权平均法计算出的期末存货价值最低、销售成本最高，可将利润递延至次年，以延缓纳税时间。当企业处于征税期或高税率期时，企业就可以选择月末一次加权平均法，将当期的摊入成本尽量扩大，以减少当期利润、降低应纳税额。

15. ABCD　【解析】折旧是影响企业所得税的重要因素，固定资产折旧金额的大小主要取决于固定资产原值、折旧年限、折旧方法以及净残值。企业在进行固定资产折旧税收筹划时应充分考虑这四种因素的影响。

16. ACD　【解析】企业捐赠的税收筹划应考虑三个因素：第一，捐赠对象的税收筹划。企业应合理安排其捐赠活动，尽可能捐赠能够在税前全额扣除的项目，比如对公益性青少年活动场所的捐赠，对自主科研机构、高等院校的研究开发经费的捐赠，向受灾地区的捐赠等。第二，捐赠时间的税收筹划。企业需要合理安排捐赠发生的时间，应该在正常的纳税年度捐赠，避免在免税期和亏损年度捐赠，以保证其捐赠金额可以按规定限额在税前扣除。第三，捐赠金额的税收筹划。企业在捐赠前应该预测三年内的利润总额，使其捐赠金额尽可能保持在三年内利润总额的12％以内，从而得以充分扣除。若企业的捐赠金额超过限额，企业可以采取分期捐赠的方式，以使捐赠金额尽可能在税前扣除。

17. BC　【解析】在税收筹划的过程中，作为业务宣传费还是业务招待费本着两个原则：一是优先列为业务宣传费；二是如果广告费和业务宣传费超标，则列为业务招待费。

18. ACD　【解析】企业发放的防暑降温药品属于劳动保护支出，可以100％扣除。

19. ACD　【解析】在一般性税务处理的前提下，企业合并当事各方应按下列规定处理：①合并企业应按公允价值确定接受被合并企业各项资产和负债的计税基础；②被合并企业及其股东都应按清算进行企业所得税处理；③被合并企业的亏损不得在合并企业结转弥补。

20. ABD　【解析】在企业重组一般性税务处理办法下，企业股权收购、资产收购、重组交易应按以下规定处理：①被收购方应确认股权、资产的转让所得或损失；②收购方取得股权或资产的计税基础应以公允价值为基础确定；③被收购企业的相关所得税事项原则上保持不变。

（六）简答题

1.【解析】

企业所得税计税依据税收筹划的方法主要为：

（1）收入的税收筹划。收入的税收筹划可以从应税收入确认金额、应税收入确认时间两个方面进行税收筹划。例如，在保证企业收入总体不受大影响的前提下，在收入计量中合理运用各种收入抵免因素，减少应税收入确认金额；或者通过销售结算方式的选择，控制收入确认的时间，合理归属所得年度，以达到减税或延缓纳税，从而降低税负。

（2）扣除项目的税收筹划。扣除项目的税收筹划包括期间费用、成本项目、固定资产、无形资产摊销和公益性捐赠等的税收筹划。其基本原理是在税法允许和鼓励的范围内，合理加大扣除项目。

（3）亏损弥补的税收筹划。亏损弥补的税收筹划包括：重视亏损年度后的运营，确保亏损能在规定的五年期限内得到全额弥补；利用企业合并、企业分立、汇总纳税等优惠条款消化亏损；合理选择亏损弥补期，考虑免税所得的分回时间等。

2.【解析】

第一，从总体税负的角度考虑，非公司制企业的税负一般要低于公司制企业，因为前者不存在重复征税问题，而后者一般涉及重复征税问题。

第二，在公司制企业与非公司制企业的身份选择决策中，要充分考虑税基、税率和税收优惠政策等多种因素，最终税负的高低是多种因素共同作用的结果，不能只考虑一种因素。

第三，在公司制企业与非公司制企业的身份选择决策中，还要充分考虑可能出现的各种风险。

3. 【解析】

利用免税优惠进行税收筹划是指在合理合法的情况下，使纳税人成为免税人，或使纳税人从事免税活动，或使征税对象成为免税对象，从而享受全部或部分的所得免税优惠。

利用减税优惠的税收筹划是指在合理合法的情况下，使纳税人符合减税企业的组织形式、经营年限等条件，或是发生符合减税要求的经营活动，从而减少应纳税额，实现直接节税。

4. 【解析】

（1）直接投资是指投资者用于开办企业、购置设备、收购和兼并其他企业等的投资行为，其主要特征是投资者能够有效地控制各类投资资金的使用，并能实施全过程管理。从税收上看，直接投资可以节省资金成本，便于直接控制资产；在针对无形资产进行投资时，可以获得加计抵扣的税收优惠等。

（2）间接投资主要是指投资者购买金融资产的行为，可以分为股票投资、债券投资等。在间接投资中符合条件的居民企业之间的股息、红利所得等权益性投资工具属于免税收入，而国债利息收入也属于免税收入等。

5. 【解析】

第一，租入的固定资产可以计提折旧，而且该折旧可以计入成本费用，从而可以减少利润、降低税负，也能让固定资产在更短的寿命期内折旧完。

第二，支付的租金利息也可按照规定在企业所得税前扣除，从而减少了计税基数，降低了税负，使税收抵免作用更明显。

6. 【解析】

（1）把发放的部分职工福利费转化为职工工资。税法规定，企业发放的职工工资可以100%在企业所得税前扣除，而职工福利费只能扣除工资、薪金总额的14%，因此可以根据企业职工福利费总额的实际发生情况，对超出部分进行转化列支，以减少企业所得税的支出。当然，企业也可以考虑将职工福利费转化为劳动保护支出。例如，如果企业为每位职工发放防暑降温费，这属于职工福利费，只能在工资、薪金总额的14%以内扣除；如果企业发放的是价值等同的防暑降温药品，则属于劳动保护支出，可以100%扣除。

（2）合理安排研究开发人员的工资，可以减轻企业所得税税负。企业发生的研究开发费用，未形成无形资产计入当期损益的，在按规定据实扣除的基础上，按照研究开发费用的100%加计扣除；形成无形资产的，按照无形资产成本的200%摊销。自2017年1月1日起，科技型中小企业研究开发费用税前加计扣除比例由50%提高至75%。《财政部、税务总局、科技部关于提高研究开发费用税前加计扣除比例的通知》（财税〔2018〕99号）规定，在2018年1月1日至2020年12月31日期间，将加计扣除的比例提升至75%。《财政部、税务总局关于进一步完善研发费用税前加计扣除政策的公告》（财政部、税务总局公告2023年第7号）规定，自2023年1月1日起，将加计扣除的比例提升至100%。在职工从事研究开发期间，可多安排工资、奖金（包括全年一次性奖金），从而更多地享受加计扣除。需要注意的是，多安排工资、奖金相应增加的个人所得税负担，不能超过加计扣除部分减少的企业所得税负担，否则将得不偿失。

（3）合理安排在职残疾职工的工资，可以减轻企业所得税税负。税法规定，企业安置残疾人员的，在按照支付给残疾职工工资据实扣除的基础上，按照支付给残疾职工工资的100％加计扣除。

（4）企业为职工负担商业保险的，可以通过以职工名义购买商业保险的方式减轻企业所得税税负。

7.【解析】

（1）捐赠对象的税收筹划。企业应合理安排其捐赠活动，尽可能捐赠能够在税前全额扣除的项目，比如对公益性青少年活动场所的捐赠，对自主科研机构、高等院校的研究开发经费的捐赠，向受灾地区的捐赠等。

（2）捐赠时间的税收筹划。企业应该合理安排捐赠发生的时间，应该在正常的纳税年度捐赠，避免在免税期和亏损年度捐赠，以保证其捐赠金额可以按规定限额在税前扣除。

（3）捐赠金额的税收筹划。企业在捐赠前应该预测三年内的利润总额，使其捐赠金额尽可能保持在三年利润总额的12％以内，从而得以充分扣除。若企业的捐赠金额超过限额，企业可以采取分期捐赠的方式，使捐赠金额尽可能在税前扣除。

8.【解析】

企业重组同时符合下列条件的，适用特殊性税务处理规定：

（1）具有合理的商业目的，且不以减少、免除或者推迟缴纳税款为主要目的。

（2）被收购、合并或者分立部分的资产或股权比例符合规定的比例。

（3）企业重组后的连续12个月内不改变重组资产原来的实质性经营活动。

（4）重组交易对价中涉及的股权支付金额符合规定比例。

（5）在重组交易对价中取得股权支付的原主要股东，在重组后连续12个月内不得转让所取得的股权。

9.【解析】

企业合并的税收筹划要点分为以下几个部分：

（1）选择合并目标的税收筹划。

第一，考察目标企业的财务状况。

第二，考察目标企业的所在地及企业类型。

（2）选择出资方式的税收筹划。企业合并按出资方式可分为以下三种：现金购买资产式合并、现金购买股票式合并、股权置换式合并。第三种企业合并以股票方式出资，对目标企业股东来说，不需要立即确认其因交换而获得并购企业股票所形成的资本利得，无须缴纳企业所得税，属于免税重组交易。

在经济实践中，股权置换式合并可分为以下三种类型：

第一，吸收合并与新设合并。

第二，相互持股合并。

第三，股票换取资产式合并。

（3）选择会计处理方法的税收筹划。这三种类型的股权置换式合并都属于免税合并，在会计处理时有购买法和权益结合法两种方法。与权益结合法相比，在购买法下资产被确认的价值较高，并且由于增加折旧会引起净利润的减少，从而形成节税效果。但购买法会引起企业的现金流出增加或负债增加，从而相对降低了资产回报率，因此企业在进行税收筹划时要全面衡量得失。

10.【解析】

我国公司法规定，子公司具有法人资格，依法独立承担民事责任；分公司不具有法人资格，其民事责任由总公司承担。

子公司是相对母公司而言的，是指被另一家公司（母公司）有效控制的下属公司或者是母公司直接或间接控制的一系列公司。子公司是企业所得税的独立纳税人。子公司所在国视其为居民企业，通常履行全面纳税义务，同时也能享受所在国为新设公司提供的免税期或其他税收优惠政策。

但是，子公司一般手续比较复杂；财务制度较为严格，必须独立开设账簿，并需要复杂的审计和证明；经营亏损不能冲抵母公司利润；与母公司的交易往往是税务机关反避税审查的重点内容。

分公司是指不能独立核算的、从事全部或部分经营业务的分支机构，如分厂、分店等。分公司不是企业所得税的独立纳税人。我国所得税制度是法人所得税制度，要求总公司、分公司汇总计算缴纳企业所得税。

企业在投资设立时，要考虑纳税主体的身份与税收之间的关系，因为不同身份的纳税主体会面对不同的税收政策。子公司具有独立法人资格并独立纳税，可以享受该地区包括减免税在内的税收优惠政策。分公司不具有独立法人资格，需要汇总纳税，不能享受当地的税收优惠。

企业可以在低税率地区设立子公司，采用转移定价方式避税；在高税率地区设立分公司，并入总公司纳税，即可达到避税的目的。

（七）计算题

1.【解析】

（1）该企业在企业所得税前可扣除的销售费用为 200 万元。

$$广告费扣除限额 = 3\,000 \times 15\% = 450（万元）$$

（2）管理费用为 460 万元 $[=500-(20-12)-(36-6)-2]$。

业务招待费扣除限额为 12 万元（$3\,000 \times 5‰ = 15$ 万元 $> 20 \times 60\% = 12$ 万元，可扣除 12 万元），准予扣除的房租为 6 万元（$=36 \div 24 \times 4$），存货跌价准备不可扣除。

（3）该企业计入企业所得税的投资收益为 0。

国债利息收入免税。居民企业直接投资于其他居民企业的投资收益免税。

（4）应纳税所得额为 817.5 万元（$=3\,000-1\,500-12-200-460-10.5$）。

企业间的经营性违约罚款可扣除。

（5）应纳税额为 204.38 万元（$=817.5 \times 25\%$）。

（6）应补缴 14.38 万元（$=204.38-190$）。

2.【解析】

（1）应税收入总额为 4\,800 万元（$=4\,500+300$），国债利息收入免税。居民企业直接投资于其他居民企业的投资收益免税。

（2）成本费用。

广告费扣除限额为720万元〔＝（4 500＋300）×15％〕，需要调增100万元（＝800＋20－720）。业务招待费的扣除限额为24万元〔＝（4 500＋300）×5‰＝24万元＜50×60％＝30万元〕，需要调增26万元（＝50－24）。

研究开发费用可按实际发生额的100％加计扣除，需要调减40万元（＝40×100％）。

财务费用需要调增超标利息收入20万元〔＝50÷10％×（10％－6％）〕。

在营业外支出中，行政罚款需要调增1万元。

捐赠的扣除限额为75.36万元（＝628×12％），不用调整。

$$应税所得额 ＝ 4\,800－2\,000－80－（1\,500－100）－（500－26＋40）－（80－20）$$
$$－（30－1）$$
$$＝717（万元）$$
$$应纳税额 ＝ 717×25％ ＝ 179.25（万元）$$
$$应补缴税额 ＝ 179.25－157 ＝ 22.25（万元）$$

3.【解析】

（1）在销售费用中，广告费的税前扣除限额为825万元（＝5 500×15％），实际发生500万元，可以据实扣除。

（2）在管理费用中，业务招待费的税前扣除限额为27.5万元（5 500×5‰＝27.5万元＜100×60％＝60万元），可以扣除27.5万元。研究新产品费用可以加计扣除50万元。

（3）利息费用扣除限额为30万元（＝500×6％），实际列支了50万元（＝500×10％），准予扣除30万元。

因此，税前准予扣除的财务费用为80万元（＝100－50＋30）。

（4）在营业外支出中，该企业的违约金可以列支，但税务机关的税收滞纳金2万元不得税前扣除。

$$利润总额 ＝ 5\,500－3\,800－100－800－600－100－50 ＝ 50（万元）$$

捐赠的扣除限额为6万元（＝50×12％），实际发生10万元，准予扣除6万元。

$$该公司2023年的应纳税所得额 ＝ 50＋100－27.5－50＋100－80＋2＋10－6$$
$$＝98.50（万元）$$
$$该公司2023年的应纳税额 ＝ 98.50×25％ ＝ 24.625（万元）$$

4.【解析】

（1）该企业的会计利润为170万元〔＝2 500－1 100－670－480－60－（160－120）＋70－50〕。

（2）纳税调整：

1）广告费的扣除限额为375万元（2 500×15％＝375万元＜450万元），应调增应纳税所得额75万元（＝450－375）。

2）业务招待费的扣除限额为9万元（15×60％＝9万元＜2 500×0.5‰＝12.5万元），应调增应纳税所得额6万元（＝15－9）。

3）捐赠的扣除限额为20.4万元（170×12％＝20.4万元＜30万元），应调增应纳税所得额9.6万元（＝30－20.4）。

4）税收滞纳金不得扣除，调增应纳税所得额 6 万元。

5）工会经费的扣除限额为 3 万元（＝150×2‰），职工福利费和教育经费的扣除限额为 24.75 万元 [150×（14‰＋2.5‰）＝24.75 万元＜29 万元]，应调增应纳税所得额 4.25 万元（＝29－24.75）。

$$该企业的应纳税所得额 ＝170＋75＋6＋9.6＋6＋4.25＝270.85（万元）$$
$$应纳税额 ＝270.85×25‰＝67.71（万元）$$

5. 【解析】

（1）业务招待费的扣除限额为 28 万元 [（5 000＋600）×5‰＝28 万元＜50×60‰＝30 万元]，实际发生业务招待费支出 50 万元，所以业务招待费应调增 22 万元（＝50－28）。

（2）向个人的借款利息支出，不超过按照金融企业同期同类贷款利率计算的数额，准予扣除。由于贷款利率超过同期同类银行贷款利率 1 倍，所以借款利息应调增 50 万元（＝100×50‰）。

（3）广告费的扣除限额为 840 万元 [＝（5 000＋600）×15‰]，实际发生广告费 850 万元，广告费应调增 10 万元（＝850－840）。

（4）资产减值准备应调增 100 万元。未经核定的准备金支出，是指不符合国务院财政、税务主管部门规定的各项资产减值准备、风险准备等准备金支出，在计算应纳税所得额时不得在税前扣除。

（5）工会经费的扣除限额为 16 万元（＝800×2‰），实际拨缴的工会经费为 16 万元，可以全额在税前扣除，不需要纳税调整；职工福利费的扣除限额为 112 万元（＝800×14‰），实际发生的职工福利费为 122 万元，应调增 10 万元（＝122－112）；职工教育费的扣除限额为 20 万元（＝800×2.5‰），实际发生的职工教育费为 25 万元，应调增 5 万元（＝25－20）。

工会经费、职工福利费、职工教育经费共调增 15 万元（＝10＋5）。

（6）投资收益应调减 50 万元。国债利息收入属于免税收入，应调减 50 万元；投资于上市公司取得的股息、红利等投资收益，持有股票期限小于 12 个月的，不属于免税收入，不需要调整应纳税所得额。

（7）该企业 2023 年的房产税为 18 万元 [＝1 875×（1－20‰）×1.2‰]。

（8）该企业 2023 年的城镇土地使用税为 40 万元（＝10×4）。

（9）该企业 2023 年的利润总额为 350 万元（＝5 000＋600＋48＋90－2 800－400－180－400－400－1 000－150－18－40）。

（10）捐赠限额为 42 万元（＝350×12‰），实际发生的捐赠支出为 80 万元，应调增 38 万元（＝80－42）。

非广告性质赞助支出 20 万元，不得在税前扣除，应调增 20 万元。

$$弥补亏损前的应纳税所得额 ＝350＋22＋50＋10＋100＋15－50＋38＋20$$
$$＝555（万元）$$
$$弥补亏损后的应纳税所得额 ＝555－140－240－100＝75（万元）$$

（11）该企业 2023 年应缴纳的企业所得税为 15 万元（＝75×20‰）。

（八）分析题

1. 【解析】

方案一：该企业第 1 年年底捐赠 300 万元，只能在税前扣除 120 万元（＝1 000×12％），超过 120 万元的部分不得在税前扣除。

方案二：该企业分两年进行捐赠，第 1 年的扣除限额为 120 万元（＝1 000×12％），第 2 年的扣除限额为 240 万元（＝2 000×12％），因此这两年分别捐赠的 100 万元、200 万元都没有超过扣除限额，均可在税前扣除。

综上所述，该企业采用方案二与采用方案一的对外捐赠金额相同，但方案二可以节税 45 万元〔＝（300－120）×25％〕。

2. 【解析】

（1）设立全资子公司情况下集团公司的所得税税负：

$$子公司的税负 = 3×15\% = 0.45(万元)$$
$$A 公司的税负 = 100×25\% + 2÷(1-15\%)×(25\%-15\%) = 25.24(万元)$$
$$整体税负 = 0.45 + 25.24 = 25.69(万元)$$

（2）设立分公司情况下总公司的所得税税负：

$$A 公司的税负 = (100+3)×25\% = 25.75(万元)$$

因此，A 公司应当设立全资子公司。

3. 【解析】

（1）设立子公司情况下的企业所得税税负。

子公司：当年亏损，不缴纳企业所得税。

$$B 公司的税负 = 1 000×25\% = 250(万元)$$

因此，集团公司的整体税负为 250 万元。

（2）设立分公司情况下的企业所得税税负：

$$B 公司当年缴纳的企业所得税 = (1 000-600)×25\% = 100(万元)$$

因此，B 公司应当设立分公司。

4. 【解析】

如果该企业不进行任何税收筹划，其应纳企业所得税为：

$$应纳税额 = 300×25\% = 75(万元)$$

该企业可以将从事高新技术业务的部门独立出来，设为独立核算的子公司。这样一来，该子公司可以作为高新技术企业享受 15％的优惠税率。该企业综合年应缴纳企业所得税为 65 万元（＝200×25％＋100×15％），可以节约税负 10 万元（＝75－65）。

5. 【解析】

如果该企业按照非公司制企业（如合伙企业）缴纳个人所得税，企业的税收负担为：

应纳税额＝(1 500 000÷3×30％－40 500)×3＝328 500(元)＝32.85(万元)

如果该企业按照公司制企业核算，适用的企业所得税税率为25％，并且税后利润全部作为股息分配给投资者，则综合税收负担为：

应纳税额＝150×25％＋150×(1－25％)÷3×20％×3＝60(万元)

综上所述，该企业应选择成立合伙企业，每年能节约 27.15 万元（＝60－32.85）的税负。

6. 【解析】

如果技术转让费用一次性支付，需要缴纳的企业所得税为：

应纳税额＝(900－500)×25％×50％＝50(万元)

协议双方可以约定分期支付技术转让费用，比如第 1 年支付 500 万元，第 2 年支付 400 万元，这样需要缴纳的企业所得税为 0，达到了最大化的节税效果。

7. 【解析】

方案甲：依税法规定：纳税人发生年度亏损的，可以用下一纳税年度的所得弥补；下一纳税年度的所得不足弥补的，可以逐年延续弥补，但延续期最长不得超过 5 年。因此，该子公司前 3 年发生的亏损可以在连续 5 年内进行弥补，其在 6 年内的应纳税所得额为 1 400 万元（＝700＋1 400＋2 100－1 750－700－350）。由于该子公司属于高科技企业，并且设在国务院设定的高新技术开发区，因而可以享受自投产年度起两年免税，以后按 15％的税率缴纳企业所得税的优惠政策。因此，该子公司在 6 年内的应纳企业所得税税额为 210 万元（＝1 400×15％）。

方案乙：在前三年，该分支机构是分公司，其亏损可以抵减总公司的应税所得。已知总公司每年盈利在 2 000 万元以上，则分公司为母公司节约的企业所得税为 700 万元［＝(1 750＋700＋350)×25％］。该分支机构在第 4 年、第 5 年的所得可以免征企业所得税，故该分支机构应纳企业所得税税额为 315 万元（＝2 100×15％）。

如果把分支机构和总公司视为一个整体，则方案乙比方案甲为公司整体节约的所得额为 595 万元（＝700－315＋210），乙方案在变更过程中会涉及一些费用，但只要这些费用低于 595 万元，那么选择方案乙对 C 公司还是有利的。

8. 【解析】

A 企业是软件企业，自开始获利年度起，享受企业所得税"两免三减半"的税收政策，因此 A 企业在 2021—2022 年免缴企业所得税。

享受优惠一：甲创投公司获得 A 企业 100％的股权，2021—2022 年 A 企业共获利 700 万元，并以股息方式全部分配给甲创投公司。甲创投公司从 A 企业分得的股息属于免税收入，则甲创投公司投资 A 企业比自营少缴纳 175 万元（＝700×25％）的企业所得税税额。

享受优惠二：甲创投公司可考虑在享受抵扣投资额 70％后的恰当时机出售股权。2023 年 1 月，甲创投公司转让了 A 企业的股权，股权转让所得 2 000 万元（＝4 500－2 500），甲创投公司投资抵扣应纳税所得额的限额为 1 750 万元（＝2 500×70％），甲公司应缴企业所得税 62.5 万元［＝(2 000－1 750)×25％］，可少缴纳税款 437.5 万元（＝1 750×25％）。

9. 【解析】

方案一：融资租赁。

通过融资租赁租入的电子设备可视为该企业的自有固定资产，按协议确定的租赁费总额作为电子设备的入账价值，在税法规定的 3 年内按直线法计提折旧，租赁手续费在支付时直接扣除。

融资租赁的现金流计算过程见下表。

年度	租金支付额①	手续费②	折旧额③	折旧抵扣额④ =③×25%	税后现金流出⑤ =①+②-④	现值系数 (10%) ⑥	税后现金流出现值⑦=⑤×⑥
1	260 000	3 000	263 000	65 750	197 250	0.909 1	179 320
2	260 000		260 000	65 000	195 000	0.826 4	161 148
3	260 000		260 000	65 000	195 000	0.751 3	146 504
合计	780 000	3 000	783 000	195 750	587 250		486 972

方案二：经营租赁。

通过经营租赁租入的电子设备不属于该企业的固定资产，其租赁费用应在当期直接扣除。

经营租赁的现金流计算过程见下表。

年度	租金支付额①	租金抵税额② =①×25%	税后现金流出③ =①-②	现值系数 (10%) ④	税后现金流出现值 ⑤=③×④
1	250 000	62 500	187 500	0.909 1	170 456
2	250 000	62 500	187 500	0.826 4	154 950
3	250 000	62 500	187 500	0.751 3	140 869
合计	750 000	187 500	562 500		466 275

从税后现金流出现值看，选择经营租赁的方式更优。

10. 【解析】

方案一中的债券利息和筹资费用可以抵减的企业所得税税额为 17.5 万元 $[=(200×5×6\%+200×5\%)×25\%]$。若债券是溢价或折价发行，为了更精确地计算资本成本，应以实际发行价格作为债券的筹资金额。

方案二中新发行股票的成本率为 16% $[=2×(1+12\%)÷56+12\%]$。与负债筹资相比，发行股票没有支出的抵税作用，因而成本较高。

所以，该企业应选择发行债券的方式。

11. 【解析】

方案一：

$$税后现金流出现值=15×(P/A，10\%，5)×(1-25\%)=42.65（万元）$$

方案二：

$$税后现金流出现值 = 60 - 12 \times 25\% \times (P/A, 10\%, 5) = 48.63(万元)$$

因此，该企业选择经营租赁更合适。

12.【解析】

（1）税收负担实际为 49 500 元（= 300 000×20% - 10 500）。

（2）年度所得不超过 100 万元的部分，减按 25% 计入应纳税所得额，按 20% 的税率计缴企业所得税。年度所得大于 100 万元但不大于 300 万元的部分，减按 50% 计入应纳税所得额，按 20% 的税率计缴企业所得税。

因此，该企业当年的应纳税所得 300 000 元的适用税率为 5%（= 25%×20%），税收负担实际为 15 000 元（= 300 000×5%）。

若该企业将税后利润全部分配给投资者，则张某还应按"利息、股息、红利所得"缴纳个人所得税 57 000 元 ［=（300 000 - 15 000）×20%］，因而张某的实际税负为 72 000 元（= 15 000 + 57 000）。

（3）综上所述，投资于个人独资企业或合伙企业比投资于公司制企业至少少承担所得税 22 500 元（= 72 000 - 49 500）。

13.【解析】

假设该固定资产不做任何处理，那么该账面上的 160 万元既不能计提折旧，又不能将计提的跌价准备在税前扣除。如果通过出售该固定资产获得 10 万元收入，则处置固定资产的净损失为 150 万元（= 160 - 10）。由于该损失可以当期抵税，因此甲公司可少缴纳企业所得税 37.5 万元（= 150×25%）。

14.【解析】

税法规定，企业发放的职工工资可以 100% 扣除，而职工福利费只能在工资、薪金总额的 14% 以内限额扣除。

比较这两种方案中企业所得税的税前扣除：

方案一的税前扣除额 = 30(万元)

方案二的税前扣除额 = 20 + 20×14% = 22.8(万元)

因此，乙公司应选择方案一，即根据职工福利费的实际发生情况，对超出部分进行转化列支，也就是把超过限额的职工福利费转化为职工工资，这样可以减少企业所得税的应纳税额。

15.【解析】

方案一的广告费超支，需要调增当年的应纳税所得额，由此导致应纳税额增加 300 万元 ［=（2 400 - 8 000×15%）×25%］，因而广告费的实际总支出为 2 700 万元（= 2 400 + 300）。

方案二中的网站发布和维护费可在管理费用中列支（税法未对这项广告费和业务宣传费做出限制，一般作为管理费用中的其他项目列支）。在这种情况下，方案二中的各项支出均可在规定的扣除项目限额内列支，无须纳税调整。此外，该方案能从多个角度对房产进行宣传，对于房产的销售能起到很好的促进作用。

因此，经比较，甲公司应选择方案二。

16.【解析】

若全部价款以非股权形式支付，该股权收购适用于一般性税务处理。甲企业转让 A 企业股权的增值额为 1 400 万元 ［＝1 000×（9－7）×70％］，应纳税额为 350 万元（＝1 400×25％）。

税收筹划方案为：在收购对价中，乙公司以股权形式支付 5 670 万元，以银行存款支付 630 万元。假设该交易符合特殊性税务处理条件，则此项业务的应纳税所得额需要进行下列计算。

（1）从股权收购比重以及股权支付金额占交易总额的比重看是否符合特殊性税务处理条件。

股权收购比重为 70％，大于规定的 50％。

股权支付金额占交易总额的比重为 90％ ［＝5 670÷（5 670＋630）×100％］，大于规定的 85％。

根据上述条件，这项业务适用企业重组的特殊性税务处理方法。

（2）公允价值中高于原计税基础的增加值为 1 400 万元 ［＝1 000×70％×（9－7）］。

（3）非股权支付比例为 10％ ［＝630÷（5 670＋630）×100％］。

（4）这项业务取得的股权支付额对应的增加值不确认损益，但非股权支付额对应的增加值应确认资产转让所得 140 万元（＝1 400×10％）。

因此，甲单位需要缴纳的企业所得税为 35 万元（＝140×25％），比全部以非股权形式支付少缴纳企业所得税 315 万元（＝350－35），达到了节税的目的。

17.【解析】

税收筹划方案：在合并时，摩托车生产企业给股份公司的股权支付额为 2 300 万元、银行存款 200 万元，则摩托车生产企业的股东在该企业合并发生时取得的股权支付金额占其交易支付净额的 92％，不低于 85％。假设该合并业务符合企业重组特殊性税务处理的其他条件，则可由摩托车生产企业弥补的被合并公司的亏损限额为 150 万元 ［＝被合并企业的净资产公允价值×截至合并业务发生当年末国家发行的最长期限的国债利率＝（5 700－3 200）×6％］。

若该合并业务适用一般性税务处理，则被合并企业的亏损不得在合并企业结转弥补，因此该税收筹划方案能够达到节税的目的。

18.【解析】

如果 B 企业分别以 800 万元的股权和 100 万元的现金作为对价支付给 A 企业，由于 B 企业收购 A 企业的资产超过了 A 企业全部资产的 50％，同时股权支付占全部价款的比例为 88.9％（＝800÷900×100％），超过了 85％。假设这项收购也满足税法规定的特殊性税务处理条件，则可以按照特殊性税务处理方法处理。根据规定，800 万元的股权支付对应的资产转让不需要纳税，但 100 万元的非股权支付对应的增值额需要缴纳企业所得税。

A 企业转让资产的增值额为 300 万元（＝900－600），100 万元的非股权支付对应的增值额为 33.33 万元（＝300×100÷900），因此 A 企业需要缴纳的企业所得税为 8.33 万元（＝33.33×25％），比全部以非股权形式支付少缴纳企业所得税 66.67 万元（＝75－8.33），达到了税收筹划的目的。

19.【解析】

方案一：第一年发生技术开发费用 400 万元，可加计扣除 100％。

应纳税所得额＝700－（400＋400×100％）＝－100（万元）

因此，甲公司当年不用缴纳企业所得税，而且100万元亏损可结转至以后年度弥补。

第二年发生技术开发费用400万元，可加计扣除100%。

应纳税所得额 $= 1\,200 - (400 + 400 \times 100\%) - 100 = 300$（万元）

应纳企业所得税 $= 300 \times 25\% = 75$（万元）

方案二：第一年发生技术开发费用300万元，可加计扣除100%。

应纳税所得额 $= 700 - (300 + 300 \times 100\%) = 100$（万元）

应纳企业所得税 $= 100 \times 25\% = 25$（万元）

第二年发生技术开发费用500万元，可加计扣除100%。

应纳税所得额 $= 1\,200 - (500 + 500 \times 100\%) = 200$（万元）

应纳企业所得税 $= 200 \times 25\% = 50$（万元）

综上所述，虽然方案一和方案二在两年内缴纳的企业所得税总额相同，但方案一比方案二推迟缴纳了企业所得税，使甲公司获得了货币时间价值。因此，甲公司应选择方案一。

20.【解析】

方案一：甲公司直接转让该股权；

股权转让所得 $= 1\,210 - 1\,000 - 0.7 = 209.3$（万元）

应纳企业所得税 $= 209.3 \times 25\% = 52.325$（万元）

税后净利润 $= 209.3 - 52.325 = 156.975$（万元）

方案二：甲公司先获得分配的利润，然后再转让股权。在这种情况下，甲公司获得的105万元股息属于免税收入，不需要缴纳企业所得税。

股权转让所得 $= 1\,100 - 1\,000 - 0.6 = 99.4$（万元）

应纳企业所得税 $= 99.4 \times 25\% = 24.85$（万元）

税后净利润 $= 105 + 99.4 - 24.85 = 179.55$（万元）

方案二比方案一中的甲公司多获得净利润22.575万元（$= 179.55 - 156.975$）。丙公司未来将少取得股息105万元，但转让价款降低了110万元，所以丙公司获益5万元。因此，甲公司应该选择方案二，也就是在股权转让之前获得股息所得，从而有效防止了股息所得转变为股权转让所得，避免了重复征税。

21.【解析】

若适用一般性税务处理：甲公司转让控股公司股权的公允价值与计税基础之间的差额6\,000万元（$= 16\,000 - 10\,000$），应确认股权转让所得，应缴纳企业所得税1\,500万元（$= 6\,000 \times 25\%$）；乙公司转让丙公司股权，转让所得17\,300万元与初始投资成本8\,000万元之间的差额9\,300万元应当缴纳企业所得税2\,325万元（$= 9\,300 \times 25\%$）。甲公司和乙公司合计需要缴纳企业所得税3\,825万元（$= 1\,500 + 2\,325$）。

若满足特殊性税务处理的条件：甲公司收购丙公司的股权比例为100%，超过规定的50%；在甲公司支付的对价中，股权支付比例为92.5%（$= 16\,000 \div 17\,300$），超过规定的85%，可以适用特殊性税务处理。乙公司转让股权，其获得股权支付的部分暂时不纳税，但收取的现金部分需要确认转让所得698.84万元（$= 9\,300 \times 1\,300 \div 17\,300$）；乙公司取得甲公司控股公司股权的计税基础是 7 301.16 万元（＝8 000－698.84）；甲公司支付其控股公司股权 6 000 万元的增值额暂时不纳税；甲公司取得 C 公司股权的计税基础，按自己转让股权的计税基础［即 11 300 万元（＝10 000＋1 300）］确定。

由此可见，与一般性税务处理相比，特殊性税务处理递延纳税的节税效应明显。

22.【解析】

（1）将甲、乙两公司设为分公司，则该集团公司的年应纳税额为 1 050 万元［＝（4 000＋700－500）×25％］。

如果将甲、乙两公司换成子公司，则总体税收就发生了变化。A 公司本部应缴纳的企业所得税为 1 000 万元（＝4 000×25％），甲公司应缴纳的企业所得税为 175 万元（＝700×25％），乙公司由于发生亏损，因而该年度不用缴纳企业所得税。那么，A 公司当年应缴纳的企业所得税为 1 175 万元（＝1 000＋175），高出总分公司架构下的税收 125 万元（＝1 175－1 050）。

（2）将甲、乙设为分公司，则 A 公司的整体税收为 1 125 万元［＝（4 000＋200＋300）×25％］。

将甲、乙设为子公司，则 A 公司年应缴纳的企业所得税为 1 000 万元（＝4 000×25％），子公司甲应缴纳的企业所得税为 30 万元（＝200×15％），子公司乙应缴纳的企业所得税为 45 万元（＝300×15％），A 公司的总体税收为 1 075 万元（＝1 000＋30＋45），这样设立子公司比设立分公司能减轻投资者税收 50 万元（＝1 125－1 075）。

（九）综合题

1.【解析】

成立 A 公司的税收：

$$增值税＝500÷（1＋3％）×3％＝14.56（万元）$$
$$企业所得税＝300×25％＝75（万元）$$

个人所得税（分红）：

$$应纳税额＝（300－75）×20％＝45（万元）$$
$$税款合计＝14.56＋75＋45＝134.56（万元）$$

成立 B 企业的税收：

$$增值税＝500÷（1＋3％）×3％＝14.56（万元）$$

企业所得税（个人独资企业不缴纳企业所得税）：

$$个人所得税＝500÷（1＋3％）×10％×35％－1.475＝15.52（万元）$$
$$税款合计＝14.56＋15.52＝30.08（万元）$$

通过计算得知 B 企业的综合税率为 6.02％（＝30.08÷500×100％），而 A 公司的税负高达 26.91％（＝134.56÷500×100％），B 企业相对于 A 公司节约的税款为 104.48 万元（＝134.56－30.08）。

2. 【解析】

康美公司发生的管理费用可分为直接费用和间接费用。直接费用主要是指可以直接确定服务对象的费用，如外部培训费、广告费、差旅费和通信费等。对于这种费用，只要符合以下两点就可以直接在其子公司列支：①由外部具体单位直接向子公司提供直接服务（当然，要符合相应的法律和财会规定，如直接签订合同、直接结算等）。②由外部具体单位直接向子公司提供发票且发票的抬头为对应的子公司。

但是，康美公司的大部分管理费用是间接费用，即无法直接区分服务对象的费用，如技术研究开发费、市场调研费、内部培训费、产品推销费及交际应酬费等。

康美公司可以通过向其子公司收取"专项技术服务费"的方式，分配一部分间接费用，即康美公司按照实际发生的管理和咨询服务费用（可附加一定的利润）向其子公司收取专项技术服务费。

第一，手续必须齐全合法。采用这种安排，康美公司需要与其子公司签订符合独立企业原则的服务协议，以备税务机关的确认和审查。康美公司在收取其子公司的服务费时，需要向其子公司开具增值税专用发票，作为其子公司税前可抵扣费用的凭证。

第二，控制收入幅度。由于这种安排，康美公司可以合理、合法地将大部分间接费用在其子公司的企业所得税前列支。尽管要付出缴纳6%增值税的代价，但就整个集团的税负而言，其税负大大降低。

当然，这种安排要掌握一个适度的界限。若康美公司分配的间接费用过大，则康美公司将会盈利，其要按25%的税率缴纳企业所得税，这样整个集团的税负反而会加大。从理论上说，康美公司通过测算可以找到一个较佳的分配比例。

根据以上思路，可以修正上面的假设条件：为了方便分析，我们假设康美公司将其直接费用300万元直接分配给子公司——A公司100万元，B公司200万元。此外，康美公司将其间接费用5 700万元的40%以专业技术服务费的方式分配给子公司，其分配依据仍为康美公司的控股比例。

为了体现独立企业的公平交易原则，我们在提供专业技术的成本价之上再加上10%的利润率，即康美公司提供专业服务的收入为2 508万元［＝5 700×40%×（1＋10%）］，其应缴纳的增值税约为150万元（＝2 508×6%），因此康美公司所剩的费用为3 342万元（＝6 000－300－2 508＋150）。康美公司按股权比例给A公司的分配额为836万元，给B公司的分配额为1 672万元。分配后，A公司的费用为5 836万元（＝5 000＋836），B公司的费用为5 672万元（＝4 000＋1 672）。

	康美公司	A公司	B公司	整体合计
应税收入（万元）	2 508	10 000	10 000	
费用（万元）	3 342	5 836	5 672	
应纳税所得额（万元）	－834	4 164	4 328	
企业所得税税率（%）	25	15	15	
应缴税额（万元）	0	624.6	649.2	1 273.8

虽然康美公司付出的增值税代价为 150.48 万元，但减少的企业所得税为 376.2 万元（＝1 650－1 273.8），其整体税负减轻了 225.72 万元（＝376.2－150.48）。

3.【解析】

方案一：

$$应纳增值税 = 3\,200 \times 13\% - 2\,400 \times 13\% = 104（万元）$$

$$应纳税金及附加 = 104 \times (7\% + 3\% + 2\%) = 12.48（万元）$$

$$应纳税所得 = 3\,200 - 2\,400 - 12.48 - 260 = 527.52（万元）$$

$$应纳企业所得税税额 = 527.52 \times 25\% = 131.88（万元）$$

$$税后利润 = 527.52 - 131.88 = 395.64（万元）$$

$$年投资利润率 = 395.64 \div 3\,000 \times 100\% = 13.19\%$$

方案二：《财政部、税务总局关于明确增值税小规模纳税人减免增值税等政策的公告》（财政部、税务总局公告 2023 年第 1 号）规定，自 2023 年 1 月 1 日至 2023 年 12 月 31 日，允许生活性服务业纳税人按照当期可抵扣进项税额加计 10% 抵减应纳税额（以下简称"加计抵减政策"），故有

$$销项税额 = 3\,100 \times 6\% = 186（万元）$$

$$进项税额 = 1\,800 \times 13\% \times (1 + 10\%) = 257.4（万元）$$

因为进项税额大于销项税额，所以留抵税额为 71.4 万元（＝257.4－186）。

$$应纳税所得 = 3\,100 - 1\,800 - 230 = 1\,070（万元）$$

$$应纳企业所得税税额 = 1\,070 \times 25\% = 267.5（万元）$$

$$税后利润 = 1\,070 - 267.5 = 802.5（万元）$$

$$年投资利润率 = 802.5 \div 3\,000 \times 100\% = 26.75\%$$

方案三：其生产经营内容属于《中华人民共和国增值税法（征求意见稿）》第二十九条所称的农业生产者销售的自产农业产品，投资后经申请可获得免征增值税的待遇。《企业所得税法》及其实施条例规定：企业从事花卉、茶以及其他饮料作物和香料作物的种植所取得的所得，减半征收企业所得税。

$$应纳企业所得税 = (2\,600 - 1\,000 - 200) \times 25\% \times 50\% = 175（万元）$$

$$税后利润 = 2\,600 - 1\,000 - 200 - 175 = 1\,225（万元）$$

$$年投资利润率 = 1\,225 \div 3\,000 \times 100\% = 40.83\%$$

根据计算，从年投资利润率来看，A 公司应选择方案三。

4.【解析】

在不同的促销方案下，甲公司的税后利润不同。

方案一：

$$应纳增值税 = \frac{80}{1 + 13\%} \times 13\% - \frac{70}{1 + 13\%} \times 13\% = 1.15（元）$$

$$企业利润额 = \frac{80}{1 + 13\%} - \frac{70}{1 + 13\%} = 8.85（元）$$

应缴企业所得税 = 8.85 × 25% = 2.21(元)

税后净利润 = 8.85 − 2.21 = 6.64(元)

方案二：

$$应纳增值税 = \frac{100}{1+13\%} \times 13\% - \frac{70}{1+13\%} \times 13\% - \frac{14}{1+13\%} \times 13\% = 1.84(元)$$

$$企业利润额 = \frac{100}{1+13\%} - \frac{70}{1+13\%} - \frac{14}{1+13\%} = 88.50 - 61.95 - 12.39 = 14.16(元)$$

$$应缴企业所得税 = \left(\frac{100}{1+13\%} - \frac{70}{1+13\%} - \frac{14}{1+13\%}\right) \times 25\%$$
$$= 14.16 \times 25\% = 3.54(元)$$

税后净利润 = 14.16 − 3.54 = 10.62(元)

这两个方案的相关数据见下表。

两个方案的相关数据　　　　　　　　　　　　　　　单位：元

应缴税金	8折销售	赠送礼品
增值税	1.15	1.84
企业所得税	2.21	3.54
税后净利润	6.64	10.62

由上表计算的税后净利润可知，甲公司应选择方案二。

需要注意的是，企业向个人赠送礼品，属于下列情形之一的，取得该项所得的个人应依法缴纳个人所得税，税款由赠送礼品的企业代扣代缴：

（1）企业在业务宣传、广告等活动中，随机向本单位以外的个人赠送礼品，对个人取得的礼品所得，按照"其他所得"项目，全额适用20%的税率缴纳个人所得税；

（2）企业在年会、座谈会、庆典以及其他活动中向本单位以外的个人赠送礼品，对个人取得的礼品所得，按照"其他所得"项目，全额适用20%的税率缴纳个人所得税。

（3）企业对累积消费达到一定额度的客户，给予额外抽奖机会，个人的获奖所得按照"偶然所得"项目，全额适用20%的税率缴纳个人所得税。

企业在销售商品（产品）和提供服务过程中向个人赠送礼品，属于下列情形之一的，不征收个人所得税：

（1）企业通过价格折扣、折让方式向个人销售商品（产品）和提供服务。

（2）企业在向个人销售商品（产品）和提供服务的同时给予赠品，如通信企业对个人购买手机赠话费、入网费，或者购话费赠手机等。

5.【解析】

方案一：增资扩股，A、B两个自然人股东通过股权投资的方式为甲公司增资3 000万元。

应缴企业所得税 = 500 × 25% = 125(万元)

股东应纳股息、分红个人所得税 = (500 − 125) × 20% = 75(万元)

$$应纳税额合计 = 125 + 75 = 200（万元）$$
$$股东收益 = 500 - 125 - 75 = 300（万元）$$

方案二：甲公司向股东借款 3 000 万元。

企业向股东或其他与企业有关联关系的自然人借款的利息支出，应根据企业关联方利息支出税前扣除标准的有关税收政策计算企业所得税扣除额。甲公司向股东借款，按与股东权益性投资比例不超过 2∶1 的借款额计算的利息可在企业所得税前列支，超过部分不得列支。

$$关联债资比例 = 3\,000 \div 1\,000 = 3 > 2$$
$$利息支出共计 = 3\,000 \times 10\% = 300（万元）$$
$$不得扣除的利息支出 = 300 \times (1 - 2 \div 3) = 100（万元）$$
$$可扣除的利息支出 = 300 - 100 = 200（万元）$$
$$甲公司应纳税所得额 = 500 - 200 = 300（万元）$$
$$甲公司应纳企业所得税 = 300 \times 25\% = 75（万元）$$
$$股东利息收入应纳个人所得税 = 3\,000 \times 10\% \times 20\% = 60（万元）$$
$$可分配利润 = 500 - 300 - 75 = 125（万元）$$
$$股东股息分红收入应纳个人所得税 = 125 \times 20\% = 25（万元）$$
$$股东应纳个人所得税 = 60 + 25 = 85（万元）$$
$$应纳税额合计 = 75 + 85 = 160（万元）$$
$$股东收益 = (300 - 60) + (125 - 25) = 340（万元）$$

方案三：既扩股又借款，股东向甲公司进行 350 万元股权投资，甲公司向股东借款 2 650 万元。

$$关联债资比例 = 2\,650 \div 1\,350 = 1.96 < 2$$
$$利息支出共计 = 2\,650 \times 10\% = 265（万元）$$

甲公司的借款比例没有超出税法规定，实际支付的 265 万元利息可全额扣除。

$$应纳税所得额 = 500 - 265 = 235（万元）$$
$$应纳企业所得税 = 235 \times 25\% = 58.75（万元）$$
$$股东利息收入应纳个人所得税 = 265 \times 20\% = 53（万元）$$
$$可分配利润 = 500 - 265 - 58.75 = 176.25（万元）$$
$$股东股息分红收入应纳个人所得税 = 176.25 \times 20\% = 35.25（万元）$$
$$股东应纳个人所得税 = 53 + 35.25 = 88.25（万元）$$
$$应纳税额合计 = 58.75 + 88.25 = 147（万元）$$
$$股东收益 = (265 - 53) + (176.25 - 35.25) = 353（万元）$$

综上所述，方案三比方案一的股东收益多 53 万元（= 353 - 300），比方案二的股东收益多 13 万元（= 353 - 340）。因此，甲公司应选择方案三。

6. 【解析】

三种方案的比较如下表所示。

不同融资方案的比较

项目	方案一	方案二	方案三
资本结构（债务资本：权益资本）	0：100	20：80	60：40
EBIT（万元）	30	30	30
负债利率（％）	10	10	10
负债利息（万元）	0	20×10％＝2	60×10％＝6
税前利润（万元）	30－0＝30	30－2＝28	30－6＝24
应纳企业所得税税额（万元）	30×25％＝7.5	28×25％＝7	24×25％＝6
税后利润（万元）	30－7.5＝22.5	28－7＝21	24－6＝18
税前权益资本收益率	30÷100×100％＝30％	28÷80×100％＝35％	24÷40×100％＝60％
税后权益资本收益率	22.5÷100×100％＝22.5％	21÷80×100％＝26.25％	18÷40×100％＝45％

对比甲公司不同资本结构下的权益资本收益率可以发现，在 EBIT 和银行贷款利率不变的条件下，当甲公司的债务比例增加时，甲公司的权益资本利润率也随之增加。方案三与其他两个方案相比，权益资本收益率是最高的，因此甲公司应选择方案三。

7. 【解析】

这两种方案的现金流量及相应现值如下面两表所示。

方案一　现金流量及对应现值

时期	本金的偿还（万元）	利息（万元）	本息和（万元）	年折旧（万元）	节约税款数（万元）	现金流出额（税后，万元）	折现率	现金流出额现值（税后，万元）
1	40	20	60	32	(20＋32)×25％＝13	60－13＝47	0.91	42.77
2	40	16	56	32	(16＋32)×25％＝12	56－12＝44	0.83	36.52
3	40	12	52	32	(12＋32)×25％＝11	52－11＝41	0.75	30.75
4	40	8	48	32	(8＋32)×25％＝10	48－10＝38	0.68	25.84
5	40	4	44	32	(4＋32)×25％＝9	44－9＝35	0.62	21.70
6				32	32×25％＝8	－8	0.56	－4.48
						－8	0.56	－4.48
合计	200	60	260	192	63	189		148.62

方案二 现金流量及对应现值

时期	融资租赁费用（成本，万元）	租赁手续费（万元）	利息（万元）	融资租赁总成本（万元）	年折旧（万元）	节约税款数（万元）	现金流出额（税后，万元）	折现率	现金流出额现值（税后，万元）
1	40	0.4	18.0	58.4	32	$(0.4+18+32)\times25\%=12.6$	$58.4-12.6=45.8$	0.91	41.68
2	40	0.4	14.4	54.8	32	$(0.4+14.4+32)\times25\%=11.7$	$54.8-11.7=43.1$	0.83	35.77
3	40	0.4	10.8	51.2	32	$(0.4+10.8+32)\times25\%=10.8$	$51.2-10.8=40.4$	0.75	30.30
4	40	0.4	7.2	47.6	32	$(0.4+7.2+32)\times25\%=9.9$	$47.6-9.9=37.7$	0.68	25.64
5	40	0.4	3.6	44.0	32	$(0.4+3.6+32)\times25\%=9$	$44-9=35$	0.62	21.70
6					32	$32\times25\%=8$	-8	0.56	-4.48
							-8	0.56	-4.48
合计	200	2	54	256	192	62	186		146.13

企业进行税收筹划的目标是股东利益最大化，通过上述分析可以看出，采用融资租赁的方法购入该设备，税后现金流出额的现值相对较低，为 146.13 万元，而采用向金融企业贷款购买设备，税后现金流出额的现值为 148.62 万元。因此，甲企业应选择方案二。

8.【解析】

方案一：固定股利支付率方案的税负及成本的计算。

股东层面：

$$支付股利金额＝3\,000\times50\%＝1\,500（万元）$$
$$股东应付个人所得税＝1\,500\times20\%＝300（万元）$$
$$股东税后净收益＝1\,500-300＝1\,200（万元）$$

公司层面：

$$甲公司剩余未分配利润金额＝3\,000-1\,500＝1\,500（万元）$$
$$新项目需要的再筹资金额＝2\,000-1\,500＝500（万元）$$
$$筹资成本＝500\times10\%＝50（万元）$$

由于债务融资利息支出可以抵税，所以筹资的实际成本为 37.5 万元〔＝50×（1－25％）〕。

因此，在固定股利支付率方案下，甲公司股利支付及筹资的实际成本为 1\,537.5 万元（＝1\,500＋37.5）。

方案二：稳定股利方案的税负及成本的计算。

股东层面：

      股利支付金额 $= 0.1 \times 10\ 000 = 1\ 000$（万元）

      股东应付个人所得税 $= 1\ 000 \times 20\% = 200$（万元）

      股东税后净收益 $= 1\ 000 - 200 = 800$（万元）

公司层面：

      B 公司剩余未分配利润金额 $= 3\ 000 - 1\ 000 = 2\ 000$（万元）

      新项目需要的再筹资金额 $= 2\ 000 - 2\ 000 = 0$

因此，在稳定股利方案下，甲公司股利支付及筹资的实际成本为 1 000 万元。

方案三：剩余股利方案的税负及成本的计算。

股东层面：

项目所需 2 000 万元资金中需要股权融资的金额为 1 200 万元（$= 2\ 000 \times 60\%$），债务融资金额为 800 万元（$= 2\ 000 \times 40\%$）。

      剩余可用于支付股利金额 $= 3\ 000 - 1\ 200 = 1\ 800$（万元）

      股东应付个人所得税 $= 1\ 800 \times 20\% = 360$（万元）

      股东税后净收益 $= 1\ 800 - 360 = 1\ 440$（万元）

公司层面：

      甲公司的债务筹资成本 $= 800 \times 10\% = 80$（万元）

由于债务融资利息支出可以抵税，因此筹资的实际成本为 60 万元 [$= 80 \times (1 - 25\%)$]。

因此，在剩余股利方案下，甲公司股利支付及筹资的实际成本为 1 860 万元（$= 1\ 800 + 60$）。

综上所述，甲公司应选择方案二，即采用稳定股利方案。

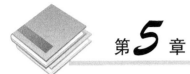

第5章

个人所得税的税收筹划

一、学习目的与要求

个人所得税是以个人取得的各项应税所得为征税对象而征收的一种所得税。通过本章的学习，在掌握个人所得税基本法规的前提下，学生应学会如何从纳税人身份、计税依据、税率和税收优惠政策等角度进行综合的税收筹划，并能针对具体问题制定筹划方案。

二、重点与难点

（一）个人所得税筹划原理

1. 纳税人的税收筹划

（1）居民个人和非居民个人的转换。根据纳税人的住所和其在中国境内居住的时间，个人所得税的纳税人分为居民个人和非居民个人。由于对这两种纳税人的税收政策不同，因此纳税人可以通过对住所和居住时间的税收筹划，改变纳税人居民个人或非居民个人的身份，实现节税目的。

1）控制居住时间，改变居民个人的身份。通过控制居住时间，使停留在我国境内的时间不满183天，就可以避免成为我国的居民个人，从而规避了居民个人的无限纳税义务。

2）控制人员的住所（居住地）。控制人员的住所（居住地）进行税收筹划，是指个人通过个人的住所或居住地跨越税境的迁移，也就是具体实施税收筹划的当事人把自己的居所迁出某国，但又不在任何地方取得住所，从而躲避所在国对其纳税人身份的确认，进而免除个人所得税的纳税义务。在国际上，许多国家往往把拥有住所并在该国居住一定时间以上的个人确定为纳税人。这样一来，一些从事跨国活动的人员就可以自由地游离于各国之间，而不成为任何国家的居民个人，从而达到少缴税或不缴税的目的。

（2）公司制企业与个体工商户、个人独资企业、合伙企业的选择。目前，个人可以选择的企业组织形式主要有：作为个体工商户从事生产经营和对企事业单位实行承包、承租经营业务；成立个人独资企业；组建合伙企业；设立公司制企业（企业所得税纳税人）。在对这些投资方式进行比较时，如果其他因素相同，投资者应承担的税收特别是所得税便成为影响投资决策的关键。

如果企业采用公司制形式，则需要先就公司所得缴纳企业所得税，在其自然人股东取得股息、红利所得后，还要缴纳个人所得税；如果采用合伙企业的形式，则对自然人合伙人只征收个人所得税。

2. 个人所得税计税依据的税收筹划

由于个人所得税的应税项目不同，并且取得某项所得所需的费用也不相同，因此在计算个人应纳税所得额时，需要按不同应税项目分项计算，以某应税项目的收入额减去税法规定的相应费用减除标准后的余额为该项目的应纳税所得额。依据《中华人民共和国个人所得税法》（以下简称《个人所得税法》）关于计税依据的规定，可以通过加大费用扣除来降低个人所得税的税基，进而降低个人所得税的税收负担。

（1）应税收入的税收筹划。应税收入的大小直接影响个人所得税的应纳税额。在纳税人实际收入水平不变的情况下，可以通过不同收入项目之间的转换，尽可能降低名义收入，以减少应纳税额、实现税后净收入最大化。例如，纳税人可以通过由企业提供职工福利设施、交通工具等，降低个人名义收入，进而减少应纳个人所得税税额。

（2）个人所得税费用扣除项目的税收筹划。个人所得税费用扣除项目的筹划要点是尽量增加可以税前扣除的费用支出。一方面，为他人提供劳务以取得报酬的个人，可以考虑由对方提供一定的福利，将本应由自己承担的费用改为由对方承担，以达到规避个人所得税的目的。比如在提供劳务的过程中，由对方提供餐饮服务、报销交通费、提供住宿、提供办公用具、安排实验设备等日常开支，如果这些费用由个人负担，就不能在应纳税所得额中扣除。如果将这些自己承担的费用开支转由对方承担，则可相应降低自己的劳务报酬总额，从而使该项劳务报酬所得适用较低的税率。另一方面，纳税人可利用税收优惠政策提高税前可扣除项目金额，比如购买商业健康保险产品等。

3. 个人所得税税率的税收筹划

（1）避免边际税率提高。个人所得税通常采用超额累进税率，也就是纳税人的应税所得越多，其适用的最高边际税率就越高，从而使纳税人收入的平均税率和实际有效税率都可能大幅提高。因此，在一定时期内纳税人收入总额既定的情况下，其分摊到各个纳税期内的收入应尽量均衡，不能大起大落，以免增加纳税人的税收负担。

（2）高边际税率向低边际税率转换。对于适用累进税率的综合所得与经营所得，应在税法允许的范围内降低应税收入及适用的税率，从而达到节税的目的。例如，在税法允许的范围内将工资、薪金收入福利化，尽可能降低名义货币工资所得，这样既能保证原生活福利水平不降低，又能通过降低适用的累进税率，减少应缴纳的个人所得税。

（3）个人所得税收入项目的转换。因为不同应税项目适用的税率不同，所以在相同收入规模下不同应税项目所缴纳的个人所得税会存在较大的差异，因此利用不同应税项目的税率差异进行税收筹划是一个重要思路。综合所得的最高边际税率是45%，经营所得的最高边际税率是35%，其他收入的税率一般为20%。一般来说，个人收入越高，比例税率会带来相对税负下降，而累进税率则不同。如果所得较多，则可以考虑将高税率的工资、薪金所得以及劳务报酬所得等综合所得，转换为较低税率的股息、红利所得或者股权转让所得等。

4. 个人所得税税收优惠政策的税收筹划

（1）境外所得已纳税额扣除的税收筹划。境外所得已纳税额的扣除原理就是通过对境外所得地、所得时间以及所得项目等进行税收筹划，使境外所得的已纳税额能够得到充分抵免。

（2）捐赠的税收筹划。

1）选择捐赠对象。个人在进行捐赠时，应注意捐赠对象，除税法允许扣除的对象外，其他捐赠支出是不允许税前列支的。捐赠对象不同，扣除比例也不同，一般扣除比例为应纳税所得额的30%，在特定情况下允许全额扣除。税法规定，个人发生公益慈善事业捐赠进行税前扣除，接受捐赠的机构必须符合特定条件，即接受捐赠的机构为公益性社会组织或县级以上人民政府及其部门，捐赠的用途为教育、济困等公益慈善事业。

2）安排捐赠途径。个人在进行捐赠时，应通过中国境内县级以上人民政府及其组成部门和直属机构或具有公益性捐赠税前扣除资格的社会组织、国家机关进行捐赠，直接捐赠支出不允许税前列支。

3）取得合法的凭证。取得合法的凭证是进行税收筹划最基本的条件。个人发生公益捐赠不能及时取得捐赠票据的，可以暂时凭公益捐赠银行支付凭证扣除，并向扣缴义务人提供公益捐赠银行支付凭证复印件。个人应在捐赠之日起90日内向扣缴义务人提供捐赠票据。

4）调整捐赠金额。如果捐赠金额超过了可扣除限额，应考虑分次或分项捐赠，尽量使捐赠金额不超过扣除限额。

5）选择合适的捐赠时间。第一，捐赠行为应选择在有所得的年份或月份进行，综合所得按年计算，分类所得按月计算，以实现捐赠的抵税效应。第二，捐赠行为应选择在综合所得或经营所得最大的年度进行，以实现捐赠的抵税效应最大化。

6）确定扣除的时间。居民个人取得工资、薪金所得的，可以选择在预扣预缴时扣除，也可以选择在年度汇算清缴时扣除。在经营所得中扣除公益捐赠支出的，可以选择在预缴税款时扣除，也可以选择在汇算清缴时扣除。纳税人可选择在预缴税款时先行扣除。

7）选择捐赠的标的资产。个人捐赠的标的资产有货币性资产，股权、房产和其他非货币性资产，税法规定的这三类资产捐赠支出金额的确定口径各不相同。货币性资产捐赠以实际捐赠金额作为捐赠支出；股权、房产捐赠以持有的原值作为捐赠支出金额；其他非货币性资产捐赠以非货币性资产的市场价格确定捐赠金额。纳税人应根据应税所得及扣除限额的情况合理选择捐赠的标的资产类型，以实现抵税效应的最大化。

8）规划扣除的所得项目顺序。居民个人应根据各项所得的收入、公益捐赠支出、适用的税率等情况，自行决定在综合所得、分类所得、经营所得中扣除的公益捐赠支出的顺序。居民个人捐赠当月有多项多次分类所得的，应先在其中一项一次分类所得中扣除。已经在分类所得中扣除的公益捐赠支出，不再调整到其他所得中扣除。纳税人应优先选择边际税率高的所得项目进行扣除，以实现捐赠扣除抵税效应的最大化。

（二）工资、薪金的个人所得税筹划

1. 工资、薪金福利化

对于缴纳工资、薪金个人所得税的居民个人来说，在法律允许的条件下，能将工资、薪金福利化的尽量福利化。其节税的主要方法是在保证消费水平提高的前提下，降低所得额，借以规避高边际税率，最终达成减轻税负的目的。对于企业来说，要在遵守税法的前提下，合理选择职工收入的支付方式，以帮助职工提高消费水平并降低税负。

（1）为职工提供与公司经营业务有关的培训。为职工提供与公司经营业务有关的培训可以降低名义工资，提高职工的福利水平，降低个人所得税的应纳税额。需要注意的是，并非所有培训都可以通过这种方式免缴个人所得税。

（2）用餐补贴。职工因公务不能在工作单位（或返回）就餐的，可以按标准领取误餐费，不并入应纳税所得中；类似地，职工在出差时发生的餐费，也可在标准内领取差旅费补贴，不扣缴个人所得税。但是，企业为职工设立食堂所提供的免费用餐和直接给职工发放伙食补贴都需要计入工资、薪金所得并缴纳个人所得税。

（3）为职工提供劳保用品。企业为职工提供的实际属于工作条件的劳保用品，不属于个人所得，但企业以"劳动保护"名义向职工发放的实物以及货币性资金都需要缴纳个人所得税。

（4）为职工提供通勤便利。企业可以配备车辆接送职工上下班，这部分支出既可以从职工的工资中扣除，从而降低名义收入，职工也不需要为此缴纳个人所得税，又可以选择向职工发放交通补贴，符合标准的无须扣缴个人所得税（各省的标准不一样，企业在发放交通补贴时需要注意不可超过标准发放，否则可能会增加职工的税负）。

2. 转换为其他形式的所得

如果纳税人每月能从两处或多处（兼职）取得工资、薪金，建议选定一处的收入作为工资、薪金项目，其余各处的收入作为劳务报酬项目，因为劳务报酬所得以减除20%的费用后的余额作为收入额。

3. 扣除项目的税收筹划

在房贷利息的扣除上，税法规定，在实际发生贷款利息的年度，按照每月1 000元的标准定额扣除。经夫妻双方约定，可以选择由其中一方扣除，具体扣除方式在一个纳税年度内不能变更。房贷利息的扣除也需要在夫妻双方中统筹决定。

4. 薪酬激励方式的转化

（1）股票期权的税收筹划。

1）行权日期的选择。由于股票期权将行权日作为纳税义务日，而行权之后再转让股票就无须纳税，这就为个人所得税的税收筹划留下了空间。股票期权的股票市价在行权有效期内是波动的，被激励对象可以在行权有效期内合理选择行权日，尽可能选择在股票市价接近行权价的日期行权，从而降低应纳税所得额，达到个人所得税节税的目的。

2）股票期权所得与工资、薪金所得以及年终奖之间的转换。我国对股票期权所得采取的是独立征收个人所得税的办法，股票期权所得在一年内多次取得的要合并计算（分次取得的合并为一次计税）。纳税人可结合全年一次性奖金测算最低税负方案，在工资、股票期权以及年终奖之间进行转换，通过降低适用税率，以减少应纳税额。

3）股票增值权与限制性股票的选择。比较股票期权和股票增值权所得，如果预计在行权日后股票价格将上升，那么以股票期权的形式作为激励机制会使个人产生节税效应。根据我国税法的规定，个人在上海证券交易所、深圳证券交易所转让从上市公司公开发行和转让市场取得的上市公司股票所得，免征个人所得税。这样就可以将个人从企业取得的收益转移到资本市场上，从而获得免税收益。当授权日或股票登记日与解禁日或行权日股票的市价差距较大时，授予职工限制性股票比授予股票期权更有利。这是因为限制性股票的应纳税所得额是按照股票登记日、解禁日的股票价格平均值与实际支付价格的差额计算的，股票期权所得是按行权日股票市价与行权价（即实际支付）的差额计算的，当市价上升较大时，前者远小于后者，从而减少应纳税额。

（2）工资与股息的选择。个人投资者获取收益的方式有税前领取工资和税后分配股息、红利两种，在选择领取报酬的方式时，若能充分利用工资和股息之间所适用税率的差别，把部分股息所得转化为工资、薪金所得，就能降低投资者的整体税收负担。

（三）稿酬所得、财产转让所得的个人所得税筹划

1. 稿酬所得的税收筹划

与出版社协商，让其提供尽可能多的设备、服务，这样就将费用转移给了出版社，纳税人基本上不用负担费用，使得稿酬所得相当于享受到两次费用抵扣，从而减少了应纳税额。可以考虑由出版社负担的费用有以下几种：资料费、稿纸、绘画工具、作图工具、书写工具、其他材料、交通费、住宿费、实验费、实践费等。有些行业甚至可以要求提供办公室以及计算机等办公设备。

2. 财产转让所得的税收筹划

（1）拍卖财产的税收筹划。对个人通过拍卖市场取得的财产拍卖所得适用财产转让所得项目计征个人所得税时，存在两种计算方法：一种是按照应纳税所得额适用20％的税率计算应纳税额；另一种是按照转让收入额适用3％的征收率计算应纳税额。利用这两种计算方法计算的应纳税额往往会存在很大的差异。

（2）转让限售股的税收筹划。纳税人可以通过比较限售股原值和转让限售股过程中发生的合理税费之和是否大于限售股转让收入的15％来决定是否提供限售股原值凭证。

（四）利息、股息、红利的个人所得税筹划

1. 债券投资的税收筹划

个人在进行债券投资决策时，需要考虑的最重要因素之一就是投资所能获得的净收益。

2. 股票投资的税收筹划

个人转让上市公司股票取得的资本利得与持有上市公司股票分得的股息、红利所得适用不同的税收待遇，即前者可以享受免税优惠，而后者需要缴纳个人所得税。此外，对于持有上市公司股票而取得的股息、红利所得应缴纳的个人所得税，也会因持股期限的长短而有所差异，即持股期限越长，个人所得税的实际税负越轻。在进行股票投资时，纳税人可以充分利用这些税收待遇的差异进行税收筹划，以减轻自身税负。一方面，如果上市公司保留利润不做分配，这在一定程度上会促使股价上涨，当个人投资者转让所持的股票时，就能将股息、红利性质的所得转化为股票资本利得，进而可以享受免征个人所得税的优惠。另一方面，纳税人可以利用持股期限的临界点进行税收筹划，尽可能延长持股期限，使获得的股息、红利所得可以适用更低的税率，甚至享受免税待遇。

三、关键术语

根据税法的规定，在中国境内有住所或者是无住所而一个纳税年度内在中国境内居住累计满 183 天的个人，为居民个人，其从中国境内和境外取得的收入，按照《个人所得税法》缴纳个人所得税。

在中国境内有住所的个人是指因户籍、家庭、经济利益关系而在中国境内习惯性居住的个人。习惯性居住可作为判定纳税人是居民个人还是非居民个人的一个法律意义上的标准，而不是指实际居住地或在某一个特定时期内的居住地。例如，因学习、工作、探亲、旅游等而在中国境外居住的，在上述原因消除之后，必须回到中国境内居住的个人，以中国为习惯性居住地。

在中国境内无住所又不居住，或者无住所而一个纳税年度内在中国境内居住累计不满 183 天的个人，为非居民个人，其从中国境内取得的所得，按照《个人所得税法》缴纳个人所得税。

工资、薪金所得是指个人因任职或者受雇而取得的工资、薪金、奖金、年终加薪、劳动分红、津贴、补贴以及与任职或者受雇有关的其他所得。

劳务报酬所得是指个人独立从事各种非雇用劳务取得的所得，主要包括设计、装潢、安装、制图、化验、测试、医疗、法律、会计、咨询、讲学、新闻、广播、翻译、审稿、书画、雕刻、影视、录音、录像、演出、表演、广告、展览、技术服务、介绍服务、经纪服务、代办服务和其他劳务。在实际操作过程中，还可能出现难以判定一项所得是属于工资、薪金所得，还是属于劳务报酬所得的情况。这两者的区别在于：工资、薪金所得属于从事非独立个人劳务活动，即在机关、团体、学校、部队、企事业单位及其他组织中因任职、受雇而得到的报酬；劳务报酬所得是个人独立从事各种技艺、提供各项劳务取得的报酬。前者存在雇用关系，并且按照国家相关法律的规定，被雇用者的各种社会保险也由雇用单位承担并缴纳，但后者不存在这种关系。

稿酬所得是指个人因其作品以图书、报刊形式出版、发表而取得的所得。除任职、受雇于报纸、杂志等单位的记者、编辑等专业人员外，其他人员在本单位的报纸、杂志上发表作品取得的所得，应按稿酬所得项目缴纳个人所得税。出版社的专业作者撰写、编写或翻译的作品，由该社以图书形式出版而取得的稿费收入，应按稿酬所得项目计算缴纳个人所得税。

特许权使用费所得是指个人提供专利权、商标权、著作权、非专利技术以及其他特许权的使用权取得的所得。提供著作权的使用权取得的所得，不包括稿酬所得。

四、练习题

（一）术语解释

1. 居民个人
2. 非居民个人
3. 工资、薪金所得
4. 劳务报酬所得

（二）填空题

1. 个人由于担任董事职务且不在公司任职、受雇所取得的董事费收入，属于_____。

2. 企业购买车辆并将车辆所有权办到股东个人名下，按照_____项目征收个人所得税。

3. 税法规定，纳税人在中国境外一个国家或者地区实际缴纳的个人所得税税额，超过该国或者地区抵免限额的，其超过部分不得在本纳税年度的应纳税额中扣除，但可以在_____中补扣，补扣期限最长不得超过5年。

4. 个人将其所得通过中国境内的社会组织、国家机关向社会公益事业以及遭受严重自然灾害地区捐赠，捐赠额未超过纳税义务人申报的应纳税所得额_____的部分，可以从其应纳税所得额中扣除。

5. 居民个人的综合所得以每一纳税年度的收入额减除费用_____以及_____、_____和依法确定的其他扣除后的余额为应纳税所得额。

6. 单位和个人分别在不超过职工本人上一年度月平均工资_____的幅度内，其实际缴存的住房公积金，允许在个人应纳税所得额中扣除。

7. 除了个人独资企业、合伙企业以外的其他企业用企业资金为个人投资者支付的消费性支出应按照_____项目征收个人所得税。

8. 对个人在上海证券交易所、深圳证券交易所以外的股票交易市场转让从上市公司公开发行和转让市场取得的上市公司股票的所得，_____个人所得税。

9. 转让财产收入不能正确计算原值的，按转让收入额乘以_____％的征收率计算缴纳个人所得税。

10. 个人拍卖除文字作品原稿及复印件外的其他财产，如瓷器、玉器、珠宝、邮品、钱币、古籍和古董等物品，应以其转让收入额减除_____和_____后的余额为应纳税所得额，按照"财产转让所得"项目适用_____的税率缴纳个人所得税。

11. 个人转让限售股，以每次_____减除_____和_____后的余额为应纳税所得额。

（三）判断题

1. 纳税人享受子女教育专项附加扣除的，可以选择由其中一方按扣除标准的100％扣除，也可以选择由夫妻双方分别按照扣除标准的50％扣除。（   ）

2. 纳税人取得经营所得，按月或按季计算应纳个人所得税，向经营管理所在地主管税务机关办理纳税申报。（   ）

3. 老李通过村委会组织捐赠的爱心基金向灾区捐赠3万元，该笔捐赠可以扣除。（   ）

4. 个人对企事业单位承包、承租经营后，要征收企业所得税。（   ）

5. 企业提供任何培训都可以作为一项福利使职工免交一部分个人所得税。（   ）

6. 截至2023年，年终奖只能并入当年综合所得计征个人所得税。（   ）

7. 利息、股息、红利每次收入的确定以一个月内的累计收入为一次进行核算。（   ）

8. 个人转让股权按照股息所得征收个人所得税，个人转让上市公司股票取得的资本利得享受免税优惠。（   ）

9. 在转让限售股时，不能准确计算限售股原值的，按照限售股转让收入的20％核定限售股原值及合理税费。（   ）

10. 拍卖财产所得，应当以其转让收入额为应纳税所得额。（   ）

11. 转让境内上市公司股票取得的所得，免征个人所得税。（   ）

12. 作者将自己的文字作品手稿原件或复印件拍卖取得的所得，应按照"财产转让所得"项目缴纳个人所得税。（   ）

（四）单选题

1. 以下属于工资、薪金所得的项目有（   ）。
A. 托儿补助费
B. 劳动分红
C. 投资分红
D. 独生子女补贴

2. 合伙企业的投资者李某以企业资金为其本人购买汽车和住房，该财产购置支出应按（   ）计征个人所得税。
A. 工资、薪金所得
B. 承包、转包所得
C. 个体工商户的生产、经营所得
D. 利息、股息、红利所得

3. 在下列项目中，属于劳务报酬所得的是（   ）。
A. 发表论文取得的报酬

B. 提供著作的版权取得的报酬

C. 将国外的作品翻译出版取得的报酬

D. 高校教师受出版社委托进行审稿取得的报酬

4. 李某及妻子刘某在婚后购买了一套住房，属于首套住房贷款，下列说法正确的是（　　）。

A. 李某和刘某可以各扣除住房贷款利息 500 元

B. 李某和刘某每月均可扣除的额度是 1 000 元

C. 李某和刘某可以由其中一人扣除，每月扣除额度是 1 000 元

D. 李某和刘某所购买的住房如果在北、上、广、深等城市，扣除的标准要高于 1 000 元

5. 李某在一家晚报上连载某小说半年，前三个月每月末报社支付稿酬 10 000 元；后三个月每月末报社支付稿酬 5 000 元。李某所获稿酬应缴纳的个人所得税为（　　）元。

A. 3 688　　　　　B. 4 500　　　　　C. 4 980　　　　　D. 5 040

6. 个体工商户的生产、经营所得以每一纳税年度的收入总额，减除成本、费用以及损失后的余额，为应纳税所得额。其中，对于个体工商户捐赠支出的扣除，说法错误的是（　　）。

A. 捐赠手段在必要时可以达到税收筹划的效果，从而收到既降低税收负担，又扩大纳税人社会影响的效果

B. 捐赠必须是间接捐赠，主要是个人将其所得通过中国境内的社会组织、国家机关向教育和其他社会公共事业及遭受严重自然灾害地区的捐赠

C. 捐赠额未超过纳税人申报的应纳税所得额 30% 的部分，可以从其应纳税所得额中扣除

D. 纳税人发生的纯公益性捐赠支出可以在税前从应纳税所得额中全额扣除

7. 我国税法规定，纳税人从中国境外取得的所得，准予其在应纳税额中扣除已在境外缴纳的个人所得税税额。关于该规定的具体执行，下列说法错误的是（　　）。

A. 扣除额不得超过该纳税人境外所得依照规定计算的应纳税额

B. 已在境外缴纳的个人所得税税款，是指纳税人从中国境外取得的所得，依照该所得来源国或者地区的法律应当缴纳并实际已缴纳的税款

C. 依照税法规定计算的应纳税额，是指纳税人从中国境外取得的所得，区别不同国家或者地区，但不区分应税项目，依照税法规定的费用减除标准和适用税率计算的应纳税额

D. 纳税人在中国境外一个国家或者地区实际已缴纳的个人所得税税额，超过该国或者地区扣除限额的，其超过部分不得在本纳税年度的应纳税额中扣除，但可以在以后不超过五个纳税年度的该国或者地区扣除限额的余额中补扣

8. 工资、薪金所得适用的最低边际税率为（　　），最高边际税率为（　　）的七级超额累进税率。

A. 3%；40%　　　B. 3%；42%　　　C. 5%；40%　　　D. 3%；45%

9. 劳务报酬所得的计税依据以减去（　　）的费用后的余额作为收入额。

A. 10%　　　　　B. 15%　　　　　C. 20%　　　　　D. 25%

10. 房贷利息按照每月（   ）元的标准定额扣除。

A. 1 000   B. 1 500   C. 2 000   D. 2 500

11. 如果采用全年一次性奖金的收入形式，一个员工的年终奖是 36 100 元，其个人所得税适用的税率是（   ）。

A. 3％   B. 8％   C. 10％   D. 12％

12. 目前应征收个人所得税的项目有（   ）。

A. 储蓄利息

B. 保险赔款

C. 持有不足一年的国债滋生的利息

D. 持有不足一年的股票分配的红利

13. 下列说法错误的是（   ）。

A. 所有企业债券的票面利率和净收益率都高于国债

B. 目前我国个人所得税不对公司的未分配利润征税

C. 外籍个人从外商投资企业取得的股息、红利所得免征个人所得税

D. 在现行政策下，个人持股期限超过 1 年的股息、红利所得暂免征收个人所得税

14. 下列说法正确的是（   ）。

A. 从税收的角度看，上市公司不进行利润分配会损害股东的利益

B. 上市公司在派发股息、红利时，股东应缴纳个人所得税

C. 债券投资不仅需要考虑票面利率，而且需要考虑净收益率

D. 个人转让上市公司股票取得的资本利得需要缴纳个人所得税

15. 在下列关于利息、股息、红利所得的个人所得税税收筹划说法中，错误的是（   ）。

A. 可以通过获得现金股利后不立即转让，延长持有时间来避免产生个人所得税的纳税义务

B. 在进行债券投资时，要选择票面利率高的

C. 个人可以通过持有期限的临界点进行税收筹划

D. 个人投资者通过企业的不分配决策可以在今后的转让中将红利所得转变为资本利得，避免产生个人所得税的纳税义务

16. 下列拍品的拍卖所得可归属为拍卖财产所得的是（   ）。

A. 瓷器   B. 玉器   C. 文字作品   D. 古董

17. 纳税人不能提供合法、完整、准确的财产原值凭证，不能正确计算原值的，征收率为（   ）。

A. 10％   B. 7％   C. 5％   D. 3％

18. 转让限售股收入，不能准确计算限售股原值的，征收率为（   ）。

A. 20％   B. 15％   C. 10％   D. 5％

19. 财产转让所得项目的个人所得税税率为（   ）。

A. 13％   B. 9％   C. 6％   D. 20％

20. 居民个人取得的下列所得，应纳入综合所得计征个人所得税的是（   ）。

A. 偶然所得

B. 特许权使用费所得

C. 股息、红利所得

D. 财产转让所得

21. 李某为熟食加工个体户，取得年生产、经营所得 20 万元，生产经营成本为 18 万元（含购买一辆非经营用小汽车，支出 8 万元）；另取得个人文物拍卖收入 30 万元，不能

提供原值凭证。该文物经文物部门认定为海外回流文物。在下列关于李某当年个人所得税纳税事项的表述中，正确的是（　　）。（李某没有综合所得。）

A. 购买小汽车的支出可以在税前扣除

B. 经营所得应纳个人所得税的计税依据为 4 万元

C. 文物拍卖所得按文物拍卖收入额的 3‰ 缴纳个人所得税

D. 文物拍卖所得应并入经营所得，一并缴纳个人所得税

22. 在个体工商户发生的下列支出中，允许在个人所得税前扣除的是（　　）。

A. 用于家庭的支出

B. 生产经营过程中发生的财产转让损失

C. 非广告性质赞助支出

D. 已缴纳的增值税税款

23. 在下列各项中，不需要按照"经营所得"项目计算缴纳个人所得税的是（　　）。

A. 个体工商户接受捐赠取得的收入

B. 个人独资企业的个人投资者以企业资金为其家庭成员购买汽车发生的支出

C. 个体工商户与企业联营而分得的利润

D. 合伙企业的个人投资者以企业资金为其家庭成员购买别墅发生的支出

24. 在下列关于个人所得税的说法中，错误的是（　　）。

A. 企业对累积消费达到一定额度的个人按消费积分反馈礼品，对个人取得的礼品所得，按照"其他所得"项目缴纳个人所得税

B. 个人因取得有奖发票而获得的奖金所得，属于《个人所得税法》规定的"偶然所得"项目

C. 某杂志的打字员在任职单位的杂志上发表文章取得的所得，按照"稿酬所得"项目缴纳个人所得税

D. 某股份有限公司的股东王某用企业资金为自己购买一辆小汽车，视为该企业对个人股东的红利分配，依照"利息、股息、红利所得"项目征收个人所得税

（五）多选题

1. 在下列各项所得中，说法错误的有（　　）。

A. 个人举办书法展览取得的所得，按照特许权使用费征税

B. 编剧从电视剧的制作单位取得的剧本使用费，按照特许权使用费征税

C. 将苏东坡的书法作品拍卖取得的所得，按照特许权使用费征税

D. 将自己的小说手稿和书法作品拍卖取得的所得，按照稿酬所得项目征税

2. 某单位购置一批商品房销售给职工，陈某以 50 万元的价格购买了一套，单位的原购置价格为 56 万元。对上述业务处理正确的有（　　）。

A. 陈某当月应缴纳的个人所得税为 5 790 元

B. 低价购房差价应与当月工资、薪金合并计算缴纳个人所得税

C. 低价购房差价应按其他所得缴纳个人所得税

D. 低价购房差价不并入当年综合所得，单独计算纳税

3. 在以下关于赡养老人专项附加扣除的说法中，正确的是（ ）。

A. 纳税人为独生子女的，按照每年 24 000 元（每月 2 000 元）的标准定额扣除

B. 纳税人为非独生子女的，应当与其兄弟姐妹分摊每年 24 000 元（每月 2 000 元）的扣除额度

C. 分摊方式包括平均分摊、被赡养人指定分摊或者赡养人约定分摊，具体分摊方式在一个纳税年度内不得变更

D. 采取指定分摊或约定分摊方式的，每一纳税人分摊的扣除额最高不得超过每年 12 000 元（每月 1 000 元），并签订书面分摊协议

4. 下列关于我国个人所得税法对利息、股息、红利所得设定的税收优惠，说法错误的是（ ）。

A. 个人取得的国债和国有金融企业发行的债券利息所得免税

B. 国家发行的金融债券利息所得免税

C. 个人因持有中国铁路建设债券而取得的利息所得免税

D. 对个人投资者买卖基金份额获得的差价收入，在对个人买卖股票的差价收入未恢复征收个人所得税以前，暂不征收个人所得税

E. 对投资者从基金分配中获得的国债利息和个人买卖股票差价收入，在国债利息收入和个人买卖股票差价收入未恢复征收个人所得税以前，暂不征收个人所得税

5. 根据税法的规定，在对纳税人的境外所得征税时，（ ）。

A. 应区别不同国家或者地区和不同应税项目，依照税法规定的费用减除标准和适用税率计算应纳税额

B. 同一国家或地区内不同应税项目的应纳税额之和，为该国或者地区的扣除限额

C. 纳税人在中国境外一个国家或者地区实际已经缴纳的个人所得税税额，低于该国或者地区扣除限额的，应当在中国缴纳差额部分的税额

D. 超过该国或者地区扣除限额的，其超过部分可在本纳税年度的应纳税额中扣除

6. 以下不需要缴纳个人所得税的行为是（ ）。

A. 企业发给员工的伙食补贴

B. 大饭店为厨师提供厨艺培训

C. 油漆厂为职工提供防毒面具

D. 企业为员工配备专车接送上下班

7. 下列属于专项附加扣除的项目是（ ）。

A. 子女教育 B. 大病医疗

C. 住房贷款利息 D. 借款利息

8. 下列各项在个人所得税中适用20%税率的有（ ）。

A. 股息、红利所得 B. 个体工商户的经营所得

C. 利息所得 D. 偶然所得

E. 综合所得

9. 在下列所得中，有费用一般扣除规定的有（ ）。

A. 股息所得 B. 稿酬所得

C. 财产租赁所得 D. 利息所得

E. 红利所得

10. 下列关于我国个人所得税法对利息、股息和红利所得设定的税收优惠，说法错误的是（　　）。

A. 个人取得的国债和国有金融企业发行的债券利息所得免税

B. 国家发行的金融债券利息所得免税

C. 个人因持有中国铁路建设债券而取得的利息所得免税

D. 对个人投资者买卖基金份额获得的差价收入，在对个人买卖股票的差价收入未恢复征收个人所得税以前，暂不征收个人所得税

E. 个人独资企业和合伙企业以外的企业，为股东购买的房屋、汽车等财产支出，视为企业对个人投资者的红利分配，按照"利息、股息、红利所得"项目征收个人所得税

11. 可以作为财产所得抵扣凭证的是（　　）。

A. 税务机关监制的正式发票　　　　　B. 境外交易单据

C. 销售票据　　　　　　　　　　　　D. 海关完税证明

12. 以下按照财产转让所得项目征收个人所得税的有（　　）。

A. 个人转让债权取得的所得

B. 个人转让住房取得的所得

C. 个人将其收藏的已故作家文字作品手稿拍卖取得的所得

D. 个人将自己的文字作品手稿复印件拍卖取得的所得

13. 下列关于各项所得在计算个人所得税时的费用减除标准，说法错误的是（　　）。

A. 工资、薪金所得现在执行的标准是每月收入额减除 2 000 元后的余额为应纳税所得额

B. 个体工商户的生产、经营所得，以每一纳税年度的收入总额减除成本、费用以及损失后的余额为应纳税所得额

C. 劳务报酬所得、对企事业单位的承包经营和承租经营所得、稿酬所得、特许权使用费所得、财产租赁所得，每次收入不超过 4 000 元的，减除费用 800 元；4 000 元以上的，减除 20％的费用，其余额为应纳税所得额

D. 财产转让所得，以转让财产的收入额减除财产原值和合理费用后的余额，为应纳税所得额

14. 对于（　　），不论其支付地点是否在中国境内，均为来源于中国境内的所得。

A. 因任职、受雇、履约等在中国境内提供劳务取得的所得

B. 将财产出租给承租人在中国境内使用而取得的所得

C. 转让中国境内的建筑物、土地使用权等财产或者在中国境内转让其他财产取得的所得

D. 许可各种特许权在中国境内使用而取得的所得

15. 下列所得属于工资、薪金所得项目的有（　　）。

A. 甲公司会计张三利用周末到乙公司做审计助理的兼职所得

B. 王四出差取得的规定标准的差旅费津贴

C. 任职于杂志社的李明在单位杂志上发表作品取得的所得

D. 某公司总经理赵兴兼任公司董事取得的董事费所得

16. 在下列各项中，免征个人所得税的有（　　）。

A. 国债和国家发行的金融债券利息

B. 残疾、孤老人员和烈属的所得

C. 个人举报、协查各种违法、犯罪行为而获得的奖金

D. 军人转业费、复员费

（六）简答题

1. 个人所得税的征税范围包括哪些所得？适用什么税率？

2. 境外所得已纳税额扣除筹划的注意事项有哪些？

3. 简述企业向职工提供福利以减少个人所得税的具体方法（至少3条）。

4. 根据持股时间，对股息、红利所得的征税要求可分为几类？

5. 在股票投资中，纳税人如何利用股票转让和分红所面临的税收差异进行税收筹划？

6. 简述拍卖财产的税收筹划方法。

7. 简述转让限售股的税收筹划思路。

（七）计算题

1. 某大学教授某年度的稿酬收入如下：①公开发表论文两篇，分别取得500元和1 800元稿费。②去年4月出版一本学术专著，取得稿酬12 000元；当年重新修订后再版，取得稿酬13 500元。③3月编著一本教材出版，取得稿酬5 600元；同年10月加印，取得追加稿酬5 200元。该教授当年的稿酬所得应预扣预缴多少个人所得税？

2. 公民孙某转让境外上市公司股票的净所得为20万元；从中国境内上市公司分得股息3 000元，持股期限为6个月；购买企业债券30 000份，每份5元，支付相关税费1 500元，当年转让10 000份，卖出价为每份5.5元，支付相关税费550元。孙某上述所得应缴纳的个人所得税是多少？

3. 中国居民纳税人王某在B国取得了应税收入。其中，在B国某公司任职，每月取得工资9 500元，又提供一项专有技术使用权，一次取得工资收入30 000元。上述两项收入在B国缴纳个人所得税7 000元。计算该纳税人应在中国缴纳的税额。

（八）分析题

1. 企业职工小王的每月工资扣除"三险一金"等专项扣除后的应税收入额为15 000元，允许扣除的专项附加扣除额为1 000元，没有其他收入和扣除项目。12月，企业将发放全年一次性奖金42 000元。小王取得的这笔全年一次性奖金应选择哪种计税方式？

2. 李先生持有120万股限售股，已经全部解禁，计划全部减持。已知该限售股的原始取得成本为120万元，转让收入预计为1 200万元，同时要支付印花税、佣金、过户费等税费2万元。李先生保存有完整、真实的限售股原值凭证。李先生应如何进行税收筹划？

3. 许某开设了一个经营水暖器材的公司，由其丈夫负责经营管理，同时许某也承接一些安装维修工程。预计其每年销售水暖器材的应纳税所得额为 4 万元，承接安装维修工程的应纳税所得额为 2 万元。他们应如何进行税收筹划？

4. 某著名经济学家打算创作一部介绍国有企业改革、改制的实用性强的专业著作，需要到沿海和内地的一些典型企业进行考察。因为这位经济学家的学术水平高、社会知名度高，估计该学术著作出版后的销量会很好，所以出版社和经济学家签订了出版协议，并支付稿酬 18 万元，预计该经济学家赴各地的考察费用为 5 万元。他应如何进行税收筹划？

5. 计算年终奖的"税收陷阱"：在 36 000 元至 144 000 元之间，当年终奖是多少时，就不应以全年一次性奖金的形式发放？

6. 李先生是国内某大型企业的部门经理，月薪为 23 000 元，年终奖为 10 万元，每月各项扣除合计 3 000 元。请为其进行个人所得税的税收筹划。

7. 小陈毕业后在北京某单位工作，每月获得工资、薪金 6 000 元，无扣除项目。由于居住地离公司较远，因而小陈每月需要在交通上花费 1 000 元。小陈应如何进行税收筹划？

8. 某上市公司为了激励最佳员工，提出如下两种方案（每种方案的行权条件和时间相同，月份数均超过 12 个月）：

方案一，授予最佳员工 10 000 股股票期权，在行权日按 30 元/股的价格购进该公司的股票 10 000 股。

方案二，授予最佳员工股票增值权，行权股票数为 10 000 股，在股票增值权授权日，股票价格为 25 元/股。

行权日的股票价格为 40 元/股，预计在行权日后，股票价格将上升为 45 元/股。请问哪种方案更能实现节税目的？

9. 对于 100 万元的流动资金，目前有两个投资方案：

（1）投资一年期的国债，利率为 7%。

（2）投资一年期的金融企业债券，利率为 8.5%。

假设其他条件相同，不考虑其他费用，试计算这两种方案的税后收益并进行选择。

10. 我国居民张某从 1 月 1 日起持有某上市公司股票 200 万股。7 月，该上市公司公布了当年的利润分配方案，采取派发现金红利的方式，每股分配 0.1 元。8 月，上市公司派发了现金红利。张某应如何进行税收筹划？

11. 某上市公司的股东李某由于住所离工作地较远，公司专门购买了一辆价值 100 万元的小汽车让李某使用。该小汽车预计使用 10 年，残值按原价的 2.5% 估计，按直线法计算折旧。小汽车每年的固定使用费用为 1 万元，每年的油耗及修理费为不含税价 2 万元（均取得了增值税专用发票）。公司将车辆的所有权办到了李某的个人名下，购车款由公司支付。该公司应如何筹划？

12. 某上市公司 A 在讨论股利分配方案时，相关成员提出了两种方案：一是保留利润，不做分配，将其转增股本；二是进行现金红利分配。

请讨论在这两种方案下对个人股东和公司的税收处理情况。

（九）综合题

1. 自然人张三拟投资一家企业，目前有三种方案：一是直接投资；二是通过控股公司投资；三是先设立个人独资企业，再投资于该企业。不考虑相关税收优惠的影响，请从未来股权转让的税负角度考虑，哪种方案较为合适？

2. 2023年，甲先生每月工资收入9 000元，个人承担的五险一金为2 000元，多项附加扣除共计3 000元，无其他综合所得扣除项目。2023年3月，甲先生收到全年一次性奖金48 000元。甲先生应如何筹划？

五、练习题答案

（一）术语解释

1. 根据税法的规定，在中国境内有住所或者是无住所而一个纳税年度内在中国境内居住累计满183天的个人，为居民个人，其从中国境内和境外取得的所得按照《个人所得税法》缴纳个人所得税。

2. 在中国境内无住所又不居住，或者无住所而一个纳税年度内在中国境内居住累计不满183天的个人，为非居民个人，其从中国境内取得的所得，按照《个人所得税法》缴纳个人所得税。

3. 工资、薪金所得是指个人因任职或者受雇而取得的工资、薪金、奖金、年终加薪、劳动分红、津贴、补贴以及与任职或者受雇有关的其他所得。

4. 劳务报酬所得是指个人独立从事各种非雇用劳务取得的所得，主要包括设计、装潢、安装、制图、化验、测试、医疗、法律、会计、咨询、讲学、新闻、广播、翻译、审稿、书画、雕刻、影视、录音、录像、演出、表演、广告、展览、技术服务、介绍服务、经纪服务、代办服务和其他劳务。

（二）填空题

1. 劳务报酬所得

2. 利息、股息、红利所得

3. 以后纳税年度的该国或者地区抵免限额的余额

4. 30%

5. 6万元　专项扣除　专项附加扣除　【解析】税法规定，居民个人的综合所得以每一纳税年度的收入额减除费用6万元以及专项扣除、专项附加扣除和依法确定的其他扣除后的余额为应纳税所得额。

6. 12% 【解析】根据《住房公积金管理条例》《建设部、财政部、中国人民银行关于住房公积金管理若干具体问题的指导意见》（建金管〔2005〕5号）等规定的精神，单位和个人分别在不超过职工本人上一年度月平均工资12%的幅度内，其实际缴存的住房公积金，允许在个人应纳税所得额中扣除。

7. 利息、股息、红利所得

8. 征收 【解析】在上海证券交易所、深圳证券交易所的市场范围内交易的上市公司股票，免征个人所得税。

9. 3 【解析】转让财产收入不能正确计算原值的，按转让收入额乘以3%的征收率计算缴纳个人所得税。

10. 财产原值 合理费用 20%

11. 限售股转让收入 股票原值 合理税费

（三）判断题

1. √

2. × 【解析】纳税人取得经营所得，按年计算个人所得税，由纳税人在月度或者季度终了后15日内向税务机关报送纳税申报表，并预缴税款；在取得所得的次年3月31日前办理汇算清缴。

3. ×

4. ×

5. × 【解析】只有为职工提供与经营业务有关的培训才可以让职工就这笔费用免交个人所得税，否则这笔费用要计入职工的工资、薪金来交个人所得税。

6. × 【解析】在2023年12月31日前，年终奖可以并入当年综合所得计征个人所得税，也可以不并入当年综合所得，以全年一次性奖金收入形式征收个人所得税。

7. × 【解析】利息、股息、红利以"一次为一次"，即以支付时取得的收入为一次。

8. × 【解析】股权与股票不是等同概念。个人转让股权按照财产转让所得征收个人所得税。

9. × 【解析】在转让限售股时，不能准确计算限售股原值的，按照限售股转让收入的15%核定限售股原值及合理税费。

10. × 【解析】拍卖财产所得，应当以其转让收入减除财产原值和合理费用后的余额为应纳税所得额。

11. √

12. × 【解析】作者将自己的文字作品手稿原件或复印件拍卖取得的所得，应按照"特许权使用费所得"项目缴纳个人所得税。

（四）单选题

1. B 【解析】选项 A 和选项 D 不属于纳税人的工资、薪金所得，是个人所得税不予征税的项目；选项 C 不属于工资、薪金所得项目，属于利息、股息、红利所得项目；选项 B 属于工资、薪金所得项目。

2. C 【解析】个人独资企业、合伙企业的个人投资者以企业资金为本人、家庭及其相关人员支付与企业生产经营无关的消费性支出及购买汽车、住房等财产性支出，视为企业对个人投资者的利润分配，并入投资者个人的生产、经营所得，依照"个体工商户的生产、经营所得"项目计征个人所得税。

3. D 【解析】劳务报酬是指个人从事设计、装潢、审稿等而取得的报酬。选项 A 发表论文取得的报酬和选项 C 将国外的作品翻译出版而取得的报酬属于稿酬所得；选项 B 提供著作的版权而取得的报酬，属于特许权使用费所得。

4. C 【解析】住房贷款利息专项附加扣除经夫妻双方约定，可以由其中一方扣除，按照每月 1 000 元的标准定额扣除。夫妻双方婚前分别购买住房发生的首套住房贷款，其贷款利息支出，婚后可以选择其中一套购买的住房，由购买方按扣除标准的 100% 扣除，也可以由夫妻双方对各自购买的住房分别按扣除标准的 50% 扣除，具体扣除方式在一个纳税年度内不能变更。

5. D

6. D

7. C

8. D 【解析】工资、薪金所得属于综合所得，适用最低边际税率为 3%、最高边际税率为 45% 的七级超额累进税率。

9. C 【解析】税法规定，劳务报酬所得以减去 20% 的费用后的余额作为收入额。

10. A 【解析】税法规定，房贷利息按照每月 1 000 元的标准定额扣除。

11. C 【解析】采用全年一次性奖金的收入形式，年终奖按照七级超额累进税率征税，36 100 元适用 10% 的税率。

12. D 【解析】选项 A、选项 B、选项 C 均属于个人所得税的免征项目。

13. A 【解析】国债利息可以享受免税优惠，可能出现净收益率高于企业债券的情况。

14. C 【解析】选项 A：上市公司不进行利润分配会递延股东纳税时间，获取货币时间价值；选项 B：派发股息、红利时股东不用缴纳个人所得税，等到其转让时才发生纳税义务；选项 D：个人转让上市公司股票取得的资本利得享受免税优惠。

15. B 【解析】在进行债券投资时，要选择税后净收益率高的。

16. C 【解析】个人拍卖除文字作品原稿及复印件以外的其他财产，按照财产转让所得项目缴纳个人所得税。

17. D 【解析】转让财产收入不能正确计算原值的，按转让收入额乘以 3% 的征收率计算缴纳个人所得税。

18. B 【解析】转让限售股收入，不能准确计算限售股原值的，按照限售股转让收入的15％核定限售股原值及合理税费。

19. D 　【解析】财产转让所得项目适用20％的比例税率。

20. B

21. B 　【解析】选项A：用于个人和家庭的支出不允许在税前扣除；选项B：经营所得应缴纳个人所得税的计税依据为4万元（＝20－18＋8－6）；选项C：纳税人不能提供合法、完整、准确的财产原值凭证，拍卖品经文物部门认定为海外回流文物的，按转让收入额的2％计算缴纳个人所得税；选项D：文物拍卖应单独按照"财产转让所得"计算缴纳个人所得税，不并入经营所得计税。

22. B

23. C

24. A

（五）多选题

1. ACD 　【解析】选项A：按照"劳务报酬所得"项目征税；选项C：按照"财产转让所得"项目征税；选项D：按照"特许权使用费"项目征税。

2. AD 　【解析】低于购置成本购买住房的差价为5 000元（＝60 000÷12），适用的税率为10％，速算扣除数为210元。应缴纳的个人所得税为5 790元（＝60 000×10％－210）。单位按低于购置或建造成本价格出售住房给职工，职工因而少支出的差价部分，符合《财政部、国家税务总局关于单位低价向职工售房有关个人所得税问题的通知》（财税〔2007〕13号）第二条规定的，不并入当年综合所得。

3. ABCD

4. AC

5. ABC

6. BCD 　【解析】选项A：根据税法的规定，企业发给员工的伙食补贴需要计入工资、薪金所得征税；选项B：大饭店为厨师提供厨艺培训属于与经营业务相关的培训，所以不需要缴纳个人所得税；选项C：油漆厂为职工提供防毒面具属于为员工提供的实际属于工作环境的劳保用品，不属于个人所得；选项D：企业配备车辆接送员工上下班的支出可以从员工的工资中扣除，不需缴税。

7. ABC 　【解析】《个人所得税专项附加扣除操作办法（试行）》规定：纳税人享受子女教育、继续教育、大病医疗、住房贷款利息或者住房租金、赡养老人、3岁以下婴幼儿照护专项附加扣除。借款利息不属于专项附加扣除。

8. ACD 　【解析】经营所得适用单独的五级超额累进税率表，不适用比例税率。

9. BC 　【解析】对于选项A、选项D和选项E，除另有规定外，不得扣除费用。

10. AC 　【解析】选项A：只有国家发行的金融债券利息免税，其他金融机构发行的需要正常征税；选项C：中国铁路建设债券属于企业债券，不属于财政部发行的债券和经国务院批准发行的金融债券。

11. ABD 　【解析】财产所得的抵扣凭证包括正式发票、境外交易单据、海关报关单据、完税证明等。

12. ABC 【解析】选项 A、选项 B 和选项 C 都属于财产转让所得；选项 D 属于特许权使用费所得。

13. AC

14. ABCD 【解析】对于下列所得，不论其支付地点是否在中国境内，均为来源于中国境内的所得：①因任职、受雇、履约等在中国境内提供劳务取得的所得。②将财产出租给承租人在中国境内使用而取得的所得。③转让中国境内的建筑物、土地使用权等财产或者在中国境内转让其他财产取得的所得。④许可各种特许权在中国境内使用而取得的所得。⑤从中国境内的公司、企业以及其他经济组织或者个人取得的利息、股息、红利所得。

15. CD 【解析】张三的兼职所得属于劳务报酬所得，王四取得的差旅费津贴不属于工资、薪金所得的征税范围。

16. ACD 【解析】选项 B 属于经批准可以减征个人所得税的项目。

（六）简答题

1.【解析】

个人所得税的征税范围包括工资、薪金所得，劳务报酬所得，稿酬所得，特许权使用费所得，经营所得，利息、股息、红利所得，财产租赁所得，财产转让所得，偶然所得。其中，综合所得（包括工资、薪金所得，劳务报酬所得，稿酬所得，特许权使用费所得）适用七级超额累进税率，税率为 3%～45%。经营所得适用 5%～35% 的五级超额累进税率。利息、股息、红利所得，财产租赁所得，财产转让所得，偶然所得适用 20% 的比例税率。

2.【解析】

税法规定，纳税人在中国境外一个国家或者地区实际已缴纳的个人所得税税额，超过该国或者地区抵免限额的，其超过部分不得在该纳税年度的应纳税额中扣除，但可以在以后纳税年度的该国或者地区抵免限额的余额中补扣，补扣期限最长不得超过 5 年。

为了使超过抵免限额的部分在未来 5 年内获得扣除，纳税人应注意以下几点：

第一，纳税人在以后年度必须继续从该国或地区取得应税收入，而且来自该国或地区的所有应税收入的已纳税额之和小于我国税法规定的抵免限额，这样才可以获得抵扣。

第二，如果纳税人在某国或地区只有一项收入，而且该项收入在该国或地区的已纳税额超过了按照我国税法计算的应纳税额，这种情况只会使"超过抵免限额的部分"越来越多，除非该国或地区税制变化（降低税率），或者我国税制变化（提高税率），否则永远不能扣除。

3.【解析】

（1）为职工提供与公司经营业务有关的培训。

（2）为因公务出差的职工提供用餐补贴。

（3）为职工提供劳保用品。

（4）为职工提供通勤便利，比如提供班车接送。

4. 【解析】

（1）自 2013 年 1 月 1 日起，个人从公开发行和转让市场取得的上市公司股票，持股期限在一个月以内（含一个月）的，其股息、红利所得全额计入应纳税所得额。

（2）持股期限在一个月以上至一年（含一年）的，暂减按 50% 计入应纳税所得额。

（3）持股期限超过一年的，从 2015 年 9 月 8 日起，暂免征收个人所得税。

5. 【解析】

（1）如果上市公司保留利润不做分配，这在一定程度上会促使股价上涨，当个人投资者转让所持的股票时，就能将股息、红利性质的所得转化为股票资本利得，进而可以享受免征个人所得税的优惠。

（2）纳税人可以利用持股期限的临界点进行税收筹划，尽可能延长持股期限，使获得的股息、红利所得可以适用更低的实际税率，甚至享受免税待遇。

6. 【解析】

根据《国家税务总局关于加强和规范个人取得拍卖收入征收个人所得税有关问题的通知》（国税发〔2007〕38 号）的规定，个人拍卖除文字作品原稿及复印件以外的其他财产，如瓷器、玉器、珠宝、邮品、钱币、古籍和古董等物品，应以其转让收入额减除财产原值和合理费用后的余额为应纳税所得额，按照财产转让所得项目适用 20% 的税率缴纳个人所得税。在对个人财产拍卖所得征收个人所得税时，以该项财产最终拍卖成交价格为其转让收入额，纳税人凭合法有效凭证，如税务机关监制的正式发票、相关境外交易单据或海关报关单据、完税证明等，可从其转让收入额中减除相应的财产原值、拍卖财产过程中缴纳的税金及有关合理费用作为应纳税所得额。

纳税人不能提供合法、完整、准确的财产原值凭证（包括提供的财产原值凭证内容填写不规范，或者一份财产原值凭证包括多件拍卖品且无法确认每件拍卖品对应的原值），不能正确计算财产原值的，按转让收入额乘以 3% 的征收率计算缴纳个人所得税。

此外，国家税务总局还进一步针对个人取得房屋拍卖收入征收个人所得税问题做出了明确规定，即个人通过拍卖市场取得的房屋拍卖收入在计征个人所得税时，其房屋原值应按照纳税人提供的合法、完整、准确的凭证予以扣除；不能提供完整、准确的房屋原值凭证，不能正确计算房屋原值和应纳税额的，统一按转让收入全额的 3% 计算缴纳个人所得税。

从上述税法规定可以发现，对于个人通过拍卖市场取得的财产拍卖所得适用财产转让所得项目计征个人所得税时，存在两种计算方法：一种是按照应纳税所得额适用 20% 的税率计算应纳税额；另一种是按照转让收入额适用 3% 的征收率计算应纳税额。这两种计算方法计算的应纳税额往往会存在很大差异。

7. 【解析】

自 2010 年 1 月 1 日起，对个人转让限售股取得的所得，按照财产转让所得项目适用 20% 的比例税率征收个人所得税。个人转让限售股，以每次限售股转让收入减去限售股原值和合理税费后的余额为应纳税所得额，即

应纳税所得额＝限售股转让收入－（限售股原值＋合理税费）

其中，限售股转让收入是指转让限售股实际取得的收入；限售股原值是指限售股的买入价及按照规定缴纳的有关费用；合理税费是指转让限售股过程中发生的印花税、佣金、过户

费等与交易相关的税费。纳税人未能提供完整、真实的限售股原值凭证，不能准确计算限售股原值的，主管税务机关一律按限售股转让收入的15%核定限售股原值及合理税费。

如果纳税人保存有完整、真实的限售股原值凭证，那么上述税法规定就为纳税人提供了税收筹划机会。纳税人可以通过比较限售股原值和转让限售股过程中发生的合理税费之和是否大于限售股转让收入的15%来决定是否提供限售股原值凭证。

（七）计算题

1.【解析】

（1）一篇论文的稿酬为500元，低于800元，不预扣预缴税款；另一篇论文的稿酬1 800元应预扣预缴税额140元［＝（1 800－800）×70%×20%］。

（2）同一作品再版取得的所得应视作另一次稿酬所得计征个人所得税。

应预扣预缴税额＝13 500×（1－20%）×70%×20%＝1 512（元）

（3）同一作品在出版后因加印而追加稿酬的，应与以前出版时取得的稿酬合并计征个人所得税。

应预扣预缴税额＝（5 600＋5 200）×（1－20%）×70%×20%＝1 209.6（元）
合计应预扣预缴税额＝140＋1 512＋1 209.6＝2 861.6（元）

2.【解析】

应纳个人所得税＝200 000×20%＋3 000×50%×20%＋（5.5×10 000－5×10 000－550－1 500×10 000÷30 000）×20%
＝41 090（元）

3.【解析】

（1）工资所得：

应纳税额＝（9 500－5 000）×12×10%－2 520＝2 880（元）

（2）特许权使用费所得：

应纳税额＝30 000×（1－20%）×20%＝4 800（元）
抵减限额＝2 880＋4 800＝7 680（元）

纳税人应缴纳7 680元的个人所得税。由于已在B国缴纳了7 000元，而且这些税额可以全部抵扣，所以他要在中国补缴680元（＝7 680－7 000）。

（八）分析题

1.【解析】

（1）选择全年一次性奖金单独计税。由于

42 000÷12＝3 500（元）

所以适用的税率为 10%，速算扣除数为 210 元。

$$全年一次性奖金应纳税额 = 42\ 000 \times 10\% - 210 = 3\ 990（元）$$

$$年度综合所得应纳税额 = (15\ 000 \times 12 - 5\ 000 \times 12 - 1\ 000 \times 12) \times 10\% - 2\ 520$$
$$= 8\ 280（元）$$

$$全年合计应纳个人所得税 = 3\ 990 + 8\ 280 = 12\ 270（元）$$

（2）选择并入当年度综合所得计税。

$$并入后的年度综合所得 = (15\ 000 \times 12 + 42\ 000) - 5\ 000 \times 12 - 1\ 000 \times 12$$
$$= 150\ 000（元）$$

$$全年合计应缴纳个人所得税 = 150\ 000 \times 20\% - 16\ 920 = 13\ 080（元）$$

综上所述，小王可以选择将全年一次性奖金单独计税。

2.【解析】

根据税法的规定，个人转让限售股取得的所得，按照"财产转让所得"项目适用 20%的比例税率征收个人所得税。其计算公式如下：

$$应纳税所得额 = 限售股转让收入 - （限售股原值 + 合理税费）$$
$$应纳税额 = 应纳税所得额 \times 20\%$$

李先生持有的 120 万股限售股的实际原值和转让限售股发生的合理税费预计为 122 万元（$= 120 + 2$）。根据税法的规定，如果李先生未能提供完整、真实的限售股原值凭证，那么主管税务机关一律按限售股转让收入的 15%核定限售股原值及合理税费，即核定的限售股原值及合理税费为 180 万元（$= 1\ 200 \times 15\%$），大于实际的限售股原值及合理税费之和 122 万元。因此，为了减轻自身税负，李先生应选择按照税务机关核定的限售股原值及合理税费 180 万元而不是 122 万元在税前扣除，李先生应缴纳的个人所得税为：

$$应纳税额 = (1\ 200 - 180) \times 20\% = 204（万元）$$

如果李先生凭限售股原值凭证进行扣除，应缴纳的个人所得税为：

$$应纳税额 = (1\ 200 - 122) \times 20\% = 215.6（万元）$$

由此可知，两者相差 11.6 万元（$= 215.6 - 204$）。

3.【解析】

在税收筹划前，许某的经营所得属于个体工商户的生产、经营所得，全年应纳所得税为 4\ 500 元（$= 60\ 000 \times 10\% - 1\ 500$）。

在税收筹划后，许某和丈夫决定成立两个个人独资企业，许某的企业专门承接安装维修工程，许某丈夫的公司只销售水暖器材。在这种情况下，假定每年的收入同上，许某和丈夫每年应纳的所得税分别为 1\ 000 元（$= 20\ 000 \times 5\%$）和 2\ 500 元（$= 40\ 000 \times 10\% - 1\ 500$），两人合计纳税 3\ 500 元，每年节税 1\ 000 元（$= 4\ 500 - 3\ 500$）。当然，这种转换需要支付一定的工商登记费和手续费。

4.【解析】

方案一：如果该经济学家自行支付考察费用，则

预扣预缴税额 $= 180\,000 \times (1 - 20\%) \times 70\% \times 20\% = 20\,160$（元）

实际可支配收入 $= 180\,000 - 20\,160 - 50\,000 = 109\,840$（元）

方案二：由出版社支付考察费用5万元，经济学家可得到稿酬13万元，则

预扣预缴税额 $= 130\,000 \times (1 - 20\%) \times 70\% \times 20\% = 14\,560$（元）

实际可支配收入 $= 130\,000 - 14\,560 = 115\,440$（元）

通过税收筹划，该经济学家应采用方案二，可支配收入增加5 600元（ $= 115\,440 - 109\,840$ ）。

5.【解析】

用B表示超过36 000元发放年终奖时个人的税后收入与发放36 000元年终奖时个人的税后收入相等的奖金额，则有

$$B - (B \times 10\% - 210) = 36\,000 \times (1 - 3\%)$$

解得：

$$B = 38\,567（元）$$

即当职工的年终奖在36 000～38 567元时，职工最后得到的税后净收入反而不如直接发36 000元得到的净收入多，所以年终奖未超过38 567元时，就不应以全年一次性奖金的形式发放。

6.【解析】

如果选择工资、薪金和年终奖分别计算，李先生工资、薪金的应纳税额为19 080元 $[= (23\,000 - 3\,000 - 5\,000) \times 12 \times 20\% - 16\,920]$。

年终奖单独计算，应纳税额为29 840元（ $= 100\,000 \times 45\% - 15\,160$ ）。

合计纳税 $= 19\,080 + 29\,840 = 48\,920$（元）

如果选择合并计算，则

年综合所得 $= (23\,000 - 3\,000 - 5\,000) \times 12 + 100\,000 = 280\,000$（元）

应纳税额 $= 280\,000 \times 20\% - 16\,920 = 39\,080$（元）

因此，李先生应合并计算其工资、薪金和年终奖，这样可以节税9 840元（ $= 48\,920 - 39\,080$ ）。

7.【解析】

如果不进行税收筹划，小陈每年需要缴纳的个人所得税为：

应纳税额 $= (6\,000 - 5\,000) \times 12 \times 3\% = 360$（元）

年净收入 $= 6\,000 \times 12 - 360 - 1\,000 \times 12 = 59\,640$（元）

小陈可以与公司协商，让公司为其提供通勤车辆，并将月薪降至5 000元。在这种情况下，小陈不需要缴纳个人所得税，年净收入为60 000元，实现节税360元。与此同时，公司也能将通勤车辆发生的费用在税前扣除。

8.【解析】

在这两种方案下，最佳员工的税前收益相同，均为150 000元 $[= (40 - 30) \times 10\,000 + $

$(45-40)\times10\,000$ 或 $(40-25)\times10\,000$]。

在方案一下，最佳员工的应纳税额计算如下：

应纳税所得额 $=(40-30)\times10\,000=100\,000$（元）

应纳税额 $=100\,000\times10\%-2\,520=7\,480$（元）

在方案二下，最佳员工的应纳税额计算如下：

应纳税所得额 $=(40-25)\times10\,000=150\,000$（元）

应纳税额 $=150\,000\times20\%-16\,920=13\,080$（元）

因此，授予股票期权可以使最佳员工承担更少的个人所得税。

9.【解析】

投资国债的税后收益为 7 万元（$=100\times7\%$），因为国债利息收入免征个人所得税，所以投资国债的收益率为 7%，即为国债利率。

投资金融企业债券的税后收益为 6.8 万元 [$=100\times8.5\%\times(1-20\%)$]，收益率为6.8%，低于名义利率，因此李某选择投资国债能获得更多收益。

10.【解析】

根据持股时间，张某截至该上市公司公布分配方案时，持有股票的时间大于一个月而少于一年。根据税法的规定，张某可将所得的 50% 计入应纳税所得额，如果在此时转让，张某应缴纳个人所得税 2 万元（$=200\times0.1\times50\%\times20\%$）。

如果张某再持有一段时间，于第二年 1 月 1 日后转让股票，则可享受股息、红利所得免征个人所得税的优惠。

11.【解析】

（1）公司现行做法的税收负担及评价。除个人独资企业和合伙企业以外的企业，为股东购买的房屋、汽车等财产支出，视为企业对个人投资者的红利分配，依照"利息、股息、红利所得"项目按照 20% 的比例税率计征个人所得税。

因此，价值 100 万元的汽车应纳税 20 万元（$=100\times20\%$），并由李某负担。另外，小汽车的固定使用费、油耗及修理费都由李某自己支付，这是一笔不小的开销，却没有起到任何抵税效果，而小汽车的折旧对李某来说也没有抵税效果。

（2）改进方案。以企业的名义购进车辆，小汽车的固定使用费、油耗及修理费均由企业承担，不作为企业对李某的"分红"，而作为李某在企业享有的福利和工作用具，这样就避开了个人所得税。在这种方案下，李某不用再承担车辆的税负，企业关于汽车的相关折旧、油耗及修理费等，也能起到企业所得税的抵税效果。

12.【解析】

在不做利润分配的情况下，股东在本期内无法得到现金股利，而是将利润转为了资本利得，在本期不用缴纳个人所得税，从而递延了纳税时间、获得了货币时间价值。在现金红利分配的情况下，持有期短于 1 年的股东在转让时将会按照规定的比例把红利所得计入应纳税所得额，而企业分配的现金红利也不能进行企业所得税的税前扣除。

（九）综合题

1.【解析】

方案一：在这种情形下，转让股权应按照"财产转让所得"适用20％的税率计算缴纳个人所得税。

方案二：转让股权的所得，应由控股公司确认为投资收益，并入其当期应纳税所得额计算缴纳企业所得税，再按"利息、股息、红利所得"适用20％的税率计算缴纳个人所得税。

$$综合税负 = 25\% + (1 - 25\%) \times 20\% = 40\%$$

方案三：由个人独资企业作为转让当期的"生产、经营所得"适用5％～35％的分级税率计算缴纳个人所得税。

综上所述，如果个人独资企业的经营所得规模较小，则选择方案三较为合适。

2.【解析】

如果选择工资、薪金与年终奖分别计算，则甲先生2023年综合所得中工资、薪金部分的应纳税额为零。

如果年终奖单独计算，则

$$应纳税额 = 48\,000 \times 10\% - 210 = 4\,590（元）$$
$$合计纳税 = 0 + 4\,590 = 4\,590（元）$$

如果选择工资、薪金与年终奖合并计算：

$$2023年甲先生的综合所得 = 9\,000 \times 12 - 2\,000 \times 12 - 3\,000 \times 12 - 60\,000 + 48\,000$$
$$= 36\,000（元）$$

$$应纳税额 = 36\,000 \times 3\% = 1\,080（元）$$

因此，合并计算最优，甲先生可以少交税3 510元（＝4 590－1 080）。

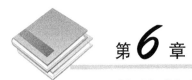

第6章

其他税种的税收筹划

一、学习目的与要求

本章主要介绍其他九个税种的税收筹划，包括土地增值税、资源税、房产税、城镇土地使用税、印花税、车船税、车辆购置税、契税、关税。对这些税种进行有效、合理、合法的税收筹划构成了本书的重要内容。通过本章的学习，学生可以了解各税种的税收筹划思路，掌握各税种的税收筹划方法，并能针对具体问题制定税收筹划方案。

二、重点与难点

（一）土地增值税的税收筹划

1. 利用房地产转移方式进行税收筹划

土地增值税仅对转移房地产并取得收入的行为征税。纳税人可以通过选择房地产的转移方式，使房地产转移排除在土地增值税的征收范围之外。房地产所有人可以通过避免符合以上判定标准来规避缴纳土地增值税。例如，房地产所有人通过境内非营利的社会组织、国家机关将房屋产权、土地使用权赠予教育、民政和其他社会福利、公益事业，虽然发生了房地产权属的变更，但房地产所有人并没有因为权属发生变更而取得任何收入，因而不属于土地增值税的征税范围。再如，房地产所有人将房产、土地使用权租赁给承租人使用，由承租人向出租人支付租金等，由于产权没有发生转让，因而不属于土地增值税的征税范围，无须缴纳土地增值税。

2. 通过控制增值额进行税收筹划

按照我国现行税法的规定，土地增值税的税率是以增值率为基础的超率累进税率。土地增值税税收筹划最关键的一点就是合理合法地控制、降低增值额，以避免因税率级次爬升而适用较高档次的税率。由于增值额是纳税人转让房地产所取得的收入减去规定扣除项目金额后的余额，所以控制增值额的税收筹划包括收入筹划法和成本与费用筹划法。

(1) 收入筹划法。收入筹划法是指通过降低销售收入来降低增值额，以达到土地增值税税收筹划的目的。一方面，收入分散税收筹划，即将可以分开单独处理的部分从整个房地产中分离（比如房屋里面的各种设施），从而使转让收入变少，降低纳税人的土地增值额。另一方面，增值率临界点税收筹划，即增值额在临界点附近时，通过降低收入来降低增值额，以避免因税率级次爬升而适用较高档次的税率。

(2) 成本与费用筹划法。成本与费用筹划法就是通过最大限度地扩大成本与费用的列支比例来降低增值额，以达到土地增值税税收筹划的目的。

1) 增加装修支出。比如对房屋装修的处理，可以对房屋进行装修后再销售，这样装修费用可以作为成本与费用的一部分据实扣除，而且可以作为加计扣除的基数，从而达到节税的目的。

2) 合理选择利息支出的扣除方法。企业进行房地产开发的借款数额会较大，其实际数会大于（取得土地使用权所支付的金额＋房地产开发成本）×5％。因此，按转让房地产项目计算分摊并提供金融机构证明的方式计算扣除利息支出有利于企业节省税款。但是，有些企业由于资金比较充裕，很少向银行等金融机构贷款，因而这方面的利息支出比较少，可以选择按照（取得土地使用权所支付的金额＋房地产开发成本）×10％进行扣除。

(3) 利用税收优惠进行税收筹划。税法规定，如果纳税人既建造保障性住房、普通标准住宅，又从事其他房地产开发，则应当分别核算增值额；未分别核算增值额或者不能准确核算增值额的，其建造的普通标准住宅不能享受免税优惠。纳税人可以充分利用这一税收优惠政策进行税收筹划，在确保能够分开核算的情况下，将保障性住房、普通标准住宅的增值额控制在扣除项目金额的20％以内，从而免缴土地增值税，获得税收利益。

(二) 资源税的税收筹划

1. 充分利用税收优惠政策

资源税法规定了减征资源税的一些特殊情形，并规定了每一种情形的具体含义。纳税人应充分利用税收优惠政策，尽量符合税收优惠政策的适用条件，从而享受资源税的减征优惠。例如，纳税人从深水油气田开采的原油、天然气，减征30％的资源税，同时规定深水油气田是指水深超过300米的油气田。

2. 准确核算筹划法

资源税相关法规规定，纳税人的减税、免税项目，应当单独核算销售额或者销售数量，未单独核算或者不能准确提供销售额或者销售数量的，不予减税或者免税。因此，纳税人可以通过准确核算各税目的销售额或者销售数量，分清免税产品与征税产品，分清不同税率产品，从而充分享受税收优惠，节约资源税。

（三）房产税的税收筹划

1. 利用税收优惠政策的税收筹划

房产税作为地方税种，税法规定了许多政策性减免优惠。例如，对损坏不堪使用的房屋和危险房屋，经有关部门鉴定，在停止使用后，可免征房产税；纳税人因房屋大修导致连续停用半年以上的，在房屋大修期间免征房产税；等等。纳税人应充分掌握、利用这些税收优惠政策，争取最大限度地获得税收优惠，减少房产税的支出。

2. 合理划分房产原值的税收筹划

与房屋不可分割的各种附属设备或一般不单独计算价值的配套设施需要并入房屋原值计算征收房产税。这就要求我们在进行会计核算时，需要对房屋与非房屋建筑物以及各种附属设施、配套设施进行适当划分，单独列示，分别核算。

对于宗地容积率低于 0.5 的房产，按房产建筑面积的 2 倍计算土地面积并据此计入房产原值。对于宗地容积率高于 0.5 的房产，则需要按照地价全额计入房产原值计征房产税。因此，企业可以对现有房产进行适当改建，以使宗地容积率降至 0.5 以下，进而减少应缴房产税。此外，在宗地容积率低于 0.5 的情况下，建筑面积越小，宗地容积率越低，所纳房产税越少，因而在可能的范围内降低宗地容积率，这是节约房产税的一个有效方法。

3. 出租房产的税收筹划

按照现行税法的规定，纳税人出租房屋要按租金收入的 12% 缴纳房产税。在现实经济活动中，企业往往在出租房屋的同时将房屋内部或者外部的机器设备、生产线、办公用品等附属设施一同出租给承租方。这些附属设施并不属于房产税的征税范围。但是，如果企业与承租方在签订租赁合同时把这些设施与房屋不加区别地同时写在一份租赁合同中，那么出租附属设施所对应的那一部分租金也要缴纳房产税，这无疑会增加企业的税收负担。因此，当纳税人既出租房屋，又出租房屋中的机器设备等附属设施时，如果分别签订房屋租赁合同和机器设备租赁合同，就可以只对出租房屋取得的租金收入缴纳房产税，对出租机器设备等附属设施取得的租金收入无须缴纳房产税，从而降低企业税负。

4. 房产投资联营的税收筹划

对于投资联营的房产，由于投资方式不同，房产税的计征方式和适用税率也不同，从而为纳税人提供了税收筹划空间。

对于以房产投资联营，投资者参与投资利润分红、共担风险的，被投资方要以房产余值作为计税依据计征房产税，税率为 1.2%；对于以房产投资联营，取得固定收入、不承担联营风险的，实际上是以联营名义取得房产租金，应由投资方按租金收入计算、缴纳房产税，税率为 12%。纳税人可以结合这两种方式应缴纳的房产税进行成本效益分析，以决定如何选择投资方式来减轻税负。

（四）城镇土地使用税的税收筹划

1. 利用税收优惠政策进行税收筹划

（1）利用改造废弃土地进行税收筹划。税法规定，经批准开山填海整治的土地和改造的废弃土地，从使用的月份起免缴城镇土地使用税5～10年。纳税人可以充分利用城市、县城、建制镇和工矿区的废弃土地或进行开山填海整治土地，以获得免税机会。

（2）通过准确核算用地进行税收筹划。如果纳税人能准确核算用地，就可以充分享受针对城镇土地使用税设定的优惠条款。例如，将农、林、牧、渔业的生产用地与农副产品加工场地和生活办公用地分离，就可享受生产用地的免税条款。

（3）利用经营采摘、观光农业进行税收筹划。税法规定，在城镇土地使用税征收范围内经营采摘、观光农业的单位和个人，其直接用于采摘、观光的种植、养殖、饲养的土地，根据《中华人民共和国城镇土地使用税暂行条例》中直接用于农、林、牧、渔业的生产用地的规定，免征城镇土地使用税。

2. 利用土地级别的不同进行税收筹划

城镇土地使用税实行幅度税额，大城市、中等城市、小城市、县城、建制镇、工矿区的税额各不相同。即使在同一地区，由于不同地段的市政建设情况和经济繁荣程度有较大区别，城镇土地使用税的税额规定也不相同，最大差额达20倍。纳税人在投资设厂时就可以进行税收筹划，选择不同级别的土地。

（五）印花税的税收筹划

1. 利用印花税的税收优惠政策进行税收筹划

企业可以利用印花税的税收优惠政策进行税收筹划。例如，已缴印花税的凭证副本或者抄本，只要不视同正本使用，就不需要缴纳印花税；农民、农民专业合作社、农村集体经济组织、村民委员会购买农业生产资料或者销售自产农产品订立的买卖合同和农业保险合同，免征印花税等。

2. 利用保守金额进行税收筹划

双方在订立合同时，应充分考虑以后经济交往中可能会遇到的各种情况，确定比较合理、保守的金额，防止所载金额大于合同履行后的实际结算金额。与此同时，出于共同利益，双方或多方当事人可以经过合理筹划，使一些费用及成本通过合法途径扣除，以压缩合同金额，达到少缴纳税款的目的。

3. 利用不同借款方式进行税收筹划

一般来说，筹资方法有争取财政拨款和补贴、金融机构贷款、自我积累、社会筹资、企业间拆借以及企业内部集资。根据印花税相关法规的规定，银行及其他金融机构与借款人所签订的合同（不包括银行同业拆借）、只填写借据并作为合同使用以及取得银行借款的借据，应按照借款合同税目缴纳印花税。企业之间的借款合同不需要贴花。因此，如果两者的借款利率是相同的，则向企业借款更能节约印花税。

4. 利用最少转包次数进行税收筹划

建筑安装工程承包合同是印花税的一种应税凭证，这种合同的计税依据为合同上记载的承包金额，其适用税率为 0.03%。根据印花税相关法规的规定，施工单位将自己承包的建设项目分包或者转包给其他施工单位所签订的分包合同或者转包合同，应按照新的分包合同或者转包合同上所记载的金额再次计算应纳税额。在此，印花税属于行为税类，只要有应税行为发生，就应按税法规定纳税。尽管总承包合同已依法计税贴花，但新的分包或转包合同是一种新的应税凭证，又发生了新的纳税义务，因此企业应尽量减少签订合同的环节，书立尽可能少的应税凭证，以节约印花税。

（六）车船税

1. 利用车船税标准的临界值

由于对乘用车按发动机汽缸容量（排气量）分档规定税率，因而产生了应纳车船税税额相对排气量变化的临界点。在临界点上下，虽然排气量相差不大，但临界点两边的税额有很大变化，因此在这种情况下进行税收筹划十分必要。纳税人在临界点附近时，应尽量选购排气量较小的乘用车，不要超过临界点，以便适用较低的税率，达到税收筹划的目的。

2. 利用车船税的优惠政策

税法中规定了一些车船可以减免车船税，企业应充分利用税收优惠政策，以达到节税的目的。企业可以选择节约能源的车辆或使用新能源的车辆，这样既可以享受减征或免征车船税的税收优惠，又可以为环境保护贡献自己的力量。例如，我国对捕捞、养殖渔船免税，这里的捕捞、养殖渔船是指在渔业船舶登记管理部门登记为捕捞船或者养殖船的船舶，符合条件的捕捞、养殖船舶应主动到渔业船舶登记管理部门登记，以便享受免税优惠。

（七）车辆购置税的税收筹划

购买方应准确划分车款与其他相关费用。购买方随购买车辆支付的工具件和零部件价款应作为购车价款的一部分，并入计税价格中征收车辆购置税；如果销售时间或销售方不同，则不应并入计税价格中。购买方支付的车辆装饰费作为价外费用，应并入计税价格中计税；如果收款时间或收款单位不同，则不应并入计税价格中。因此，企业可以通过不同时间和不同的销售方式，使其他费用与购车价款相分离，达到节税的目的。

与此同时，如果纳税人将车辆牌照费、销售方代办保险而向购买方收取的保险费等分开，由相关单位另行开具发票，就可以合理降低计税价格，从而减少车辆购置税支出。

（八）契税的税收筹划

1. 对企业合并、企业分立、企业改组等情形的契税筹划

在现阶段，企业改组改制的情况有很多，税法对此做了特殊的规定，了解和充分利用这些规定进行税收筹划，可以节省契税。例如，在企业合并中，两个或两个以上的公司依

照法律规定、合同约定，合并为一个公司，并且原投资主体存续的，对合并后公司承受原合并各方土地、房屋权属的，免征契税；在企业分立中，公司依照法律规定、合同约定分立为两个或两个以上与原公司投资主体相同的公司，对分立后公司承受原公司土地、房屋权属的，免征契税；以增资扩股进行股权重组，对以土地、房屋权属作价入股或作为出资投入企业的要征收契税；而以股权转让进行重组，在股权（股份）转让中，单位、个人承受公司股权（股份），公司土地、房屋权属不发生转移的，不征收契税。

再如，企业依照有关法律法规实施破产，债权人（包括破产企业职工）承受破产企业抵偿债务的土地、房屋权属，免征契税；对非债权人承受破产企业土地、房屋权属，凡按照《中华人民共和国劳动法》等国家有关法律法规政策妥善安置原企业全部职工，与原企业全部职工签订服务年限不少于三年的劳动用工合同的，对其承受的所购企业土地、房屋权属，免征契税；与原企业超过30％的职工签订服务年限不少于三年的劳动用工合同的，减半征收契税。

2. 利用房屋交换进行税收筹划

对于土地使用权交换、房屋交换，以所交换土地使用权、房屋价格的差额为计税依据。显然，进行房屋交换所纳契税远低于普通的房屋购置，所以纳税人可以将原来不属于交换的行为，通过合法的途径变为交换行为，以减轻税负。

如果双方当事人进行交换的房屋价格相等、价差为零，则任何一方都不用缴纳契税，所以当纳税人交换土地使用权或房屋所有权时，如果双方的价格差额较小甚至没有，就可以达到节税的目的。

3. 充分利用税收优惠政策进行税收筹划

契税的纳税人可充分利用契税的税收优惠政策达到税收筹划的目的。例如，城镇职工按规定第一次购买公有住房，免征契税。对个人购买普通住房，且该住房属于家庭唯一住房的，减半征收契税。对个人购买90平方米及以下普通住房，且该住房属于家庭唯一住房的，减按1％的税率征收契税。城镇职工和个人可充分利用这一优惠政策，以达到税收筹划的目的。

4. 通过签订分立合同进行税收筹划

企业可以通过签订分立合同的方法，清晰区分土地使用权和房屋所有权发生转移的部分，以达到节税的目的。

（九）关税的税收筹划

1. 利用税收优惠

税法规定了许多政策性关税减免优惠，包括法定减免和特定减免。企业应充分掌握、利用这些优惠政策，争取最大限度地获得税收优惠，减少关税应纳税额。

2. 递延缴纳时间

纳税人可以利用关税报关及纳税义务发生时间的规定，递延关税纳税时间。

3. 利用进口原材料及零部件的税收筹划

各国的关税税率大多对产成品和零部件区别对待，原材料和零部件的关税税率最低，半成品的税率次之，产成品的税率最高。因此，跨国公司可以考虑在投资国加工生产进口原材料及零部件，从而节省税款。

4. 通过转让定价的税收筹划

关税负担的高低与单位完税价格有很大的关系，进（出）口价格越高，应该缴纳的关税就越多；进（出）口价格越低，应该缴纳的关税就越低。为达到价格下调、节省关税的目的，企业就应在相应国家设立自己的子公司，进行国际转让定价的税收筹划。

三、关键术语

土地增值税是对有偿转让国有土地使用权、地上建筑物及其附着物以及出让集体土地使用权、地上的建筑物及其附着物，或以集体土地使用权、地上的建筑物及其附着物作价出资、入股，取得收入的单位和个人征收的一种税。

房产是指有屋面和围护结构（有墙或两边有柱），能够遮风避雨，可供人们在其中生产、工作、学习、娱乐、居住或储藏物资的场所。独立于房屋之外的建筑物，如围墙、烟囱、水塔、变电塔、油池油柜、酒窖菜窖、酒精池、糖蜜池、室外游泳池、玻璃暖房、砖瓦石灰窑以及各种油气罐等，不属于房产，不征房产税。但是，与房屋不可分割的各种附属设备或一般不单独计算价值的配套设施需要并入房屋原值计算征收房产税。

契税是以在中华人民共和国境内转移土地、房屋权属为征税对象，向产权承受人征收的一种财产税。

四、练习题

（一）术语解释

1. 土地增值税
2. 房产
3. 契税

（二）填空题

1. 房产税的计税方法分为从价计征和从租计征，其税率分别为_____和_____。

2. 城镇土地使用税的计税依据是_____。

3. 房产税是以_____为征税对象，以_____为计税依据，向房屋产权所有人征收的一种税。

4. 城镇土地使用税以＿＿＿＿＿＿＿＿＿＿＿为计税依据，＿＿＿＿＿＿＿＿＿＿＿计算征收。

5. 城镇土地使用税的纳税人为拥有土地使用权的单位和个人或是土地的＿＿＿＿＿＿＿和＿＿＿＿＿＿＿。

6. 契税是在转让土地、房屋权属并订立契约时，由＿＿＿＿＿＿＿缴纳的一种税。

（三）判断题

1. 契税的纳税人是在中华人民共和国境内转移土地和房屋的单位和个人。（　　　）
2. 以房产投资联营取得固定收入，不承担风险的，适用的房产税税率为1.2%。（　　　）
3. 房屋大修连续停用三个月以上的，可以在大修期间免征房产税。（　　　）
4. 房屋等价交换，需要按照房产计税余值或租金收入缴纳契税。（　　　）
5. 水塔和围墙这类建筑不征房产税。（　　　）
6. 在发生增值税、消费税减征时，不减征城市维护建设税。（　　　）
7. 由于国家机关、事业单位、社会组织、军事单位属于非生产性单位，在承受土地、房屋权属时免纳契税。（　　　）

（四）单选题

1. 关于房产税，产权属于国家所有的房产，纳税人是（　　　）。
   A. 国家　　　　　　　　　　　　　B. 当地税务局
   C. 当地财政局　　　　　　　　　　D. 经营管理的单位

2. 纳税人出租房屋要按照租金收入的（　　　）缴纳房产税。
   A. 9%　　　　　　B. 10%　　　　　　C. 11%　　　　　　D. 12%

3. 以房产投资联营，投资者参与投资利润分红、共担风险的，房产税的纳税人是（　　　）。
   A. 投资方　　　　B. 被投资方　　　　C. 双方　　　　D. 免税

4. 下列需要缴纳城镇土地使用税的是（　　　）。
   A. 居住房　　　　B. 公园　　　　C. 市政街道　　　　D. 绿化地

5. 下列属于房产税纳税人的是（　　　）。
   A. 产权未知房屋的使用人　　　　　B. 房屋出典人
   C. 经营租赁的承租人　　　　　　　D. 国家机关自用房产

6. 纳税人出租房屋按照租金收入的（　　　）缴纳房产税。
   A. 15%　　　　　　B. 12%　　　　　　C. 10%　　　　　　D. 5%

7. 城镇土地使用税税率采取（　　　）。
   A. 超额累进税率　　　　　　　　　B. 全额累进税率
   C. 有幅度差别的定额税率　　　　　D. 有幅度差别的比率税率

8. 下列需要缴纳契税的是（   ）。

A. 国家机关承受土地房屋用于办公的

B. 城镇职工第一次购买公有住房的

C. 承受荒山、荒沟使用权并用于商业目的的

D. 因地震导致房屋毁坏，重新购买住房的

9. 我国不征收房产税的地方有（   ）。

A. 城市的市区   B. 县城

C. 建制镇和工矿区   D. 农村

10. 房产税的从价计征方式按房产的原值减除（   ）后的余值计算缴纳。

A. 10％～20％   B. 10％～30％

C. 20％～30％   D. 5％～20％

11. 《契税暂行条例》规定，可以享受减免契税优惠待遇的是（   ）。

A. 城镇职工第三次购买公有住房

B. 房屋交换

C. 取得荒山、荒沟、荒丘、荒滩的土地使用权，用于工业园建设的

D. 因不可抗力灭失住房而重新购买住房的

12. 在下列各项中，不按照"产权转移书据"科目缴纳印花税的是（   ）。

A. 土地使用权出让合同   B. 土地使用权转让合同

C. 商品房销售合同   D. 专利申请权转让合同

13. 因国家建设需要依法征收、收回的房地产，（   ）土地增值税。

A. 征收   B. 不征收   C. 免征   D. 减征

14. 某油田开采原油80万吨，某月销售原油60万吨，非生产性自用5万吨，另有2万吨原油在采油过程中用于加热，13万吨待售。已知该油田每吨原油不含税售价为5 000元，适用的资源税税率为6％，该油田应缴纳的资源税税额为（   ）万元。

A. 21 000   B. 22 500   C. 24 000   D. 19 500

15. 在下列人员中，属于车辆购置税纳税人的是（   ）。

A. 应税车辆的拍卖者   B. 应税车辆的承租者

C. 应税车辆的出口者   D. 应税车辆的受赠者

16. 甲企业购买两辆汽车自用，一辆是未上牌的新车，不含税成交价为60 000元，另一辆是已使用3年的轿车，不含税成交价为20 000元（从原车主处取得了完税凭证）。甲企业应缴纳车辆购置税（   ）元。

A. 6 000   B. 5 000   C. 0   D. 11 000

（五）多选题

1. 关于房产税的纳税人，下列说法正确的是（   ）。

A. 产权属于国家所有的，由经营管理的单位纳税

B. 产权属于集体和个人所有的，由集体单位和个人纳税

C. 产权出典的，由出典人纳税

D. 无租使用其他单位房产的应税单位和个人，依照房产余值缴纳房产税

2. 下列免征契税的是（　　　）。

A. 公立学校

B. 城镇职工按规定第一次购买的公有住房

C. 包山种植玉米

D. 父亲将房产赠予儿子

3. 下列说法正确的是（　　　）。

A. 房产税从价计征，按照房产原值减除 10％～30％费用后的余值计算缴纳房产税，税率为 1.2％

B. 从租计征，按照房产出租的租金收入为计税依据缴纳房产税，税率为 12％

C. 房屋大修期间免征房产税

D. 个人所有非营业用房产免征房产税

4. 下列说法错误的是（　　　）。

A. 股权转让进行重组，在股权转让中，单位、个人承受公司股份，土地、房屋权属不发生转移的，不征收契税

B. 增资扩股进行股权重组，不征收契税

C. 房屋交换价格相等（即价差为 0），不需要缴纳契税

D. 个人购买 120 平方米以下的普通住房，并且属于家庭唯一住房的，按照 1％的税率征收契税

5. 属于房产税纳税人的有（　　　）。

A. 经营管理单位　　　　　　　　　B. 出典人

C. 房产使用人　　　　　　　　　　D. 房产代管人

6. 免纳房产税的房产包括（　　　）。

A. 国家机关、人民团体、军队的房产

B. 个人所有非营业用的房产

C. 宗教寺庙、公园、名胜古迹的房产

D. 经财政部批准免税的其他房产

7. 符合（　　　）条件的纳税人，可以得到契税的减免税优惠。

A. 社会组织承受土地、房屋，用于科研

B. 事业单位承受房屋，用于医疗

C. 城镇职工按规定第一次购买公有住房

D. 因不可抗力灭失住房而重新购买住房的

8. 免缴城镇土地使用税的土地包括（　　　）。

A. 直接用于农、林、牧、渔业的生产用地

B. 个人所有的住宅及院落用地

C. 国家机关自用的土地

D. 生产企业闲置的土地

9. 在下列各项中，属于土地增值税征税范围的有（　　　）。

A. 工业企业用厂房换取房地产开发企业的土地使用权

B. 国有企业出租办公楼

C. 工业企业拥有的某房产评估增值

D. 房地产开发企业以自建商品房安置回迁户

E. 房地产开发企业以自建商品房进行投资

10. 下列属于应征收资源税的水资源有（　　　）。

A. 雪山融水 　　　　　　　　　　　　　　B. 湖泊

C. 江、河 　　　　　　　　　　　　　　　D. 污水

E. 地下水

11. 在下列凭证中，免征印花税的有（　　　）。

A. 贴息借款合同 　　　　　　　　　　　　B. 应税凭证的副本或者抄本

C. 融资租赁合同 　　　　　　　　　　　　D. 法律咨询合同

12. 在下列合同中，应按照"产权转移书据"科目缴纳印花税的有（　　　）。

A. 版权转让合同 　　　　　　　　　　　　B. 商标专用权转让合同

C. 非专利技术转让合同 　　　　　　　　　D. 专有技术使用权转让合同

13. 城镇土地使用税的特点包括（　　　）。

A. 征税对象是国有土地 　　　　　　　　　B. 征税范围广

C. 实行差别幅度定额税率 　　　　　　　　D. 实行差别幅度比例税率

14. 在下列各项中，符合城镇土地使用税有关纳税义务发生时间规定的有（　　　）。

A. 纳税人新征用的耕地，自批准征用之月起缴纳城镇土地使用税

B. 纳税人出租房产，自交付出租房产次月起缴纳城镇土地使用税

C. 纳税人新征用的非耕地，自批准征用之月起缴纳城镇土地使用税

D. 纳税人购置新建商品房，自房屋交付使用次月起缴纳城镇土地使用税

15. 在下列关于契税计税依据的表述中，正确的有（　　　）。

A. 购买的房屋以权属转移合同确定的成交价格作为计税依据

B. 接受赠予的房屋参照市场价格核定计税依据

C. 采取分期付款方式购买的房屋参照市场价格核定计税依据

D. 先以划拨方式取得土地使用权，后经批准改为出让方式取得，土地受让方补缴契税的计税依据为应补交的土地出让金和其他出让费用

16. 在下列车船中，属于车船税征税范围的有（　　　）。

A. 节能汽车 　　　　　　　　　　　　　　B. 燃料电池乘用车

C. 非机动驳船 　　　　　　　　　　　　　D. 半挂牵引车

17. 房产税的特点包括（　　　）。

A. 属于财产税中的个别财产税

B. 属于财产税中的一般财产税

C. 征税范围限于城镇的经营性房屋

D. 区分房屋的经营使用方式规定征税办法

18. 在下列情形中，不征收土地增值税的有（　　　）。

A. 工业企业向房地产开发企业转让国有土地使用权

B. 房产所有人通过希望工程基金会将房屋产权赠予西部教育事业

C. 甲企业出资金、乙企业出土地,双方合作建房,建成后按比例分房自用

D. 房地产开发企业代客户进行房地产开发,开发完成后向客户收取代建收入

19. 土地增值税的扣除项目包括( )。

A. 取得土地使用权所支付的金额

B. 开发土地的成本、费用

C. 新建房及配套设施的成本、费用或者旧房及建筑物的评估价格

D. 与转让房地产有关的税款

(六) 简答题

1. 简述契税的税率和计税依据。

2. 简述如何利用房屋交换进行契税的税收筹划。

3. 土地增值税的特点有哪些?

4. 纳税人如何利用房产原值进行税收筹划?

(七) 计算题

1. 某供热企业的占地面积为 80 000 平方米,其中厂房占地 63 000 平方米(有一间 3 000 平方米的车间无偿提供给公安消防队使用),行政办公楼占地 5 000 平方米,厂办子弟学校占地 5 000 平方米,厂办招待所占地 2 000 平方米,厂办医院和幼儿园各占地 1 000 平方米,厂区内的绿化用地占地 3 000 平方米。当年,该企业取得供热总收入 5 000 万元,其中 2 000 万元为向居民供热取得的收入。城镇土地使用税的单位税额为每平方米 3 元,该企业应缴纳的城镇土地使用税是多少?

2. 某高新技术企业于 8 月开业,注册资金为 220 万元,当年的经济活动如下:

(1) 领受工商营业执照、房屋产权证、土地使用证各一份。

(2) 建账时共设 8 个账簿,其中资金账簿中记载的实收资本为 220 万元。

(3) 签订购销合同 4 份,共记载金额 280 万元。

(4) 签订借款合同 1 份,记载金额为 50 万元,当年取得借款利息 0.8 万元。

(5) 与广告公司签订广告制作合同 1 份,分别记载加工费 3 万元,广告公司提供的原材料价值 7 万元。

(6) 签订技术服务合同 1 份,记载金额 60 万元。

(7) 签订租赁合同 1 份,记载租赁费金额 50 万元。

(8) 签订转让专有技术使用权合同 1 份,记载金额 150 万元。

当年该企业应缴纳的印花税是多少?

3. 某企业的年经营状况如下:

(1) 该企业的占地情况:年初拥有的厂房占地 58 000 平方米,办公楼占地 6 000 平方米,厂办职工食堂及对外餐厅占地 2 000 平方米,厂区内绿化用地占地 3 000 平方米;6 月

份经批准新占用非耕地 5 000 平方米用于厂房扩建，签订产权转移书据，支付价款 350 万元。

（2）该企业原生产用房产原值 6 000 万元，自 3 月 1 日起与甲企业签订合同，将其中原值 1 000 万元的房产出租给甲企业，期限为 2 年，每月收取 20 万元的不含增值税租金收入；另外，委托施工企业建造一栋物资仓库，签订合同，8 月中旬办理验收手续，建筑安装工程承包合同注明价款 600 万元，并按此价值计入固定资产核算。

（3）该企业拥有货车 25 辆、挂车 10 辆，整备质量均为 5 吨/辆；小轿车 2 辆，排气量均为 2.0 升。

（已知城镇土地使用税的年税额为每平方米 10 元；当地省政府规定的房产余值扣除比例为 20％；货车车船税的年基准税额为每吨 100 元，排气量 2.0 升的乘用车车船税年基准税额为每辆 660 元。）

计算该企业当年应缴纳的城镇土地使用税、房产税、印花税和车船税。

4. 某稀土矿开采企业为一般纳税人，5 月发生下列业务：

（1）开采稀土原矿并共生铁矿石，开采总量为 1 000 吨，其中稀土原矿 550 吨。本月对外销售稀土原矿 200 吨，每吨不含税价格为 0.5 万元。

（2）将开采的部分稀土原矿连续加工为精矿，本月对外销售稀土精矿 100 吨，每吨不含税价格为 1.5 万元，向购买方一并收取从矿区到指定运达地点的运费 1 万元。

（3）本月将开采的铁矿石全部销售，每吨不含税价格为 0.04 万元，由于购货方延期付款，收取延期付款利息 2 万元。

（4）以部分稀土原矿作价 67.8 万元（含税）抵偿所欠供应商货款。

（按照市场法计算资源税，稀土矿原矿与精矿的换算比为 2。稀土精矿的资源税税率为 11.5％，铁矿石的资源税税率为 20 元/吨。）

计算该企业在每个业务中应缴纳的资源税。

（八）分析题

1. 某医疗器械生产公司计划将含有设备的厂房出租，租金为 300 万元（不含税），并与承租方签订租赁合同。该公司应如何进行税收筹划？

2. 某中型食品加工企业位于上海，为了扩大生产规模，该企业计划在上海郊区新建面积为 5 000 平方米的加工基地。该地区适用的城镇土地使用税为每年 12 元/平方米，因此该企业每年需要缴纳城镇土地使用税 60 000 元。已知江浙地区城市 Y 的土地级别较低，该城市的城镇土地使用税为每年 3 元/平方米，且从城市 Y 向上海运输食品的运费为每年 3 万元。该企业应如何进行税收筹划？

3. 某地区的契税税率为 3％，甲将名下 60 平方米的普通住房以 60 万元的价格出售给乙作为家庭唯一住房，并以 200 万元的价格购入丙的别墅。甲应如何进行税收筹划？

4. 甲将自有普通住宅以 80 万元的价格出售给乙，乙家庭无住宅。然后以 160 万元的价格向丙购买了一幢别墅（该地区规定契税的适用税率为 4％，下同）。甲应如何进行税收筹划？

5. 甲企业位于某市市区，其全部房产（包括游泳池、停车场等）共计 12 亿元，其中厂房、办公用房外的房产的工程造价为 4 亿元。房产税的扣除比例为 30%。比较下列两种税收筹划方式：

方案一：将所有建筑物都作为房产计入房产原值。

方案二：将游泳池、停车场等都建成露天的，在会计账簿中单独核算。

6. A 企业用原价为 500 万元的房产与 B 企业联营。如果 A 企业每年能分回 60 万元的利润，那么仅从减少房产税的角度出发（已知当地房产原值的减除比例为 30%），A 企业应如何进行税收筹划？

7. A 公司依照有关法律、法规的规定实施关闭。B 公司以 200 万元的价格购买了 A 公司的房产，A 公司将 200 万元用于偿还所欠的 C 公司债务。B 公司应缴纳多少契税？应如何进行税收筹划？

8. 甲企业位于某市市区，除厂房、办公用房外，还拥有厂区围墙、烟囱、水塔、变电塔、游泳池、停车场等建筑物，总计工程造价 10 亿元，除厂房、办公用房外的建筑设施工程造价为 2 亿元。假设当地政府规定的扣除比例为 30%。甲企业应如何进行税收筹划。

（九）综合题

A 公司将某产煤系统建设项目转让给了 B 公司。由于该产煤系统已经进行了前期的建设，作为补偿，A 公司收取 B 公司前期工作的转让收入 6 000 万元，而后交易完成，并在当年年报中披露了这一资产转让事项及其收入，会计处理上也进行了相关收入成本项目的配比，同时正确履行了流转税和所得税的纳税义务。

由于 A 公司原有输煤系统的建设规模已考虑了自身将来扩建产煤系统的需要，为有利于双方生产系统的管理，在转让产煤系统的同时，A 公司向 B 公司进行了输煤系统的转让。转让的输煤系统资产包括为产煤系统准备的输煤综合楼、碎煤机室、翻车机室、输煤栈桥、转运站、犁煤机、斗轮堆取料机、翻车机、叶轮给煤机、输煤皮带机以及占用的土地使用权等。这项转让的交易金额为 7 000 万元。由于输煤系统的转让将直接影响到 A 公司现有产煤系统的生产能力，为了弥补由此造成的损失，B 公司又给予 A 公司 5 000 万元的输煤系统转让补偿款，作为 A 公司重新建造满足现有产煤系统生产需要的输煤系统资金。

在该输煤系统的转让业务中，土地增值税应如何征收？能否进行税收筹划？①

① 补偿款变咨询费，企业节税两千万. 民营经济报，2013-10-04.

五、练习题答案

（一）术语解释

1. 土地增值税是对有偿转让国有土地使用权、地上建筑物及其附着物以及出让集体土地使用权、地上的建筑物及其附着物，或以集体土地使用权、地上的建筑物及其附着物作价出资、入股，取得收入的单位和个人征收的一种税。

2. 房产是指有屋面和围护结构（有墙或两边有柱），能够遮风避雨，可供人们在其中生产、工作、学习、娱乐、居住或储藏物资的场所。独立于房屋之外的建筑物，如围墙、烟囱、水塔、变电塔、油池油柜、酒窖菜窖、酒精池、糖蜜池、室外游泳池、玻璃暖房、砖瓦石灰窑以及各种油气罐等，不属于房产，不征房产税。但是，与房屋不可分割的各种附属设备或一般不单独计算价值的配套设施需要并入房屋原值计算征收房产税。

3. 契税是以在中华人民共和国境内转移土地、房屋权属为征税对象，向产权承受人征收的一种财产税。

（二）填空题

1. 1.2%　12%　【解析】房产税的计税方法分为从价计征和从租计征。从价计征就是依照房产原值一次减除10%～30%费用后的余值计算缴纳房产税，税率为1.2%；从租计征就是以房产出租的租金收入为计税依据计算缴纳房产税，税率为12%。

2. 纳税人实际占用的土地面积　【解析】城镇土地使用税实行从量定额征收，以纳税人实际占用的土地面积为计税依据，土地面积的计量标准为平方米。

3. 房屋　房产的计税余值或租金收入

4. 纳税人实际占用的土地面积　从量定额

5. 实际使用人　代管人

6. 承受人

（三）判断题

1. ×　【解析】契税的征税对象是在中华人民共和国境内转移土地、房屋权属，承受的单位和个人。

2. ×　【解析】以房产投资联营取得固定收入，不承担风险的，实际上是以联营名义取得租金，应由投资方按租金收入计算、缴纳房产税，适用12%的税率。

3. ×　【解析】房屋大修连续停用半年以上的，可以在大修期间免征房产税。

4. ×　【解析】房屋交换按照价差缴纳契税，等价交换（即价差为 0）不需要缴纳契税。

5. √

6. ×　【解析】税法规定，发生增值税、消费税减征时，同时减征城市维护建设税。

7. ×　【解析】国家机关、事业单位、社会组织、军事单位承受土地、房屋，只有用于办公、教学、医疗、科研和军事设施时，才可以免纳契税。

（四）单选题

1. D　【解析】产权属于国家所有的房产，由经营管理的单位纳税。

2. D　【解析】按照现行税法的规定，纳税人出租房屋要按照租金收入的 12％ 缴纳房产税。

3. B　【解析】以房产投资联营，投资者参与投资利润分红、共担风险的，被投资方要以房产余值作为计税依据缴纳房产税，税率为 1.2％。

4. A　【解析】根据城镇土地使用税的税收优惠政策，市政街道、绿化地等公共用地和公园等免缴城镇土地使用税。

5. A　【解析】产权未确定的房产，由使用人缴纳房产税。

6. B　【解析】纳税人出租房屋，按照租金收入的 12％ 缴纳房产税。

7. C　【解析】城镇土地使用税采取有幅度差别的定额税率。

8. C　【解析】承受荒山、荒沟使用权并用于农林牧渔业生产的，免征契税。

9. D

10. B

11. D

12. D

13. C　【解析】因国家建设需要依法征收、收回的房地产，免征土地增值税。

14. D　【解析】开采原油销售和非生产性自用的原油都应缴纳资源税，但在开采过程中用于加热的原油免征资源税。该油田应缴纳的资源税税额为 19 500 万元 ［ ＝（60 ＋ 5）× 5 000 × 6％］。

15. D　【解析】以受赠方式取得并自用应税车辆的受赠人，应当缴纳车辆购置税。

16. A　【解析】新车应缴纳车辆购置税，已使用过的车在第一次被购进使用时已缴纳车辆购置税，再次购进使用时无须缴纳车辆购置税，所以甲企业应缴纳的车辆购置税为 6 000 元（＝ 60 000 × 10％）。

（五）多选题

1. ABD　【解析】产权出典的，由承典人纳税，故选项 C 错误。

2. ABC　【解析】父亲将房产赠予儿子属于房屋赠予，应依法缴纳契税。

3. ABD　【解析】房屋大修连续停用半年以上的，才可以在大修期间免征房产税。

4. BD　【解析】增资扩股进行股权重组，以土地、房屋权属作价入股的企业要征收契税；个人购买 90 平方米以下的普通住房，并且属于家庭唯一住房的，按照 1% 的税率征收契税。

5. ACD

6. BD

7. ABCD

8. AC

9. ADE

10. ABCE

11. AB 【解析】融资租赁合同征收印花税；一般的法律、会计、审计等方面的咨询不属于技术咨询，其所立合同不属于印花税征税范围。

12. ABD 【解析】非专利技术转让合同按照"技术合同"缴纳印花税。

13. ABC

14. BD 【解析】纳税人新征用的耕地，自批准征用之日起满一年时开始缴纳城镇土地使用税；纳税人新征用的非耕地，自批准征用次月起缴纳城镇土地使用税。

15. BD 【解析】国家机关、事业单位、社会组织、军事单位承受土地、房屋用于办公、教学、医疗、科研和军事设施的，免征契税。

16. ACD 【解析】纯电动乘用车和燃料电池乘用车不属于车船税征税范围，不征收车船税。

17. AD

18. BCD 【解析】房地产的赠予行为除赠予直系亲属或承担直接赡养义务的人及通过中国境内非营利的社会组织、国家机关将房屋产权、土地使用权赠予教育、民政和其他社会福利、公益事业外，均应征税。房地产的交换，除个人之间互换自有居住用房地产的，经当地税务机关核实可免税外，其余均应缴税。房地产的代建房行为，不征收土地增值税。

19. ABCD 【解析】土地增值税的扣除项目包括：取得土地使用权所支付的金额；开发土地的成本、费用；新建房及配套设施的成本、费用或者旧房及建筑物的评估价格；与转让房地产有关的税款以及国务院规定的其他扣除项目。

（六）简答题

1. 【解析】

契税实行 3%～5% 的幅度税率，计税依据是不动产的价格。由于土地、房屋权属转移的方式不同，定价方法也不同，因此具体计税依据依不同情况而定：国有土地使用权出让、土地使用权出售、房屋买卖，以成交价格为计税依据；土地使用权赠予、房屋赠予，由征收机关参照土地使用权出售、房屋买卖的市场价格核定计税依据；土地使用权交换、房屋交换的计税依据为所交换的土地使用权、房屋价格的差额。如果成交价格明显低于市场价格且无正当理由，或者所交换土地使用权、房屋的价格差额明显不合理且无正当理由，由征收机关参照市场价格核定计税依据。计征契税的成交价格不含增值税。

2. 【解析】

《中华人民共和国契税暂行条例》规定，对于土地使用权交换、房屋交换，以所交换土地使用权、房屋价格的差额为计税依据。显然，进行房屋交换所纳契税远低于普通的房屋购置，所以纳税人可以将原来不属于交换的行为，通过合法的途径变为交换行为，以减轻税负。

如果双方当事人进行交换的房屋价格相等、价差为零，任何一方都不用缴纳契税，所以当纳税人交换土地使用权或房屋所有权时，如果双方的价格差额较小甚至没有，就可以达到节税的目的。

3. 【解析】

（1）以转让房地产取得的增值额为计税依据。我国的土地增值税属于"土地转移增值税"类型，是将土地、房屋的转让收入合并征收的。其中，增值额是纳税人转让房地产的收入减除税法规定准予扣除项目金额后的余额。

（2）征税面比较广。凡在我国境内转让房地产并取得收入的单位和个人，除税法规定免税的以外，均应依照法律规定缴纳土地增值税。也就是说，凡发生应税行为的单位和个人，不论其经济性质，也不分内、外资企业或中、外籍人员，无论专营或兼营房地产业务，均有缴纳土地增值税的义务。

（3）实行超率累进税率。土地增值税的税率是以转让房地产的增值率高低作为依据，按照累进原则设计，实行分级计税。增值率高的，适用税率高、多纳税；增值率低的，适用税率低、少纳税。

（4）按次征收。土地增值税是在房地产发生转让的环节实行按次征收，每发生一次转让行为，就应根据每次取得的增值额征收一次土地增值税。

（5）采用扣除法和评估法计算增值额。土地增值税在计算方法上考虑了我国的实际情况，以纳税人转让房地产取得的收入，减除法定扣除项目金额后的余额作为计税依据。对旧房及建筑物的转让以及对纳税人转让房地产申报不实、成交价格偏低的，则采用评估法确定增值额并计征土地增值税。

4. 【解析】

房产原值是指房屋的造价，包括与房屋不可分割的各种附属设备或一般不单独计算价值的配套设施。由此可见，房产原值直接决定了房产税，合理地减少房产原值是房产税税收筹划的关键。税法规定，房产是指有屋面和围护结构（有墙或两边有柱），能够遮风避雨，可供人们在其中生产、工作、学习、娱乐、居住或储藏物资的场所。独立于房屋之外的建筑物，如围墙、烟囱、室外游泳池、玻璃暖房等，不属于房产，不征房产税。但是，与房屋不可分割的各种附属设备或一般不单独计算价值的配套设施需要并入房屋原值计算征收房产税。这就要求纳税人在进行会计核算时，需要将房屋与非房屋建筑物以及各种附属设施、配套设施进行适当划分，单独列示，分别核算。

（七）计算题

1. 【解析】

$$应缴纳的城镇土地使用税 = (80\,000 - 3\,000 - 5\,000 - 1\,000 - 1\,000) \times 3$$
$$\times (5\,000 - 2\,000) \div 5\,000$$
$$= 126\,000（元）$$

2. 【解析】

(1) 领受权利许可证照应缴纳的印花税为 0 元。

(2) 计算设置账簿应缴纳的印花税：

$$应纳税额 = 2\ 200\ 000 × 0.25‰ = 550（元）$$

(3) 计算签订购销合同应缴纳的印花税：

$$应纳税额 = 2\ 800\ 000 × 0.3‰ = 840（元）$$

(4) 计算签订借款合同应缴纳的印花税：

$$应纳税额 = 500\ 000 × 0.05‰ = 25（元）$$

(5) 计算签订广告制作合同应缴纳的印花税：

$$应纳税额 = 30\ 000 × 0.3‰ + 70\ 000 × 0.3‰ = 30（元）$$

（广告制作合同属于加工承揽合同，受托方提供原材料，而且原材料金额与加工费在合同中分别列明的，原材料和辅料按购销合同计税，加工费按加工承揽合同计税，两者合计为应纳税额。）

(6) 计算签订技术服务合同应缴纳的印花税：

$$应纳税额 = 600\ 000 × 0.3‰ = 180（元）$$

(7) 计算签订租赁合同应缴纳的印花税：

$$应纳税额 = 500\ 000 × 1‰ = 500（元）$$

(8) 计算签订转让专有技术使用权合同应缴纳的印花税：

$$应纳税额 = 1\ 500\ 000 × 0.3‰（按产权转移书据纳税）= 450（元）$$

3. 【解析】

$$应缴纳的城镇土地使用税 = (58\ 000 + 6\ 000 + 2\ 000 + 3\ 000) × 10 + 5\ 000 × 10 × 6 ÷ 12$$
$$= 71\ 5000（元）$$

出租房产应从租计征房产税，则

$$应纳房产税 = 20 × 10 × 12\% = 24（万元）$$

委托施工企业建造的仓库，从办理验收手续之日的次月起，计征房产税，则

$$仓库应缴纳的房产税 = 600 × (1 - 20\%) × 1.2\% × 4 ÷ 12 = 1.92（万元）$$
$$剩余房产从价计征的房产税 = (6\ 000 - 1\ 000) × (1 - 20\%) × 1.2\% + 1\ 000$$
$$× (1 - 20\%) × 1.2\% × 2 ÷ 12$$
$$= 49.6（万元）$$
$$业务(2)中该企业应缴纳的房产税 = 24 + 1.92 + 49.6 = 75.52（万元）$$
$$该企业年应纳印花税 = 350 × 0.5‰ × 10\ 000 + 20 × 24 × 1‰ × 10\ 000 + 600$$
$$× 0.3‰ × 10\ 000$$
$$= 8\ 350（元）$$

该企业应纳车船税=25×5×100+10×5×100×50%+2×660=16 320(元)

4.【解析】

（1）稀土矿以精矿为征税对象，销售稀土原矿的，应将原矿销售额换算成精矿的销售额。

精矿销售额=原矿销售额×换算比=200×0.5×2=200(万元)
业务(1)应纳资源税=200×11.5%=23(万元)

（2）将开采的稀土原矿连续加工为精矿，而后直接用精矿的销售额计算资源税，计税销售额不包括从洗选厂到车站、码头或用户指定运达地点的运输费用。

业务(2)应纳资源税=100×1.5×11.5%=17.25(万元)

（3）铁矿石资源税从价计征，征税对象为铁精矿，计征依据为收取的全部铁精矿销售额及价外费用，不包括从洗选厂到车站、码头或用户指定运达地点的运输费用；如果直接销售铁矿石，需要将原矿的销售额换算成铁精矿的销售额。

（4）用于抵偿债务的稀土原矿，应该做销售处理；销售稀土原矿的，应将原矿销售额换算成精矿的销售额。

精矿销售额=原矿销售额×换算比=67.8÷(1+13%)×2=120(万元)
业务(4)应纳资源税=120×11.5%=13.8(万元)

（八）分析题

1.【解析】

如果将设备与厂房一起出租，则应缴纳的房产税为36万元（=300×12%）；如果将厂房和设备的租金分开，分别签订租赁合同，并约定厂房的租金为100万元、设备的租金为200万元，则应缴纳的房产税为12万元（=100×12%），节约的税额为24万元（=36-12）。

2.【解析】

为了节约城镇土地使用税，该企业可以考虑将加工基地新建在城市Y，则每年需要缴纳的城镇土地使用税仅为15 000元（=5 000×3）。综合考虑，可以节约支出15 000元（=60 000-15 000-30 000）。

3.【解析】

如果不进行税收筹划，则甲需要缴纳的契税为6万元（=200×3%），乙购买60平方米的家庭唯一住房，减按1%的税率征收契税6 000元（=60 000×1%）。

如果甲将房产与丙的别墅交换，并由丙将普通住房出售给乙，则乙应缴纳的契税不变，甲应缴纳的契税为4.2万元［=(200-60)×3%］，实现节税1.8万元（=6-4.2）。

4.【解析】

甲应缴纳的契税=160×4%=6.4(万元)

个人购买自用普通住宅，且为家庭唯一住宅的，减半征收契税。

乙应缴纳的契税 $=80\times4\%\times50\%=1.6$（万元）

税收筹划方案：甲可先将住宅与丙的别墅进行交换，并支付补价 80 万元，然后由丙将住宅以 80 万元的价格出售给乙。

房屋交换的契税计税依据为所交换房屋价格的差额。因此，按此方案实施后：

甲应缴纳的契税 $=80\times4\%=3.2$（万元）

乙应缴纳的契税 $=80\times4\%\times50\%=1.6$（万元）

甲少负担契税 3.2 万元，而乙和丙的纳税义务无变化。

5.【解析】

方案一：将所有建筑物都作为房产计入房产原值。

应纳房产税 $=120\,000\times(1-30\%)\times1.2\%=1\,008$（万元）

方案二：将游泳池、停车场等都建成露天的，在会计账簿中单独核算，则不需要并入房产税计税依据。

应纳房产税 $=(120\,000-40\,000)\times(1-30\%)\times1.2\%=672$（万元）

由此可见，方案二更好。

6.【解析】

如果 A 企业采取承担风险的合作方式，并按从价计征的方法计征房产税，则

年应纳房产税 $=500\times(1-30\%)\times1.2\%=4.2$（万元）

如果 A 企业采取不承担风险的合作方式，并按从租计征的方法计征房产税，则

年应纳房产税 $=60\times12\%=7.2$（万元）

由此可见，如果 A 企业采取承担风险的合作方式与他人合作，虽然可能增加风险，但每年的房产税就可以减少 3 万元（$=7.2-4.2$）。

7.【解析】

B 公司应缴纳的契税 $=200\times4\%=8$（万元）

税收筹划方案：B 公司可以先用 200 万元购买 C 公司债权，成为 A 公司的债权人，然后接受 A 公司以房产抵偿债务。"企业依照有关法律、法规的规定实施关闭、破产后，债权人（包括关闭、破产企业职工）承受关闭、破产企业土地、房屋权属以抵偿债务的，免征契税。"因此，按此方案实施，B 公司可少负担契税 8 万元。

8.【解析】

方案一：将所有建筑物都作为房产计入房产原值。

应纳房产税 $=100\,000\times(1-30\%)\times1.2\%=840$（万元）

方案二：将游泳池、停车场等都建成露天的，并在会计账簿中单独核算。

应纳房产税 $=(100\,000-20\,000)\times(1-30\%)\times1.2\%=672$（万元）

由此可见，方案二比方案一少缴房产税 168 万元（$=840-672$）。

（九）综合题

【解析】

A 公司取得首笔 6 000 万元的转让收入后，在其年报中已经披露了这一资产转让事项及其收入，会计处理上也进行了相关收入成本项目的配比，并正确履行了流转税和所得税的纳税义务，因此并不存在涉税风险。同样，由于纳税义务已经形成并已经履行，因而对于相应的涉税事项也就不存在税收筹划的空间。如果试图通过账务上的更改来改变已形成的纳税义务，则不再属于税收筹划的范畴，而是一种偷逃税的违法行为。

目前，A 公司的输煤系统资产转让业务尚未形成既定纳税义务，还存在税收筹划操作空间的是这一事项中所涉及的土地增值税问题。由于 A 公司此次输煤系统的转让是将输煤系统所占用的土地、房屋以及上面的各类机械整体转让给 B 公司，按照《土地增值税暂行条例》的规定，转让国有土地使用权、地上建筑物及其附着物所取得的收入应在计算扣除项目金额后对增值额缴纳土地增值税。因此，A 公司转让输煤系统获得的 7 000 万元应确认为土地增值税的应税收入。但是，由于 A 公司在转让的同时相应获得了 5 000 万元的补偿款收入，根据《土地增值税暂行条例实施细则》第五条的规定，土地增值税的转让收入是指转让房地产的全部价款及有关的经济利益。由于这笔 5 000 万元的补偿收入是 A 公司转让输煤系统相应获得的，应算作转让房地产（土地、房屋及上面的附着物）获取的相关经济利益，因而也应一并计入土地转让收入计算缴纳土地增值税。经测算，A 公司的这笔输煤系统转让收入按照规定可以扣除的项目金额总计为 3 285 万元。这样，A 公司的这笔转让收益的增值额为 8 715 万元（＝7 000＋5 000－3 285），超过扣除项目金额的 265%，适用 60% 的税率计征土地增值税，应纳土地增值税为 4 079.25 万元（＝8 715×60%－3 285×35%），税收负担率为 34%（＝4 079.25÷12 000×100%）。

由此可见，因为 A 公司获取的 5 000 万元补偿收入并入了土地转让收益，造成土地增值额急剧加大，从而在超率累进税率的作用下，税负变动很大。那么，从税收筹划的角度考虑，如果能改变这笔 5 000 万元补偿款的性质，使其不再与转让土地使用权相关，那么就可以降低整体增值率，并适用较低的税率，从而达到合理减轻税负的目的。

税收筹划方案：

方案一：A 公司与对方重新单独签订一笔金额为 5 000 万元的煤厂附属设施使用赞助合同，以达到相同的目的。

方案二：A 公司的煤厂与对方重新单独签订一笔金额为 5 000 万元的煤厂初期投产生产管理咨询合同。

税负比较：方案一、方案二均可达到降低税负的效果。

方案一的思路是由于对方新建煤厂离 A 公司的煤厂较近，而 A 公司的煤厂长期以来已在厂区周围形成了比较完善的、具有一定规模的职工生活附属设施。对方在投产经营后，完全可以通过签订这份煤厂附属设施使用合同来避免重复建设新的生活设施，并直接使用现有的设施。因此，对方具有签订这种合同的意愿。在合同的具体条款上，A 公司的煤厂可以与对方约定设施的使用年限，并约定违约责任。如果煤厂原先的计划安排就想通过租赁自身生活设施给对方而赚取一定的营业外收入，那么在合同金额的确定上，可以双方协商后的租赁费用加上原有的 5 000 万元转让费用作为此项附属设施使用的总金额。这样一来，A 公司只需就这笔合同收入按服务缴纳 6% 的增值税，在企业所得税税负不变的情况下，既可以保证合同双方原有的经济利益和经营意向不受损失，又达到了节省税款的目的。

A 公司应缴纳的土地增值税为 1 364.75 万元 [= (7 000 - 3 285) × 50% - 3 285 × 15%]，应缴增值税 283.02 万元 [= 5 000 ÷ (1 + 6%) × 6%]，总计税款为 1 647.77 万元（= 1 364.75 + 283.02）。

方案二的思路是由于对方刚开始投产经营煤厂，在生产运作、企业管理制度制定、生产人员培训等各个方面都可以向具有成熟的煤厂生产管理运作经验的 A 公司咨询。由此，A 公司完全可以通过这种煤厂管理咨询合同的签订来实现这笔 5 000 万元收入性质转变的目的。同样，如果煤厂确实已经或打算向对方提供这种咨询服务，那么也可以将协议后的费用与 5 000 万元加总后确定一个最终的合同金额。这样就可以达到相同的税收筹划目的。

A 公司应缴纳的土地增值税为 1 364.75 万元 [= (7 000 - 3 285) × 50% - 3 285 × 15%]，应缴增值税 283.02 万元 [= 5 000 ÷ (1 + 6%) × 6%]，总计税款为 1 647.77 万元（= 1 364.75 + 283.02）。

这两种税收筹划方案均比税收筹划前节省税款 2 431.48 万元（= 4 079.25 - 1 647.77）。

第7章

国际税收筹划

一、学习目的与要求

本章主要介绍国际税收筹划的基本概念和基本方法。在介绍国际税收筹划的内涵与核心要素以及当前国际税收筹划所面临挑战的基础上，本章重点围绕境外组织架构、境外所得来源地、利润汇回与投资退出模式等国际税收筹划方法展开分析。

二、重点与难点

（一）国际税收筹划概述

1. 国际税收筹划的内涵

国际税收筹划是指纳税人在不违反相关国家（地区）的国内税法、国际税收协定、区域性的税收协调法规以及其他国际税收法律规定的前提下，降低某跨境经济活动的税收负担或其全球税收负担的规划与安排。

国际税收筹划并非国内税收筹划的平移延伸，它涉及不同国家（地区）的税收制度以及国际税法规定，因此国际税收筹划在原理、方法等方面与国内税收筹划存在较大差异。简而言之，国际税收筹划不仅需要通过综合设计来降低纳税人的境内外税负，而且需要避免国际重复征税和规避国际反避税风险。

2. 国际税收筹划的核心要素

（1）税收居民身份。税收居民身份是国际税收筹划的基础概念。全球大多数国家（包括我国）或地区同时实施居民管辖权与地域管辖权，即对本国居民的全球所得以及非居民来源于本国的所得征税。因此，税收居民身份的认定非常重要。一般来说，对于自然人税收居民身份的认定，常见的判定依据包括长久居住的主观意愿、实际停留时间的客观事实等，具体体现为住所、居所、停留时间等判定标准。对于法人税收居民身份的认定，常见的判定依据有法律注册地、管理机构所在地、总机构所在地等。

纳税人在进行国际税收筹划时，应特别注意以下三个与税收居民身份相关的问题：

第一，纳税人在跨境经营或投资过程中，若要适用国际税收协定的条款等，重要前提之一为纳税人必须是该协定缔约国一方或双方的税收居民。例如，《中新税收协定》指出，该协定适用于缔约国一方或者同时为双方居民的人。因此，在实践中，纳税人在申请适用税收协定时需要提供相应的税收居民身份证明。

第二，如果纳税人被同时认定为两国或多国的税收居民，则建议依据国与国之间签署的税收协定，申请明确其唯一的税收居民身份，以免由居民管辖权冲突造成的国际重复征税。但是，如果国际税收协定网络并未覆盖这些国家，那么纳税人应避免同时成为相互未签署税收协定的国家的税收居民，以免因为双重税收居民身份而承担双重税负。

第三，纳税人在同时实施居民管辖权和地域管辖权的国家（地区）从事经济活动，如果不想就全球所得向该国（地区）缴税，应避免成为该国（地区）的税收居民。

（2）所得来源地。根据国际惯例，通常所得来源国对来源于本国的所得具有优先征税权，居住国对本国居民的境外所得行使第二征税权。

纳税人在进行国际税收筹划时，需要注意与所得来源地相关的问题：

第一，对于一国居民管辖权与另一国地域管辖权冲突造成的国际重复征税问题，纳税人可以根据缔约国双方签署的双边税收协定解决。国际税收协定对避免所得和财产的双重征税问题做出了重要协调。例如，《经合组织范本》关于个人所得的征税协调，具体分为雇用所得、董事费、艺术家和运动员、退休金、政府服务、学生等条款。另外，税收协定中关于投资所得的征税协调，基本是按照来源国与居住国共享税收利益的原则，对于特定类型的投资所得（利息、股息、特许权使用费），来源国按照限定税率征税，给居住国预留一部分征税权，具体的征税权规定详见相关双边税收协定的内容。

需要注意的是，在实践中，来源国通常是按照国内税法行使征税权力，如果纳税人希望适用税收协定的条款规定，需要向来源国税务部门提供其税收居民身份证明，申请适用税收协定条款。

第二，对于同一笔所得，如果两个国家对该所得类型的判定并不一致，而且这笔所得被同时认定为来源于这两个国家，即产生了一国地域管辖权与另一国地域管辖权的冲突，由此导致的国际重复征税问题无法根据这两国签订的双边税收协定解决。纳税人在进行国际税收筹划时，应注意各国国内税法之间的差异，避免出现这种情况。

（3）税率差异。各国税率以及税率结构的差异为纳税人的国际税收筹划创造了空间，通过特定的组织架构与交易安排，纳税人将所得从高税地转移到低税地，可以达到降低全球总税负的目的。

纳税人在利用国别税率差异进行国际税收筹划时，需要注意以下三个问题：

第一，境外低税率只意味着在来源国的低税率，通常纳税人还需要在居住国进行抵免后补税，居住国实施单一地域管辖权的除外。

第二，推迟课税的问题。在一些国家存在推迟课税的规定，也就是本国居民公司来源于境外子公司的股息、红利所得在汇回本国以前可以先不缴纳本国的所得税，当这些境外所得汇回本国时，本国居民公司再就其申报纳税。推迟课税规定的存在，使境外低税率优势得以实现。需要注意的是，我国税法并没有"海外投资利润不汇回不对其征税"的推迟课税规定。

第三，受控外国公司法规。为了打击跨国公司利用国际避税地将利润长期滞留在海外的做法，很多国家出台了受控外国公司法规，对本国企业控股的外国企业取得的所得征税，无论这些所得是否汇回本国。因此，纳税人应特别关注有关国家的受控外国公司法规，以防范相应的税收风险。

（4）业务模式对应的税收政策的差异性。跨国公司从事国际经济活动，需要关注不同的业务模式所适用的税收政策的差异。不同方案对应的纳税义务有所不同，此时就需要跨国公司对这一业务模式下不同方案的税务成本进行对比与规划：首先，应尽量避免国际重复征税；其次，应寻找降低东道国税负及跨境整体税负的可行税收筹划方案。

3. 国际税收筹划面临的新挑战

（1）反避税与特别纳税调整。在新的反避税法规政策环境下，纳税人在进行国际税收筹划时需要深入了解这些政策变化，及时调整税收筹划安排，以避免不必要的税收风险。与此同时，为了鼓励企业"走出去"，我国也进一步完善了企业对外投资的税收管理规定。纳税人应积极了解政策变化，以便充分利用相关政策优势，减少不必要的跨境税收负担。

（2）税基侵蚀与利润转移行动计划。2015年10月，经济合作与发展组织（OECD）和20国集团（G20）发布税基侵蚀与利润转移行动计划最终报告。该报告不仅包含了对现行国际税收规则的多处修改，而且针对如何遏制跨国公司规避全球纳税义务、侵蚀各国税基的行为提出了具体的行动方案。跨国公司的税基侵蚀与利润转移问题已成为当前及未来国际税收领域的核心议题，BEPS行动计划所提出的针对《经合组织范本》以及《金融交易转让定价指南》的修订意见等，对跨国公司的全球经济行为和税收筹划产生了重要影响，也对各国的国际税收管理工作提出了新的目标与挑战。

（3）国际税收征管合作。近年来，国际税收征管合作取得了突破性进展。

（二）境外组织架构的税收筹划

1. 企业组织形式的选择

一般来说，企业在投资前应充分了解居住国和东道国的税收政策、两国之间签订的税收协定，选择最优的组织架构形式。企业应考虑的要素包括两国企业所得税的税率（包括预提税税率）、税收优惠政策、征税方式、对常设机构的认定、是否可以直接抵免或间接抵免、是否开征分支机构利润税、亏损的处理规定、是否有推迟课税以及其他影响企业税负的规定等。

（1）常设机构的安排。基本思路为纳税人充分了解东道国税法或双边税收协定中关于常设机构的认定标准，尽量不在东道国构成常设机构，以免在东道国缴纳企业所得税。特别是当东道国税率高于本国税率时，这一税收筹划安排就显得很有必要。在东道国税率不高于本国税率且境内外都为盈利时，境内外的总税额等于抵免限额，是否构成常设机构的结果差异不大。但是，纳税人仍需进一步关注东道国对经营利润税前扣除范围的相关规定。

（2）分公司与子公司的选择。

第一，若东道国税率与居住国税率相同且境外预计产生亏损，可以考虑设立分公司。在境外设立分公司的优势为，一些国家规定境外分公司的亏损可以与总公司或其他境外分公司的盈利进行抵减，从而降低总公司在居住国的应纳税额。

第二，若东道国税率低于居住国税率且境外预计产生盈利，可以考虑设立子公司，并进行递延纳税筹划。由于东道国税率低于居住国税率，因此子公司在东道国缴纳税款后，还需要向居住国补缴税款，但如果子公司不做利润分配，通常无须再向母公司所在国补缴税款，从而达到递延纳税的目的。需要注意的是，如果境外子公司不做利润分配，则要关注母公司所在国的受控外国公司法规。特别地，一些居住国有推迟课税的规定，因此境外子公司即便做了利润分配，只要境外股息不汇回居住国，就无须向居住国缴税。

2. 国际中介公司架构

第一，尽可能降低东道国的所得税负。跨国公司主要关注以下几点：是否在东道国构成常设机构；设立在东道国的分支机构所缴纳的企业所得税（还包括分支机构利润税）；设立在东道国的公司所缴纳的企业所得税；东道国对非居民征收的预提税，比如股息预提税、利息预提税、特许权使用费预提税等。

第二，尽可能降低向中介公司所在国缴纳的所得税税负。跨国公司通常将中介公司设立在实施单一地域管辖权或者企业所得税税率较低的国家（地区），以降低中介公司缴纳的企业所得税。如果中介公司所在国的企业所得税税率并不低，应尽可能使中介公司的收入与支出相差不大，以实现较低的应纳税所得额。此外，跨国公司还要注意降低母公司向中介公司所在国缴纳的预提税税负。

第三，尽可能降低向居住国补缴的税款，主要通过境外受控公司不做利润分配，或虽做利润分配但不汇回股息而实现，后者需要与居住国的推迟课税规定联系起来。

在实践中，跨国公司可能会设立单个或多个国际中介公司的组织架构，并通过安排产品、服务、知识产权、资金等在集团内部的分配与流动，在发展的同时实现利润的转移、所得类型的转换等，将利润尽可能留在低税地，从而有效降低预提税税负，最终达到降低全球总税负的目的。

（三）境外所得来源地的税收筹划

1. 低税地的选择

利用低税地进行国际税收筹划的基本方法为，将利润由高税地转移到低税地，并且尽量将利润留在低税地。实现这一转移的方法主要是依靠转让定价税收筹划或其他类似方法。从形式上看，转让定价是指企业通过内部定价的方式进行利润转移，从而实现税负转移；从实践来看，主要表现为关联企业之间的交易定价，其中的一种高级形式为企业之间的成本分摊协议。

纳税人运用转让定价方法将利润转移到低税地的税收筹划，需要注意以下问题：

第一，纳税人设在低税地的控股公司是否受到居住国受控外国公司法规的约束。如果居住国的受控外国公司法规较为严格，那么设在低税地的受控外国公司的利润仍要向居住国缴税，低税地的税负优势将难以体现出来。

第二，实施单一地域管辖权的国家和地区适合作为国际中介控股公司所在地，用于筹划纳税人海外所得的整体税负。可以考虑将跨国公司的海外所得集中于实施单一地域管辖权的国家和地区的中介控股公司。

第三，纳税人在通过转让定价方法转移利润时，还需要关注居住国和来源国的转让定价法规。通常说来，在税制较为成熟的国家和地区，转让定价法规可能更为严格、全面，而在税制较为落后的国家和地区可能就不存在转让定价法规。利润转移的税收筹划必须遵守相关国家的转让定价法规，否则可能会面临税务机构的调查。由于转让定价调整造成的国际重复征税问题通常较难协调解决。因此转让定价的国际税收风险不容忽视。我们可以预期，《转让定价国别报告多边主管当局间协议》的执行将对跨国公司的国际税收筹划行为产生重大冲击。为了更好地应对相应的税收风险，纳税人应更多地关注自身采用的转让定价方法的合理性与合法性。

2. 充分利用国际税收协定网络

1）有效规避或有效解决国际重复征税问题。在国际税收筹划过程中，纳税人首先需要关注国际重复征税问题，应充分了解税收协定网络的覆盖情况、税收协定条款内容的差异，积极申请适用相应的国际税收协定条款。

2）尽可能降低股息预提税税负。两国在签订税收协定时往往会为股息预提税提供一个优惠的限定税率，比如我国对外签订的多数税收协定都将股息预提税税率限制为10%。而在荷兰、爱尔兰等欧洲国家对外签订的税收协定中，股息预提税零税率较为常见。另外，在区域性的税收协调方案中，也有关于股息预提税的优惠。例如，欧盟母子公司指令规定，欧盟成员国居民企业之间支付的股息，只要满足一定条件就可以免征股息预提税。

3）尽可能降低利息（特许权使用费）预提税税负。纳税人在开展跨境借贷或跨境无形资产许可活动时，应注意充分利用国际税收协定中关于利息和特许权使用费的限定税率，以降低在东道国的预提税税负。在利用税收协定中关于利息限定税率的优惠条款时，可以同时结合资本弱化的税收筹划方式，以降低企业融资环节的税收负担。

（四）利润汇回与投资退出的税收筹划

1. 利润汇回安排

通过税收筹划安排利润汇回环节并实现节税，发挥高税负地区在利润汇回（分配股息）环节的税负抵减作用。将来源于高税负地区和低税负地区的所得进行中和，在同一纳税年度汇回母公司，从而达到降低税负的效果。如果母公司所在国实施分国抵免法，可以考虑建立中介控股公司，将来源于高税负地区和低税负地区的所得集中于该中介控股公司，一并向母公司分配股息，从而实现综合抵免的效果。

2. 直接转股或间接转股的税收筹划

企业在进行股权转让税收筹划时，可以利用特殊中介公司进行间接股权转让，将转让所得留存在中介公司所在地，并且尽可能降低在中介公司所在国缴纳的税款，从而递延应向居住国缴纳的企业所得税，达到整体税负更低的效果。但是，无论是直接转股还是间接转股，如果未在被转让股权所在国按照相关规定缴税，可能会受到被转让股权所在国税务机关的反避税调查与调整。在实践中，一些纳税人在国际避税地搭建了多层空"壳"中介公司架构，同时目标公司所在国实施较为严格的间接股权转让税收征管，那么实施上述第二种间接股权转让方式，可能就会面临目标公司所在国税务机关的反避税调查。

三、关键术语

国际税收筹划是指纳税人在不违反相关国家（地区）的国内税法、国际税收协定、区域性的税收协调法规以及其他国际税收法律规定的前提下，降低某跨境经济活动的税收负担或其全球税收负担的规划与安排。

税收居民身份是国际税收筹划的基础概念。全球大多数国家（包括我国）或地区同时实施居民管辖权与地域管辖权，即对本国居民的全球所得以及非居民来源于本国的所得征税。因此，税收居民身份的认定非常重要。各国（地区）关于税收居民身份的认定标准通常存在于国内税法体系中，不同国家之间存在差异。

根据所得类型明确所得来源地，这对明确非居民的纳税义务非常重要。根据国际惯例，通常所得来源国对来源于本国的所得具有优先征税权，居住国对本国居民的境外所得行使第二征税权。

受控外国公司是指那些在避税地设立的由本国居民直接或间接控制的外国公司。为了打击跨国公司利用国际避税地将利润长期滞留在海外的做法，很多国家出台了受控外国公司法规，对本国企业控股的外国企业取得的所得征税，无论这些所得是否汇回本国。

特别纳税调整是指税务机关出于实施反避税目的而对纳税人的特定纳税事项所做的税务调整，包括针对纳税人转让定价、资本弱化、避税港避税及其他避税情况所进行的税务调整。它不同于一般纳税调整。一般纳税调整是指在计算应纳税所得额时，如果企业的财务、会计处理办法与税收制度规定不一致，应当依照税收法律、行政法规的规定计算纳税所做的税务调整，并据此重新调整纳税。

2015年10月，经济合作与发展组织（OECD）和20国集团（G20）发布税基侵蚀与利润转移行动计划最终报告，包括15项行动计划，包括"应对数字经济的税收挑战""消除混合错配安排的影响""制定有效受控外国公司规则""对利用利息扣除和其他款项支付实现的税基侵蚀予以限制""考虑透明度和实质性因素，有效打击有害税收实践""防止税收协定优惠的不当授予""防止人为规避构成常设机构""确保转让定价结果与价值创造相匹配""衡量和监控BEPS""强制披露规则""转让定价文档和国别报告""使争议解决机制更有效""制定用于修订双边税收协定的多边协议"等。

OECD于2021年7月发布《关于应对经济数字化税收挑战"双支柱"方案的声明》，正式确定"双支柱"方案的基本架构。10月，OECD再次发布声明，进一步对剩余利润比例、最低税率水平等问题做出明确规定和补充。"双支柱"方案于 2023 年正式实施："支柱一"聚焦于通过修改联结度规则和利润分配规则重新划分征税权；"支柱二"致力于解决遗留的税基侵蚀与利润转移问题。"双支柱"方案对跨国公司的全球税收筹划提出了全新的挑战。

截至 2021 年 12 月 22 日，《多边税收征管互助公约》的签约国（地区）已达 144 个国家（地区），包括一些国际知名避税地（比如巴拿马、开曼群岛、巴哈马等），全球进入国际税收征管多边合作的新阶段。此外，《非居民金融账户涉税信息尽职调查管理办法》《转让定价国别报告多边主管当局间协议》等也让纳税人的国际税收筹划面临着来自多边税务当局的征管挑战。

成本分摊协议（cost contribution arrangements，CCA）是指两个以上企业之间议定的一个框架，用以确定各方在研发、生产或获得资产、劳务和权利等方面承担的成本和风险，并确定这些资产、劳务和权利的各参与者的利益性质及范围。

国际税收协定是国与国之间签订的关于所得税和财产税事项的法律条约。从法律效力来看，一般来说，国际税收协定的法律地位高于国内税法。利用国际税收协定中的优惠条款和各国之间税收协定条款的差异可以有效规避国际重复征税和降低预提税负担。

四、练习题

（一）术语解释

1. 国际税收筹划
2. 受控外国公司
3. 特别纳税调整
4. 税基侵蚀与利润转移行动计划
5. 双支柱方案
6. 国际税收征管合作

（二）填空题

1. 国际税收筹划不仅需要通过综合设计来降低纳税人的境内外税负，而且需要重点关注_____和_____。

2. 双边税收协定中的_____条款，可以有效解决缔约国双方居民管辖权冲突造成的双重税收居民身份问题。

3. 在利用税收协定关于利息限定税率的优惠条款时，可以同时将_____的税收筹划方式结合起来，以降低企业融资环节的税收负担。

4. 如果母公司所在国对境外所得实行分国抵免法，则纳税人可以通过设立_____来充分利用自身条件，降低税负。

5. 纳税人在选择境外所得来源地时，不仅要注意_____税率，还要注意_____税率。

（三）判断题

1. 根据《经合组织范本》和《联合国范本》的"经营利润"条款，缔约国一方企业的所有利润应仅在该缔约国征税。（　　）

2. 境外低税率就意味着绝对的低税率。（　　）

3. 子公司作为独立法人实体，就企业利润向所在国缴纳企业所得税，其将税后利润向境外的母公司分配股息时通常还需要替母公司缴纳股息预提税。（　　）

4. 综合抵免法要比分国（地区）抵免法得到更多的抵免限额的好处。（　　）

5. 从法律效力来看，一般国内税法的法律地位高于国际税收协定。（　　）

6. 从实践来看，爱尔兰、卢森堡等欧洲国家的税务部门与一些跨国公司达成的税收裁定（tax ruling），在很大程度上降低了企业的实际税负。（　　）

7. 当纳税人在国外的分公司有亏损的情况下，与分国（地区）抵免法相比，采用综合抵免法可以相对减少纳税人的税收负担。（　　）

8. 假如母公司所在国的税率低于子公司，或者母公司所在国对境外汇入股息不征所得税，母公司就没有必要让子公司累积境外所得。（　　）

9. 将利润留在海外低税地不做利润分配或者不汇回股息、红利等方式可以实现绝对节税。（　　）

10. 在进行利润汇回时，应该充分运用低税地的税收优势。（　　）

（四）单选题

1. 全球大多数国家或地区的税收管辖权实施方式为（　　）。
A. 居民管辖权
B. 地域管辖权
C. 居民管辖权和地域管辖权
D. 公民管辖权和地域管辖权

2. 对于股息来源地的判定标准通常是（　　）。
A. 分配股息公司的居住地
B. 分配股息公司的注册地
C. 接收股息公司的居住地
D. 接收股息公司的注册地

3. 对于不动产转让所得来源地的判定，通常是（　　）。
A. 不动产所有人的居住地
B. 不动产的实际所在地
C. 不动产转让合同的签署地
D. 不动产受让者的居住地

4. 我国某居民企业的年度境内应纳税所得额为1 000万元；设立在甲国的分公司就其境外所得在甲国已纳企业所得税60万元，甲国的企业所得税税率为30%。该居民企业当年的企业所得税应纳税所得额是（　　）万元。
A. 940
B. 1 200
C. 1 018
D. 1 060

5. 我国境内某公司适用的企业所得税税率为25%，当年取得境内应纳税所得额160万元，境外分公司的应纳税所得额为50万元，在境外已缴纳企业所得税10万元。当年该公司汇总纳税时应向我国缴纳企业所得税（   ）万元。

A. 40   B. 42.5   C. 45   D. 47.5

6. 下列关于投资退出的说法，错误的是（   ）。

A. 投资退出可以通过股权转让实现，股权转让可分为直接转让和间接转让

B. 间接转股可以通过设立中介公司实现

C. 直接转股可以实现递延纳税

D. 通过空壳公司实施间接股权转让，可能会面临税务机关的调查

7. 从投资退出的角度看，下列关于境外分支机构选址，说法正确的是（   ）。

A. 选址在不对资本利得征税的国家或地区

B. 均选择在低税地设立分支机构

C. 以是否可以享受当地政府提供的减免税优惠作为唯一选择因素

D. 选择交通发达的国家或地区

8. 一些国家对企业的海外利润实施推迟课税，因此企业将利润留在海外，不汇回母公司所在国，由此取得的直接税收收益是（   ）。

A. 减少资金流失风险   B. 获得递延纳税的时间收益

C. 减少被税务机关调查的可能性   D. 便于进行再投资

（五）多选题

1. 下列关于分公司与子公司的表述，正确的有（   ）。

A. 分公司取得的利润在当地缴纳企业所得税，税后利润向境外总公司分配股息

B. 子公司向境外母公司分配股息时，通常需要在子公司所在国缴纳股息预提税

C. 子公司的亏损可以与母公司的盈利进行抵减

D. 在境外设立分公司的优势在于，一些国家规定境外分公司的亏损可以与总公司或其他境外分公司的盈利进行抵减，从而降低总公司在居住国的应缴税额

2. 纳税人在进行国际税收筹划时应注意与税收居民身份相关的问题，包括（   ）。

A. 若要适用国际税收协定的条款，重要前提之一为纳税人必须是该协定缔约国一方或双方的税收居民

B. 如果纳税人被同时认定为两国或多国的税收居民，建议依据国与国之间签署的税收协定，申请明确其唯一的税收居民身份

C. 纳税人在同时实施居民管辖权和地域管辖权的国家（地区）从事经济活动，如果不想就全球所得向该国（地区）缴税，应避免成为该国（地区）的税收居民

D. 纳税人可以利用"双重非税收居民身份"充分享受税收协定的优惠

3. 设立国际中介公司可以从（   ）角度降低有关跨国公司的税收负担。

A. 规避或降低预提所得税   B. 递延缴纳股息收入的所得税

C. 增加税收抵免的限额   D. 递延缴纳资本利得税

4. 跨国企业对所得来源地进行国际税收筹划时，以下说法正确的是（　　）。

A. 应关注东道国对不同类型所得来源地的判定标准

B. 应只选择零税地或者低税地

C. 应关注税收协定对不同类型所得的规定

D. 对所得来源地的税收筹划还需要结合所得类型的税收筹划

（六）简答题

1. 纳税人在进行国际税收筹划时，应特别注意哪些与税收居民身份相关的问题？

2. 简述在境外组织架构筹划中，企业组织形式的筹划要点。

3. 简述利用国际中介公司进行税收筹划的思路。

4. 国际税收筹划主要有哪些方式？

5. 国际税收筹划产生的客观原因有哪些？

6. 国内税收筹划与国际税收筹划的关系是什么？

7. 什么是国际重复征税？国际重复征税的原因是什么？避免国际重复征税的基本方法有哪些？

8. 跨国企业法人在国外设立分支机构或者子公司这两种经营方式，与税负有关的利弊条件各是什么？

（七）计算题

1. A 公司是甲国的居民公司，某年度在全球获取所得 2 000 万元，其中来自甲国的所得 1 500 万元，来自 A 公司在乙国设立的分公司的所得 500 万元，甲国的企业所得税税率为 30%，乙国的企业所得税税率为 40%，请分别以全额免税法、扣除法、限额抵免法计算 A 公司在甲国缴纳的企业所得税和在全球的企业所得税负担。

2. 中国内地居民企业计划在 T 国设立全资子公司，从中国境内采购电子设备，分销给 T 国当地客户，每年的销售收入为 2 000 万元。该居民企业初步拟定了两套方案有待最终决策：

（1）T 国子公司直接从中国境内的供应商处采购电子设备，采购成本为 1 000 万元，销售和管理费用为 400 万元。

（2）中国内地居民企业在中国香港设立子公司，作为东南亚地区的采购中心，从中国内地的供应商采购电子设备，采购成本为 1 000 万元，然后按照 1 200 万元的价格销售给 T 国子公司，在中国香港发生管理费用 100 万元，在 T 国发生销售和管理费用 300 万元。

可供参考的税法信息：中国内地、中国香港、T 国的企业所得税税率分别为 25%、16.5% 和 30%。T 国的股息预提税税率为 10%。中国香港不征收股息预提税。请对比这两个方案的税负，并从税收筹划的角度推荐方案。

3. 中国内地居民企业计划在墨西哥设立子公司，预计每年能取得税前利润 2 000 万美元，在墨西哥缴纳 30% 企业所得税后全部汇回中国。此前，该中国内地居民企业已在中国香港设立 100% 持股的子公司。该中国香港公司拥有一家 100% 控股的新加坡子公司，新加坡子公司每年取得税前利润 1 000 万美元，适用的企业所得税税率为 17%。墨西哥、新加坡、中国香港均不对股息汇出征收预提税。中国香港不对股息所得征税。现有以下两个方案供考虑：①由中国内地居民企业在墨西哥设立子公司。②由中国香港公司在墨西哥设立子公司。请对比这两个方案的税负，并指出推荐方案。

4. 某跨国公司有 A、B、C 三个子公司，分别设在甲、乙、丙三个国家，三个国家的企业所得税税率分别为 40%、20% 和 10%，子公司 A 为子公司 B 生产组装产品的零部件。现有两种销售方案：

（1）子公司 A 将一批生产成本为 200 万美元的零部件按照市场价格 260 万美元直接销售给子公司 B，子公司 B 将零部件组装后按 300 万美元的价格投放市场。

（2）子公司 A 不直接向子公司 B 提供零部件，而是以 230 万美元的价格将零部件销售给子公司 C，再由子公司 C 以 280 万美元的定价转售给子公司 B，子公司 B 组装后的成品仍以 300 万美元的总价格销售。请分别计算上述两种方案的企业所得税（暂不考虑子公司的股息分配问题）。

5. 中国居民企业 A 控股了甲国 B 公司，持股比例为 50%，B 公司持有乙国 C 公司 30% 的股份。B 公司当年的应纳税所得总额为 1 000 万元，其中来自 C 公司的投资收益为 300 万元，按 10% 缴纳 C 公司所在国的预提所得税税额为 30 万元。B 公司当年在甲国进行境外税收抵免后实际缴纳甲国的企业所得税税额为 210 万元，税后利润为 760 万元，全部分配。A 公司申报的境内外所得总额为 15 000 万元（已考虑所有调整因素），其中取得境外 B 公司的股息所得为 380 万元（已包含在甲国按照 10% 的税率缴纳的股息预提税 38 万元）。计算 A 企业在我国应缴纳的企业所得税税额。

（八）分析题

1. D 公司是一家注册在开曼群岛的企业，其 100% 控股的子公司 C 公司注册在英属维尔京群岛，C 公司在中国香港设有一家子公司 B 公司，B 公司拥有位于中国内地的 A 公司部分股权。D 公司将 C 公司转让给位于荷兰的 E 公司。B 公司、C 公司在成立后，除了实施这项股权转让交易外，并无其他实质性经济活动。请分析这项股权转让行为可能面临的税收风险，并提出税收筹划建议。

2. 某跨国公司的母公司所在国属于高税国，它的子公司所在国与母公司所在国之间没有签订税收协定，子公司所在国征收较高的利息预提税。子公司欲向母公司融资 1 000 万美元，利率为 15%，期限为 1 年，预提税为 20%。如果子公司直接向母公司融资，应支付 150 万美元的利息，需要在子公司所在国缴纳 30 万美元的预提税，而母公司收到的净利息只有 120 万美元。请从国际税收筹划的角度分析，母公司如何进行税收筹划能减轻预提税的税负？

3. A 公司是甲国的居民公司，甲国的企业所得税税率为 30%。甲国有推迟课税的规定，并且允许境外亏损与境内盈利相抵减。A 公司计划分别在乙国和丙国跨国经营，但设立公司的组织形式仍未确定。A 公司事先对乙国和丙国的税收政策进行了了解：乙国的企业所得税税率为 10%，并给予外资法人企业开业后 3 年的免税期，甲国与乙国签订的税收协定中承诺承担税收饶让义务；丙国的企业所得税税率为 40%，既没有免税期又没有与甲国签订税收协定。A 公司预测在未来十年内都会保持盈利，在乙国经营的前 3 年会有丰厚的盈利，而在丙国经营的前 3 年将会产生一定的亏损。请对 A 公司在乙国和丙国设立公司的组织形式进行税收筹划。

4. 中国一家居民企业计划向海外拓展业务。经初期评估预测，在经营的第一年，该企业在英国的业务实现利润 600 万元，在德国的业务亏损 200 万元。英国的企业所得税税率为 19%，德国的企业所得税税率为 15%，两国均未开征分支机构利润汇回税。中英税收协定、中德税收协定均包含间接抵免的规定，而且适用的股息预提税限定税率为 5%。请从海外组织形式差异的角度进行企业所得税的税收筹划，并提出建议。

5. A 国一家公司原打算在 B 国设立一家子公司，但 B 国要对本国公司汇往 A 国的股息征收较高的 30% 的预提税。B 国与 C 国签订的税收协定中股息预提税的限定税率为 10%，A 国与 C 国签订的税收协定中股息预提税的限定税率为 10%。如果 A 国这家公司预计未来在 B 国的子公司将有大量股息汇出，请就股息预提税问题提出可行的税收筹划方案。

6. 中国一家居民企业在德国设立了一家全资子公司，德国的企业所得税税率为 15%，并且中德税收协定的股息预提税限定税率为 5%。2021 年度，该公司在中国实现利润 600 万元，在德国的子公司实现利润 500 万元。请就德国子公司的利润分配问题提出可供考虑的税收筹划建议。

7. 中国内地一家居民企业 A 公司，在中国香港设立子公司（H 公司）。该子公司持有泰国 T 公司、新加坡 S 公司的股权。A 公司要求 H 公司在某年末分配股息 400 万元。预计在该年，T 公司和 S 公司的税前利润均为 1 000 万元。泰国的企业所得税税率为 20%，新加坡的企业所得税税率为 17%。T 公司、S 公司分别适用泰国、新加坡免征股息预提税的规定。中国香港不对股息所得征税。请从国际税收筹划的角度，设计 T 公司和 S 公司的股息分配方案。

（九）综合题

中国居民企业计划向其直接 100% 持股的中东地区 M 公司出口设备，该设备的使用期限为 3 年，其核心零部件中含有一项专有技术。中国居民企业已取得高新技术企业资格，适用 15% 的企业所得税税率。与此同时，根据《财政部、国家税务总局关于高新技术企业境外所得适用税率及税收抵免问题的通知》的规定，该企业来源于境外的所得可以享受高新技术企业所得税优惠政策，即对其境外所得可以按照 15% 的优惠税率缴纳企业所得税，同时在计算境外抵免限额时，可按照 15% 的优惠税率计算境内外应纳税总额。预计该企业实际取得的出口退税约为报关价格的 10%，与设备出口收入对应的成本费用为 300 万美元，专有技术相关收入的税前扣除为 100 万美元。初步了解到中东地区进口关税水平约为 20%，特许权使用费的预提所得税税率为 10%。预计 M 公司在未来 3 年的税前利润为 1 600 万美元，适用的企业所得税税率为 30%，M 公司计划暂不做股息分配汇回中国。目前，该中国居民企业正在考虑如何进行报关。如果将专有技术许可费包含在设备价款中，初定设备的进口报关价格为 1 000 万美元（含专有技术许可费）；如果将专有技术许可费和设备价款分开，初定设备的进口报关价格为 600 万美元，另收取 400 万美元的技术许可费。请对此给出税收筹划建议（暂不考虑增值税、货币时间价值）。

五、练习题答案

（一）术语解释

1. 国际税收筹划是指纳税人在不违反相关国家（地区）的国内税法、国际税收协定、区域性的税收协调法规以及其他国际税收法律规定的前提下，降低某跨境经济活动的税收负担或其全球税收负担的规划与安排。

2. 受控外国公司是指那些在避税地设立的由本国居民直接或间接控制的外国公司。为了打击跨国公司利用国际避税地将利润长期滞留在海外的做法，很多国家出台了受控外国公司法规，对本国企业控股的外国企业取得的所得征税，无论这些所得是否汇回本国。

3. 特别纳税调整是指税务机关出于实施反避税目的而对纳税人的特定纳税事项所做的税务调整，包括针对纳税人转让定价、资本弱化、避税港避税及其他避税情况所进行的税务调整。它不同于一般纳税调整。一般纳税调整是指在计算应纳税所得额时，如果企业的财务、会计处理办法与税收制度规定不一致，应当依照税收法律、行政法规的规定计算纳税所做的税务调整，并据此重新调整纳税。

4. 2015 年 10 月，经济合作与发展组织（OECD）和 20 国集团（G20）发布税基侵蚀与利润转移行动计划最终报告，包括 15 项行动计划，包括"应对数字经济的税收挑战""消除混合错配安排的影响""制定有效受控外国公司规则""对利用利息扣除和其他款项支付实现的税基侵蚀予以限制""考虑透明度和实质性因素，有效打击有害税收实践""防止税收协定优惠的不当授予""防止人为规避构成常设机构""确保转让定价结果与价值创造相匹配、衡量和监控 BEPS""强制披露规则""转让定价文档和国别报告""使争议解决机制更有效""制定用于修订双边税收协定的多边协议"等。

5. OECD 于 2021 年 7 月发布《关于应对经济数字化税收挑战"双支柱"方案的声明》，正式确定"双支柱"方案的基本架构。10 月，OECD 再次发布声明，进一步对剩余利润比例、最低税率水平等问题做出明确规定和补充。"双支柱"方案于 2023 年正式实施："支柱一"聚焦于通过修改联结度规则和利润分配规则重新划分征税权；"支柱二"致力于解决遗留的税基侵蚀与利润转移问题。"双支柱"方案对跨国公司的全球税收筹划提出了全新的挑战。

6. 截至 2021 年 12 月 22 日，《多边税收征管互助公约》的签约国（地区）已达 144 个，包括一些国际知名避税地（比如巴拿马、开曼群岛、巴哈马等），全球进入国际税收征管多边合作的新阶段。此外，《非居民金融账户涉税信息尽职调查管理办法》《转让定价国别报告多边主管当局间协议》等也让纳税人的国际税收筹划面临着来自多边税务当局的征管挑战。

（二）填空题

1. 避免国际重复征税　规避国际反避税风险　【解析】跨境纳税人面临着来自东道国和居住国的双重征税问题、国际反避税风险，这是国际税收筹划相较于国内税收筹划的特殊性。

2. 居民　【解析】双边税收协定中的居民条款，提供了加比规则或者协商方式，用于明确纳税人在该税收协定缔约国双方之间的唯一税收居民身份。

3. 资本弱化　【解析】与融资环节相关的典型税收筹划方式，即利用债务融资所产生的利息支出可以在税前进行扣除这一特点，使债务融资的比重远超股权融资的比重。

4. 国际中介控股公司　【解析】通过设立国际中介控股公司，可以达到中和境外高低税负的作用。

5. 名义　实际　【解析】实际税率不一定等于名义税率，有些国家（地区）的名义税率很高，但实际税率可能很低，因此需要同时关注名义税率和实际税率。

（三）判断题

1. ×　【解析】《经合组织范本》和《联合国范本》的"经营利润"条款均规定缔约国一方企业的利润应仅在该缔约国征税，但该企业通过设在缔约国另一方的常设机构在该国进行营业的除外。

2. ×　【解析】境外低税率只意味着在来源国的低税率，通常纳税人还需要在居住国进行抵免后补税，居住国实施单一地域管辖权的除外。

3. √　【解析】子公司作为独立法人实体，其将税后利润向境外母公司分配股息，通常要涉及子公司所在国的企业所得税、股息预提税这两个所得税税负。

4. ×　【解析】在不同情形下，综合抵免法和分国（地区）抵免法可能产生相同或差异化的税负结果。

5. ×　【解析】从法律效力来看，一般国际税收协定的法律地位高于国内税法。

6. √　【解析】近年来，欧盟委员会的国家援助调查主要针对的就是欧盟成员国税务部门与跨国公司之间签订的税收裁定，欧盟委员会认为这些税收裁定实际上降低了跨国公司在当地的税负。

7. ×　【解析】在境外都盈利且境外税率有高有低的情况下，综合抵免法比分国（地区）抵免法能够得到更多的抵免限额的好处。如果境外出现亏损，与分国（地区）抵免法相比，综合抵免法不一定能带来更少的税收负担。

8. √　【解析】如果母公司所在国的税率低于子公司，进行税收抵免之后通常无须在母公司所在国补缴税款。如果母公司所在国对境外汇入股息不征所得税，那么境外股息所得汇入母公司所在国就无须承担额外的所得税税负。因此，母公司就没有必要将子公司的境外所得滞留在境外。

9. ×　【解析】将利润留在海外低税地不做利润分配或者不汇回股息、红利等方式只能将税负暂时递延，实现的是相对节税。

10.　×　【解析】利润汇回的安排与境外所得来源地的税收筹划思路完全相反，前者是利用境外高税地，后者是利用境外低税地。

（四）单选题

1.　C　【解析】全球大多数国家（包括我国）或地区同时实施居民管辖权与地域管辖权，即对本国居民的全球所得以及非居民来源于本国的所得征税。

2.　A　【解析】对于股息所得来源地的判定，通常是依据分配股息公司的居住地，即分配股息公司的居住国为股息所得的来源国。

3.　B　【解析】对于不动产转让所得来源地的判定，通常以不动产的实际所在地作为所得来源地。

4.　B　【解析】在甲国的应纳税所得额为 200 万元（＝60÷30%），该居民企业当年的企业所得税应纳税额为 1 200 万元（＝境内应纳税所得额＋境外应纳税所得额＝1 000＋200）。

5.　B　【解析】境外缴纳所得税的抵免限额为 12.5 万元（＝50×25%），应补缴企业所得税 2.5 万元（＝12.5－10），汇总纳税时实际应缴纳企业所得税 42.5 万元（＝160×25%＋2.5）。

6.　C　【解析】在间接转股中，当中介公司不做利润分配时可以实现递延纳税。

7.　A　【解析】若投资退出国对资本利得不征税，能够有效降低税负。

8.　B　【解析】将利润滞留海外，利用的是母公司所在国推迟课税的规定，只有在利润汇回母公司所在国时才需要缴税，因此相当于推迟了在母公司所在国的纳税义务。

（五）多选题

1.　BD　【解析】分公司就企业利润向其所在国缴纳企业所得税，税后利润向境外总公司汇回。分公司对于总公司而言，属于非独立法人实体，因此并非分配股息，而是直接汇回税后利润。子公司作为独立法人实体，其亏损不可以与母公司的盈利进行抵减。

2.　ABC　【解析】例如，中新税收协定第一条"人的范围"指出："本协定适用于缔约国一方或者同时为双方居民的人。"若要适用国际税收协定的条款，重要前提之一为纳税人必须是该协定缔约国一方或双方的税收居民。纳税人应申请明确其唯一的税收居民身份，以避免由居民管辖权冲突造成的国际重复征税。税收居民身份是行使居民管辖权的主要依据。

3.　ABCD　【解析】设立国际中介公司可以在一定程度上规避或降低东道国股息预提税，可以中和高税负地区与低税负地区的所得。

4.　ACD　【解析】将所得来源地安排在零税地或者低税地，可能还会面临来自东道国的补税要求。

（六）简答题

1.【解析】

第一，纳税人在跨境经营或投资过程中，若要适用国际税收协定的条款等，重要前提之一为纳税人必须是该协定缔约国一方或双方的税收居民。例如，《中新税收协定》第一条"人的范围"指出："本协定适用于缔约国一方或者同时为双方居民的人。"因此，在实践中，纳税人在申请适用税收协定时需要提供相应的税收居民身份证明。

第二，如果纳税人被同时认定为两国或多国的税收居民，则建议依据国与国之间签署的税收协定，申请明确其唯一的税收居民身份，以避免由居民管辖权冲突造成的国际重复征税。但是，如果国际税收协定网络并未覆盖这些国家，那么纳税人应避免同时成为相互未签署税收协定的国家的税收居民，以免因为双重税收居民身份而承担双重税负。

第三，纳税人在同时实施居民管辖权和地域管辖权的国家（地区）从事经营活动，如果不想就全球所得向该国（地区）缴税，应避免成为该国（地区）的税收居民。

2.【解析】

一般来说，企业在投资前应充分了解居住国和东道国的税收政策、两国之间签订的税收协定，选择最优的组织架构形式。企业应考虑的要素包括两国企业所得税的税率（包括预提税税率）、税收优惠政策、征税方式、对常设机构的认定、是否可以直接抵免或间接抵免、是否开征分支机构利润税、亏损的处理规定、是否有推迟课税以及其他影响企业税负的规定等。

（1）常设机构的安排。基本思路为纳税人充分了解东道国税法或双边税收协定中关于常设机构的认定标准，尽量不在东道国构成常设机构，以免在东道国缴纳企业所得税。特别是当东道国税率高于本国税率时，这一税收筹划安排就显得很有必要。在东道国税率不高于本国税率且境内外都为盈利时，境内外的总税额等于抵免限额，是否构成常设机构的结果差异不大。但是，纳税人仍需进一步关注东道国对经营利润税前扣除范围的相关规定。

（2）分公司与子公司的选择。

1）若东道国税率与居住国税率相同且境外预计产生亏损，可以考虑设立分公司。在境外设立分公司的优势为，一些国家规定境外分公司的亏损可以与总公司或其他境外分公司的盈利进行抵减，从而降低总公司在居住国的应缴税额。

2）若东道国税率低于居住国税率且境外预计产生盈利，可以考虑设立子公司，并进行递延纳税筹划。由于东道国税率低于居住国税率，因此子公司在东道国缴纳税款后，还需要向居住国补缴税款，但如果子公司不做利润分配，通常无须再向母公司所在国补缴税款，从而达到递延纳税的目的。需要注意的是，如果境外子公司不做利润分配，则要关注母公司所在国的受控外国公司法规。特别地，一些居住国有推迟课税的规定，因此境外子公司即便做了利润分配，只要境外股息不汇回居住国，就无须向居住国缴税。

3.【解析】

第一，尽可能降低东道国的所得税负。跨国公司主要关注以下几点：是否在东道国构成常设机构；设立在东道国的分支机构所缴纳的企业所得税（还包括分支机构利润税）；设立在东道国的公司所缴纳的企业所得税；东道国对非居民征收的预提税，比如股息预提税、利息预提税、特许权使用费预提税等。

第二，尽可能降低向中介公司所在国缴纳的所得税税负。跨国公司通常将中介公司设在实施单一地域管辖权或者企业所得税税率较低的国家（地区），以降低中介公司缴纳的企业所得税。如果中介公司所在国的企业所得税税率并不低，应尽可能使中介公司的收入与支出相差不大，以实现较低的应纳税所得额。此外，跨国公司还要注意降低母公司向中介公司所在国缴纳的预提税税负。

第三，尽可能降低向居住国补缴的税款，主要通过境外受控公司不做利润分配，或虽做利润分配但不汇回股息来实现，后者需要与居住国的推迟课税规定联系起来。

在实践中，跨国公司可能会设立单个或多个国际中介公司的组织架构，并通过安排产品、服务、知识产权、资金等在集团内部的分配与流动，在发展的同时实现利润的转移、所得类型的转换等，将利润尽可能留在低税地，从而有效降低预提税税负，最终达到降低全球总税负的目的。

4.【解析】

国际税收筹划主要有如下方式：①避免成为高税负国家的税收居民。②通过资金或货物流动进行税收筹划。③选择有利的企业组织形式进行税收筹划。④利用转让定价进行税收筹划。⑤利用税率差异进行税收筹划。⑥运用国际重复征税的免除方法进行税收筹划。⑦利用避税地进行税收筹划。⑧利用税收优惠进行税收筹划。

5.【解析】

国际税收筹划产生的客观原因主要有：①税收管辖权的差异。②税率的差异。③税基的差异。④税法有效实施上的差异。⑤避免国际重复征税的差异。

6.【解析】

国内税收筹划与国际税收筹划既紧密联系，又存在区别。

国内税收筹划与国际税收筹划的联系：

（1）动因相同。企业行为的最终动因都是追求企业财务利益最大化。

（2）目标一致。国内税收筹划与国际税收筹划都是为了实现税负最低、全球所得最多。

（3）相互依存。国内税收筹划是国际税收筹划的基础，国际税收筹划为国内税收筹划提供了更多的备选方案。

（4）技术方法相同或相似。

国内税收筹划与国际税收筹划的区别：

（1）客观原因不同。

（2）对纳税人的意义不同。

（3）税收筹划的方式、方法不同。

7.【解析】

国际重复征税一般是指两个或多个国家在相同时期对同一纳税人的相同所得征收类似的税收而表现出来的国家之间的税收分配关系。国际重复征税按照性质的不同可以分为法律性重复征税和经济性重复征税，两者的主要区别在于纳税人是否具有一致性。

国际重复征税产生的根本原因是不同国家的税收制度有差异，其主要表现形式是不同国家的税收管辖权有重叠，即地域管辖权与地域管辖权的重叠、居民管辖权与居民管辖权的重叠、地域管辖权与居民管辖权的重叠。

在各国税法和国际税收协定中，通常使用以下 3 种基本方法规避跨国纳税人的国际重复征税，即免税法、扣除法和抵免法。

8.【解析】

相对于子公司，分支机构的利弊条件可简述如下：首先，有利的方面有登记注册简单快捷，可以不缴纳资本注册税和相应的印花税，但同时不利的方面是在东道国没有独立的法人地位，没有资格享受当地政府向当地法人企业提供的免税或其他投资鼓励措施；其次，有利的方面是将利润汇回总公司时避免了对利息、股息和特许权使用费征收的预提税，但不利的方面是一旦取得利润，总机构在同一纳税年度要就这些境外利润向其居住国纳税，当国外税率低于居住国税率时无法获得递延纳税的好处；再次，有利的方面是费用和亏损可以冲抵总公司的利润，但不利的方面是总机构应当承担国外分支机构的所有责任和义务；最后，有利的方面是有可能利用免税法来避免国际重复纳税，而不利的方面是假设今后转变为子公司，可能要承担由此产生的资本利得税。子公司与分支机构的利弊恰好相反。

（七）计算题

1.【解析】

在全额免税法下，国外所得均不需要在居民所在国纳税，不存在双重征税的可能；在扣除法下，在国外缴纳的税款可以抵减税基，只需确定适用税率缴纳居民国的税款；在限额抵免法下，在国外缴纳的税款可以在本国应缴纳税款中进行扣除，若国外缴纳的税款低于抵免限额可据实扣除，若国外缴纳的税款不低于抵免限额，则按照抵免限额进行扣除。

（1）全额免税法。

甲国的所得税 $= 1\,500 \times 30\% = 450$（万元）
全球所得税负担 $= 450 + 500 \times 40\% = 650$（万元）

（2）扣除法。

甲国的所得税 $= (1\,500 - 500 \times 40\%) \times 30\% = 390$（万元）
全球所得税负担 $= 390 + 200 = 590$（万元）

（3）限额抵免法。

甲国的抵免限额 $= 2\,000 \times 30\% \times 500 \div 2\,000 = 150$（万元）
甲国的所得税 $= 2\,000 \times 30\% - 150 = 450$（万元）
全球所得税负担 $= 450 + 500 \times 40\% = 650$（万元）

2.【解析】

方案一：

T 国的应纳税所得额 $= 2\,000 - 1\,000 - 400 = 600$（万元）
应纳税额 $= 600 \times 30\% = 180$（万元）
税后利润 $= 600 - 180 = 420$（万元）

分配股息的预提税＝420×10％＝42(万元)(T国的股息预提税税率为10％)

在T国缴纳的税额＝42＋180＝222(万元)

抵免限额＝600×25％＝150(万元)＜222万元

因此，无须向中国补缴税款，方案一的整体税负为222万元。

方案二：

T国的应纳税所得额＝2 000－1 200－300＝500(万元)

应纳税额＝500×30％＝150(万元)

向T国缴纳的股息预提税＝350×10％＝35(万元)

因此，无须向中国补缴税款（因为T国的税率高于中国）。

中国香港子公司的应纳税所得额＝1 200－1 000－100＝100(万元)

应纳税额＝100×16.5％＝16.5(万元)

税后利润汇回中国内地，无预提税。

需要补缴的税款＝100×25％－16.5＝8.5(万元)

方案二的整体税负＝150＋16.5＋8.5＋35＝210(万元)

如果在方案二下选择"不分国别（地区）抵免"，则无须在中国内地补缴税款，整体税负进一步降至201.5万元。

对比这两个方案，从税负更低的角度来看，推荐方案二。

3.【解析】

方案一：由中国内地居民企业在墨西哥设立子公司。

墨西哥子公司的企业所得税＝2 000×30％＝600(万美元)

税后利润汇回，无须缴纳预提税。

抵免限额为500万美元（＝2 000×25％），小于600万美元。

税后利润汇回，无须向中国补缴税款。

新加坡子公司的企业所得税＝1 000×17％＝170(万美元)

税后利润汇回，无须缴纳预提税。

中国香港公司的企业所得税为0，因为中国香港不征收利得税（单一地域管辖权）。

利润继续汇回中国内地居民企业，无须缴纳预提税。

抵免限额为250万美元（＝1 000×25％），境外实际缴纳170万美元，因而需要向中国内地补缴税款80万美元（＝250－170）。

方案一的整体税负＝600＋250＝850(万美元)

但是，如果在方案一下选择"不分国别（地区）抵免"，则无须在中国内地补缴税款，整体税负可进一步降至770万元。

方案二：由中国香港公司在墨西哥设立子公司。

墨西哥子公司的企业所得税＝2 000×30％＝600(万美元)

税后利润汇回，无须缴纳预提税。

新加坡子公司的企业所得税＝1 000×17％＝170（万美元）

税后利润汇回，无须缴纳预提税。

中国香港公司的企业所得税为0，因为中国香港不征收利得税（单一地域管辖权）。

利润继续汇回中国内地居民企业，无须缴纳预提税。

抵免限额为750万美元（＝3 000×25％），境外实际缴纳770万美元，因而无须在中国内地补缴税款。

方案二的整体税负为770万美元。

对比这两个方案的税负，它们都可以实现整体税负770万美元的结果。考虑到我国的规定，如果选择某种抵免方式，一经选择五年内不得改变，相对而言，方案二更具灵活性，因此推荐方案二。

4.【解析】

根据不同国家税率的高低，将利润尽可能转移到低税地，能够降低整体税负水平，但第二种情况下企业要特别注意转让定价风险。

第一种情况：在甲国缴纳所得税。

应纳税额＝（260－200）×40％＝24（万元）

在乙国缴纳所得税：

应纳税额＝（300－260）×20％＝8（万元）
总税负＝24＋8＝32（万元）

第二种情况：（1）在甲国缴纳所得税。

应纳税额＝（230－200）×40％＝12（万元）

（2）在乙国缴纳所得税：

应纳税额＝（300－280）×20％＝4（万元）

（3）在丙国缴纳所得税。

应纳税额＝（280－230）×10％＝5（万元）
总税负＝12＋4＋5＝21（万元）

5.【解析】

在计算企业抵免境外税额时，首先，判断多层持股是否符合间接抵免持股条件：第一，是否为企业直接持有20％以上股份的外国企业。第二，是否为单一上一层外国企业直接持有20％以上股份，并且由该企业直接持有或通过一个或多个符合规定持股方式的外国企业间接持有总和达到20％以上股份的外国企业。其次，进行境外所得间接负担税额的计算。

B公司符合间接抵免持股条件，C公司不符合。下面介绍B公司间接抵免负担税额的计算。

B公司所纳税额属于由上一层企业A负担的税额为：

$$\left[\begin{array}{c} \text{本层企业就利润和投资收益} \\ \text{所实际缴纳的税额} \end{array} + \begin{array}{c} \text{符合规定的由本层企业} \\ \text{间接负担的税额} \end{array}\right]$$

$$\times \begin{array}{c} \text{本层企业向上一层企业} \\ \text{分配的股息（红利）} \end{array} \div \begin{array}{c} \text{本层企业} \\ \text{所得税后利润额} \end{array}$$

$$= (210 + 30 + 0) \times 380 \div 760 = 120（万元）$$

即 A 公司就从 B 公司分得股息间接负担的可在我国应纳税额中抵免的税额为 120 万元。

A 公司来自甲国的应纳税所得额为 500 万元（＝380 万元＋甲国 B 公司及其下层各企业已纳税额中属于 A 公司可予抵免的间接负担税额 120 万元）。

$$抵免限额 = 500 \times 25\% = 125（万元）$$

$$A 公司在甲国实际缴纳的税额 = 直接缴纳 38 万元 + 间接负担 120 万元 = 158（万元）$$

A 公司来自甲国所得的抵免限额为 125 万元，可抵免的境外税额为 158 万元，当年可实际抵免税额 125 万元。

$$A 企业的实际应纳税额 = 境内外应纳所得税总额 - 当年可实际抵免境外税额$$
$$= 15\,000 \times 25\% - 125 = 3\,625（万元）$$

（八）分析题

1.【解析】

这是通过设立中介公司进行间接股权转让，可能受到 A 公司所在国税务机关对非居民间接转让股权的反避税调查。由于 B 公司、C 公司并不具有投资控股外的实质性经营活动和资产，可能被认定为滥用组织形式实现股权转移，继而避税的"空壳"公司。虽然形式上转让的是境外企业的股权，而且该交易行为发生在境外，但实质上是转让中国境内居民企业的股权。根据相关税收政策规定，D 公司应就这笔股权转让所得在中国境内缴纳企业所得税。

2.【解析】

母公司可以通过建立中介金融公司来降低预提税，可行的操作如下：首先，母公司有必要在一个与境外子公司所在国签有税收协定的国家建立中介金融公司，然后通过该中介金融公司向外国子公司发放贷款。这样就可以利用中介金融公司所在国与子公司所在国之间的税收协定，减轻子公司所在国的利息预提税税负。

但是，母公司需要注意税收协定中的反避税规定，比如在利息条款中，需要符合"受益所有人"的规定。另外，在 BEPS 多边公约的背景下，纳税人通过这种方式可能会面临更多的协定反滥用风险。

3.【解析】

A 公司应在乙国设立子公司，在丙国设立分公司。A 公司在乙国设立子公司，主要是因为乙国具有免税期且与甲国签订了税收协定，那么在乙国的前三年其子公司的税负较低并且可以通过不汇回利润以避免在甲国补缴税款。A 公司在丙国设立分公司，由于该分公司在丙国经营的前 3 年会产生亏损，因而可用分公司的亏损抵减 A 公司的利润，以降低整体税负水平。

4.【解析】

该企业可考虑以下三个备选方案，并从中选取最优方案。

备选方案一：不在市场国设立附属机构，直接向英国和德国市场销售产品。

备选方案二：在英国和德国分别设立分支机构。

备选方案三：在英国和德国分别设立子公司。

（1）备选方案一的企业所得税情况。由于该企业在英国和德国未设立附属机构，根据中英、中德税收协定，未构成常设机构，因此在英国、德国不缴纳企业所得税。与此同时，根据我国的规定，境外某国（地区）产生的亏损只能与此后当地产生的盈利相抵减，不能与境外其他国家（地区）的盈利相抵减，也不能与境内盈利相抵减。因此，向中国缴纳的企业所得税为 150 万元（$=600 \times 25\%$），而整体税负也为 150 万元。

（2）备选方案二的企业所得税情况。在英国的分支机构需要在英国缴纳企业所得税 114 万元（$=600 \times 19\%$）。由于英国的企业所得税税率低于中国，需要在中国补缴税款 36 万元（$=600 \times 25\% - 114$）。

在德国的分支机构亏损，因而缴纳的企业所得税为 0。

$$整体税负 = 114 + 36 = 150（万元）$$

（3）备选方案三的企业所得税情况。在英国的子公司需要在英国缴纳企业所得税 114 万元（$=600 \times 19\%$）。其税后利润如果全部向中国母公司进行股息分配，需要在英国缴纳股息预提税 24.3 万元 $[=(600 - 114) \times 5\%]$。这笔所得在英国直接和间接缴纳的税额为 138.3 万元（$=24.3 + 114$）。中国母公司来自英国所得的抵免限额为 150 万元（$=600 \times 25\%$），因此这笔股息应在中国补缴税款 11.7 万元（$=150 - 138.3$）。

在德国的子公司亏损，因而缴纳的企业所得税为 0。

$$整体税负 = 114 + 24.3 + 11.7 = 150（万元）$$

对比这三个备选方案，它们在整体税负方面无差异。但是，如果在备选方案三下，将英国子公司的税后利润继续投资，而不做股息分配，那么备选方案三的整体税负降至 114 万元，可以实现递延纳税的税收筹划效果，并且可以进一步支持该企业的海外经营，因此推荐在英国设立子公司。由于在德国的第一年产生亏损，但如果此后年份预期产生盈利，可以考虑在德国设立分公司或者直接向德国市场销售，以便在未来年份可以用第一年的亏损与后续年份产生的盈利相抵减。若未来该企业在德国的盈利状况一直持续，可以考虑由分公司改设为子公司，或重新设立子公司。

5.【解析】

两国之间签订的税收协定往往会给股息预提税提供一个优惠的限定税率，利用税收协定进行税收筹划可以使预提税负担降到最低。A 国可以在 C 国建立一个中介控股公司，通过 C 国持股公司收取来自 B 国公司的股息。这样一来，A 国公司就可以减少其股息所得的总纳税义务。与此同时，A 国公司需要注意协定中股息条款的"受益所有人"规定。另外，在 BEPS 多边公约的背景下，纳税人通过这种方式可能会面临更多的协定反滥用风险。

6.【解析】

由于母公司适用的企业所得税税率高于子公司适用的企业所得税税率，因而在不影响母公司现金流的情况下，可通过允许子公司尽可能留存收益用于再投资经营，使子公司的利润暂不做股息分配，从而实现递延纳税。

7.【解析】

建议由 T 公司向 H 公司分配股息 400 万元。其理由如下：泰国的企业所得税税率高于新加坡的企业所得税税率，并且两国的企业所得税税率均低于 25%，因此 T 公司和 S 公司分配股息给 H 公司，再由 H 公司向 A 公司分配股息，根据中国内地税收抵免的相关规定，均需向中国内地补缴税款。所以，优先对位于税率相对较高的泰国 T 公司利润进行股息分配，可以达到降低当期在中国内地补缴税款的税收筹划效果。

（九）综合题

【解析】

方案一：将专有技术许可费包含在设备价款中。

中国居民企业将设备出口给 M 公司，取得销售收入 1 000 万美元，涉及的税负包括：

在出口退税方面，出口报关价格为 1 000 万美元，按照 10% 的实际退税率计算，即 100 万美元（＝1 000×10%）。

在中国的企业所得税方面，税前利润为 600 万美元（＝1 000－300－100），缴纳 15% 的企业所得税，应纳税额为 90 万美元（＝600×15%）。

M 公司进口设备，税务影响为：

该设备的进口报关价格为 1 000 万美元，应由 M 公司缴纳 20% 的进口关税，即 200 万美元（＝1 000×20%）。

M 公司的税前利润为 1 600 万美元，减去该设备的进口报关价格 1 000 万美元、进口关税 200 万美元，应纳税所得额为 400 万美元（＝1 600－1 000－200），缴纳的企业所得税为 120 万美元（＝400×30%）。

M 公司暂不将税后利润做股息分配汇回中国，因此不涉及股息预提税或中国的企业所得税。

综上所述，方案一的税负为 310 万美元（＝－100＋90＋200＋120）。

方案二：设备的进口报关价格定为 600 万美元，另收取 400 万美元专有技术许可费。

中国居民企业将设备出口给 M 公司，取得销售收入 600 万美元，涉及的税负包括：

在出口退税方面，出口报关价格为 600 万美元，按照 10% 的实际退税率计算，即 60 万美元（＝600×10%）。

在中国企业所得税方面，设备的销售收入属于来源于中国境内的所得，税前利润为 300 万美元（＝600－300），缴纳 15% 的企业所得税，应纳税额为 45 万美元（＝300×15%）。

中国居民企业向 M 公司收取技术许可费 400 万美元，涉及的税负包括：

中国居民企业取得技术许可费 400 万美元，应在 M 公司所在地缴纳 10% 的预提税，即 40 万美元（＝400×10%）。

中国居民企业取得 M 公司支付的技术许可费，属于来源于中国境外的所得，适用 15% 的企业所得税税率，应纳税所得额为 300 万美元（＝400－100），应纳税额为 45 万美元（＝300×15%），可以抵免在 M 公司所在地缴纳的预提所得税 40 万美元，因此应补缴中国企业所得税 5 万美元（＝45－40）。

M 公司进口设备、取得技术许可，其税务影响为：

设备进口报关价格为 600 万美元，应由 M 公司缴纳 20% 的进口关税，即 120 万美元（＝600×20%）。

M 公司的税前利润为 1 600 万美元，减去设备进口报关价格 600 万美元、进口关税 120 万美元、技术许可费 400 万美元，应纳税所得额为 480 万美元（＝1 600－600－120－400），缴纳的企业所得税为 144 万美元（＝480×30%）。

M 公司暂不将税后利润做股息分配汇回中国，因此不涉及股息预提所得税或中国企业所得税。

综上所述，方案二的税负为 294 万美元（＝－60＋45＋40＋5＋120＋144）。

相比较而言，从降低总税负的角度，可考虑将设备和专有技术许可费分开定价，即将设备的出口报关价格定为 600 万美元，另收取专有技术许可费 400 万美元。

第 8 章
税收筹划综合案例与解析

一、学习目的与要求

本章旨在通过多个跨税种、跨业务的税收筹划综合案例，将税收筹划的理论知识与实践相融合，在更深层次上构建一个理解税收筹划与战略规划、经营模式、资本交易、财务决策之间彼此影响的分析框架，引导学生学会如何正确、合理地用足、用好国内外的税收政策资源，并有效控制税收筹划风险。

二、练习题

（一）简答题

1. 企业并购与企业分立业务如何进行税收筹划？
2. 不同企业组织形式如何履行纳税义务？企业选择组织形式的税收筹划策略有哪些？

（二）综合题

1. 甲公司应收乙公司的货款为 95 万元（含税价），由于乙公司不能偿还货款，双方签订债务重组合同。乙公司用其生产的商品、用作固定资产的机器设备和一项债券投资抵偿欠款。乙公司发生设备运输费 0.5 万元（不含增值税），甲公司发生人工安装费用 0.3 万元。甲公司将受让的商品、设备和债券投资分别作为原材料、固定资产和以公允价值计量且其变动计入当期损益的金融资产核算。抵债资产的成本及公允价值见下表。

抵债资产价值表　　　　　　　　　　　单位：万元

项目	账面价值	累计折旧	账面净值	计税基础	公允价值
库存商品	15			15	20
固定资产	100	70	30	30	40
债权投资	15			15	17.2

（1）请做出相应的涉税会计处理。

（2）假定乙公司将抵债的商品、机器设备和债券投资连同 95 万元的负债及设备操作人员一并转让给甲公司。

（3）假定乙公司将抵债的商品、机器设备和债券投资连同 95 万元的负债及设备操作人员分立出来成立子公司，然后将子公司的股权转让给甲公司，实现承债式收购。请做出相应的税负分析。

2. 甲公司是 2006 年成立的一家互联网公司，2011 年在中国创业板公开上市。甲公司的产品路线一向以全面著称，涵盖了包括互联网视频、影视制作及发行、智能终端等各个领域。乙公司成立于 2009 年，是一家集投资、制作和发行于一体的影视公司。在甲公司正式展开对乙公司的并购战略之前，甲、乙公司已存在长期的深度版权合作关系。

甲公司已发行股票 8 000 万股，股票市值为 30 元/股，总市值达 24 亿元。2023 年，甲公司的利润为 2.46 亿元。乙公司 2023 年上半年的资产总额为 2.24 亿元，净资产额为 1.06 亿元，净利润为 6 016 万元。甲公司聘请了专业的评估机构，以 2023 年 6 月 30 日为评估基准日，对乙公司的价值进行了科学的评估。根据资产评估报告，最终确定乙公司的评估价值为 9.04 亿元。甲公司在资产评估报告的基础上，根据自身的情况，确定了两种企业并购交易的支付方案。这两种方案均为股票与现金混合支付方式。

方案一：甲公司用 1 400 万股新股和 4.8 亿元现金的方式购买乙公司 100% 的股权（合并时甲公司股票的市价为 30 元/股）。

方案二：甲公司用 2 600 万股新股和 1.3 亿元现金的方式购买乙公司 100% 的股权（假设合并后资产的折旧年限为 10 年，年折旧率为 10%）。

甲公司应选择哪种方案？

3. 酒业公司的税收筹划。[①]

某酒业股份有限公司于 2000 年成立，2015 年上市，拥有各系列中高档白酒产品，成为浓、酱、清和兼香型白酒的领袖。该公司在 2023 年的白酒产量为 30 000 千升，比 2022 年增加 10%；销量为 32 000 千升，比 2022 年增加 160%；库存量为 2 000 升，比 2022 年减少 50%。营业收入为 36 亿元，同比增长 27%。具体纳税情况：消费税为 4.82 亿元，占总税负的 30.5%；增值税为 5.2 亿元，占总税负的 32.9%；企业所得税为 4.47 亿元，

---

① 改编自张鹏飞. 安徽口子酒业股份有限公司税收筹划案例研究. 经济研究导刊，2020（32）.

占总税负的28.2%。由此可知，增值税、消费税和企业所得税是该公司的主要税负。该公司的涉税事项如下：

（1）原材料采购。该公司随着市场销量的增加，对于原酒的需求量也逐年增加。该公司通过在外省多地设立白酒基地，利用各地特殊的优惠政策大量采购原料，并充分利用农产品抵扣政策来进行税收筹划。该公司计划采购初级农产品原材料600万元，其供应商有两种：分别是一般纳税人，提供的采购价格为100万元；小规模纳税人，提供的采购价格为80万元。如果考虑城市维护建设税、教育费附加与地方教育附加，该公司应选择哪个供应商？

（2）消费税涉税事项。我国税法规定，在中华人民共和国境内生产、委托加工和进口应税消费品的单位或个人，为消费税的纳税义务人。酒类为应税税目之一。该公司的产品为粮食白酒，2023年适用的是从价定率和从量定额复合计税的方式征收消费税，对粮食白酒按20%的从价定率和按每斤0.5元或每500毫升0.5元从量定额征收消费税。按照规定，消费税属于价内税，实行单一环节征收，酒类是在生产、委托加工和进口环节缴纳，而在此后的批发零售环节，由于在价款中已经包含消费税，不必再缴纳消费税，白酒应纳消费税的计算公式为：

$$应纳税额 = 应税消费额 \times 比例税率(20\%) + 应税消费额 \times 定额税率(0.5元/500ml)$$

对于该公司而言，可以有哪些税收筹划方案？在这些税收筹划方案中，需要防范哪些税收风险？

（3）销售结算方式。该公司的产品大多销往省内，在外地的库存量较少，因而将产品直接销售给外地的销售商所确认的收入占整个企业的销售收入比重较小。针对本地的销售，该公司通常采取先收款后发货的模式。该公司在销售产品时只收到40%的货款，其余的货款在一年以内以直接收款方式付清。

从税收筹划的角度，该公司应如何对结算方式进行筹划？

4. 某日化集团的税收筹划。

（1）公司概述。某日化集团是一家大型股份有限公司，主要业务包括产品制造、商业贸易、房地产开发等。该公司成立至今，生产经营状况良好，但税收占利润的比重较同行业而言明显偏高。为规避税务风险，更好地发挥资产的经营效益，该公司聘请税务顾问就企业生产经营环节进行税收筹划。

河北某日化有限公司是某日化集团在河北成立的一家子公司，该子公司成立于20×1年，主要从事洗发、护发品的生产及零售，其会计核算制度比较健全，符合一般纳税人条件，20×1年的零售含税销售额为50万元，当年购货金额为100万元；20×2年的零售含税销售额为70万元，成本为90万元；20×3年该公司的含税销售额为110万元，成本为80万元；20×4年实现180万元销售额，成本为90万元；20×5年预计将实现280万元销售额，成本约为100万元。

（2）涉税事项的税收筹划分析。

①业务一：企业组织形式选择。

分析该公司的经营状况，并提出合理的税收筹划方案（暂不考虑小微企业的税收优惠）。

②业务二：融资决策税收筹划。

该公司现有资金 5 000 万元，拟再融资 6 000 万元，目前有三种税收筹划方案（暂不考虑小微企业的税收优惠）。

方案一：全部资金都通过募集股本方式解决。

方案二：向银行借款 2 000 万元，支付的利率为 9%，另通过募集股本的方式筹集 4 000 万元。

方案三：向本企业职工集资，利率为 6%，同时向集资职工增发 50 万元工资，假设集资职工工资、薪金所得税的边际税率为 10%。

该公司如何选择融资方案可以达到最佳的节税目的。

③业务三：投资决策税收筹划。

该公司欲将融资资金中的 1 000 万元用于投资，如何才能实现企业利润最大化？

方案一：在河北郊区投资兴建一个花卉种植基地，该基地主要以种植为主，培育成品花卉销售，同时为该公司提供原材料。该花卉基地的年销售收入为 800 万元，种子、农药等购进金额为 400 万元，人工及各项管理费用为 150 万元。

方案二：投资兴建一家生物制药企业，该企业拥有核心自主知识产权，研究开发费用占销售收入的比例、高新技术产品销售收入占企业全部销售收入的比例、科技人员占企业职工总人数的比例及其他条件均符合《高新技术企业认定管理办法》的规定。该企业年销售额为 1 200 万元（不含税），原材料购进为 500 万元（不含税），人工及各项管理费用为 200 万元。

方案三：将 1 000 万元投资国债，国债年利率为 4.3%。

三、练习题答案

（一）简答题

1.【解析】

（1）企业并购的税收筹划。

1）选择企业并购目标。第一，考察目标企业的财务状况。并购企业若有较高的盈利水平，为了降低其整体税负，可以选择一家有大量净经营亏损的企业作为并购目标，通过并购后的盈亏抵补，实现企业所得税的免除。如果并购中出现亏损，并购企业的亏损能够递延至以后期间，从而合理推迟纳税。第二，考察目标企业的所在地及税收环境状况。并购企业若从税收战略的角度出发，将能享受到所在地优惠政策的目标企业作为并购对象，则在企业并购后可以继续享受相关税收优惠政策。

2）选择企业并购出资方式。企业并购按出资方式可分为以下三种：现金购买资产式并购、现金购买股票式并购、股权置换式并购。前两种并购属于货币出资，在并购过程中需要缴纳企业所得税，属于应税重组交易。第三种并购以股票方式出资，对目标企业股东来说，不需要立即确认其因交换而获得并购企业股票所形成的资本利得，不需要缴纳企业所得税，属于免税重组交易。在经济实践中，股权置换式并购可分为三种类型，即吸收合并与新设合并、相互持股合并和股票换取资产式合并。

3）选择企业并购的会计处理方法。由于交易方式的差别，这三种类型的股权置换式并购都属于免税并购，在会计处理时有购买法和权益结合法两种方法。在这两种会计处理方法下，对重组资产确认、公允价值与账面价值的差额处理等都有着不同的规定，进而影响到重组后企业的整体纳税状况。

（2）企业分立的税收筹划。在我国企业分立实务中，税法规定了免税分立与应税分立两种模式。对于纳税人来说，在实施企业分立时，应尽量利用免税分立进行税收筹划，从而合理降低企业税负。

2.【解析】

企业可以从不同组织形式企业缴纳税种的差异，以及税基、税率和税收优惠等综合税负的差异进行税收筹划。

（1）不同企业组织形式的税收筹划。个人独资企业、合伙企业，比照个体工商户的生产、经营所得征收个人所得税。公司要缴纳企业所得税，投资者个人分得的利润要征收个人所得税。

（2）企业选择组织形式的税收筹划策略。合伙制企业的总体税负低于公司制企业，后者既要缴纳企业所得税，其个人投资者还要缴纳个人所得税，所以应全面比较税基、税率、税收优惠等因素。

（二）综合题

1.【解析】

（1）债权人的涉税会计处理。

1）会计处理。受让的原材料和固定资产的成本应当以其公允价值比例（20∶40）对放弃债权的公允价值扣除受让金融资产公允价值后的净额进行分配后的金额为基础确定。

原材料的进项税额 $= 20 \times 13\% = 2.6$（万元）

固定资产的进项税额 $= 40 \times 13\% = 5.2$（万元）

原材料的成本 $= 20 \div (20 + 40) \times (85 - 17.2 - 2.6 - 5.2) = 20$（万元）

固定资产的成本 $= 40 \div (20 + 40) \times (85 - 17.2 - 2.6 - 5.2) = 40$（万元）

借：原材料	200 000	
固定资产	403 000	
应交税费——应交增值税（进项税额）	78 000	
交易性金融资产	172 000	
投资收益	100 000	
贷：应收账款		950 000
银行存款		3 000

2）税务处理与纳税调整。应确认的债务重组损失为 10 万元 ［＝95－(20＋40)×(1＋13%)－17.2］，与会计确认的损失相同，不需要做纳税调整。

（2）债务人的涉税会计处理。

1）会计处理。

借：固定资产清理	300 000
累计折旧	700 000
贷：固定资产	1 000 000
借：固定资产清理	5 000
应交税费——应交增值税（进项税额）	450
贷：银行存款	5 450
借：应付账款	950 000
贷：固定资产清理	305 000
库存商品	150 000
债权投资——成本	150 000
应交税费——应交增值税（销项税额）	78 000
应交税费——转让金融商品应交增值税	
1 245 ［(172 000－150 000)÷(1＋6%)×6%]	
其他收益——债务重组收益	265 755

2）税务处理与纳税调整。

$$应确认的资产转让收益＝(20－15)＋(40－30)＋(17.2－15)－0.124\ 5－0.5$$
$$＝16.575\ 5(万元)$$
$$应确认的债务重组收益＝95－(20＋40)×(1＋13\%)－17.2＝10(万元)$$

税法确认的收益与会计确认的收益相同，不需要做纳税调整。如果符合特殊性税务处理的条件，可以分五年确认重组所得。

［按照税法的规定，用非货币性资产清偿债务，应当分解为转让相关非货币性资产、按非货币性资产公允价值清偿债务两项业务，并确认相关资产的所得或损失。税法上确认的固定资产转让收入为 40 万元，库存商品转让收入为 20 万元，金融商品转让收入为 17.075 5 万元（＝17.2－0.124 5），在计算业务招待费、广告费等限额时作为计提基数。］

（3）纳税人在资产重组的过程中，通过合并、分立、出售、置换等方式，将全部或者部分实物资产以及与其相关联的债权、负债和劳动力一并转让给其他单位及个人，不属于增值税的征税范围，其中涉及的货物转让，不征收增值税。

乙公司将抵债的商品、机器设备和债券投资连同 95 万元的负债及设备操作人员一并转让给甲公司的行为，免交转让环节的增值税。

（4）纳税人在资产重组的过程中，通过合并、分立、出售、置换等方式，将全部或者部分实物资产以及与其相关联的债权、负债和劳动力一并转让给其他单位及个人，不属于增值税的征税范围，其中涉及的货物转让，不征收增值税。

按照法律的规定或者合同约定，企业分设为两个或两个以上与原企业投资主体相同的企业，对原企业将房地产转移、变更到分立后的企业，暂不征收土地增值税。

单位、个人在改制重组时以房地产作价入股进行投资，对其将房地产转移、变更到被投资的企业，暂不征收土地增值税。

以企业并购或企业分立方式成立的新企业，其新启用的资金账簿记载的资金，凡原已贴花的部分可不再贴花，未贴花的部分和以后新增加的资金按规定贴花。

公司依照法律的规定、合同约定分立为两个或两个以上与原公司投资主体相同的公司，对企业分立后的公司承受原公司土地、房屋权属，免征契税。

在股权（股份）转让中，单位、个人承受公司股权（股份），公司土地、房屋权属不发生转移，不征收契税。

因此，乙公司在企业分立过程中不用缴纳增值税、土地增值税、契税和印花税。乙公司在股权转让环节，不用缴纳增值税、土地增值税和契税。

2.【解析】

方案一：甲公司支付的 1 400 万股新股的公允价值为 4.2 亿元，现金支付金额为 4.8 亿元。在交易支付总额中，股权支付金额所占的比例为 46.67%＜85%，因此该并购重组适用一般性税务处理。甲公司在承接乙公司各项资产和负债时，其计税基础为资产和负债的公允价值。乙公司的各项资产均应按照交易价格确认资产转让所得或损失，并在此基础上计算缴纳各项税额。

由于资产按照公允价值计量，实现了评估增值，因此甲公司的企业所得税的计算如下：

$$获得的加计折旧的金额 = (9.04 - 1.06) \div 10 = 0.80（亿元）$$
$$加计折旧抵减税额 = 0.80 \times 25\% = 0.2（亿元）$$
$$税后利润 = 2.46 \times (1 - 25\%) + 0.2 = 2.05（亿元）$$
$$乙公司的企业所得税应纳税额 = (9.04 - 1.06) \times 25\% = 2（亿元）$$

因此，采用方案一，并购重组后的税收成本为 2.42 亿元（＝2.46×25%－0.2+2）。

方案二：甲公司在购买乙公司 100% 的股权时，支付了 2 600 万股新股（公允价值为 7.8 亿元）和 1.3 亿元现金，股权支付金额占交易支付总额的比例为 85.71%＞85%，符合关于企业重组业务特殊性税务处理的规定，可以按照相关规定计算应纳税额。甲公司接受乙公司所有资产和负债的计税基础以乙公司原有的账面价值为基础确定，乙公司不确认资产转让所得或损失，但非股权支付金额 1.3 亿元所对应的增值额应当确认为当期应纳税所得额，计算缴纳企业所得税。

$$甲公司的税后利润 = 2.46 \times (1 - 25\%) = 1.85（亿元）$$
$$乙公司的应纳税所得额 = (9.04 - 1.06) \times 1.3 \div 9.1 = 1.14（亿元）$$
$$应纳税额 = 1.14 \times 25\% = 0.29（亿元）$$

因此，采用方案二，并购重组后的税收成本为 0.91 亿元（＝2.46×25%＋0.29），比方案一少 1.51 亿元。

这两种方案相比较，可以看出方案二不仅税收负担较低，而且需要支付的现金也比较少，既减轻了企业的筹资压力，又保证了企业资金具有更好的流动性，所以选择方案二更好。企业在选择并购重组的支付方式时，应尽可能地满足特殊性税务处理的条件，合理利用目标企业的亏损弥补和税收优惠等政策，通过税收筹划尽可能减少企业并购重组的应纳税额。

3. 【解析】

（1）方案一：该公司从一般纳税人手中购买原材料，购进价格为100万元，取得增值税专用发票，可抵扣的进项税额为13万元（＝100×13%）。

$$购进净成本 = 100 - 13 \times (7\% + 3\% + 2\%) = 98.44（万元）$$

方案二：从按照简易计税方法依照3%征收率计算缴纳增值税的小规模纳税人处取得增值税专用发票的，以增值税专用发票上注明的金额和9%的抵扣率计算进项税额。

该公司从小规模纳税人手中购买原材料，购进价格为80万元，可抵扣的进项税额为7.2万元（＝80×9%），由于该公司生产的白酒适用的税率为13%，因此可以在领用环节加计抵扣1%的增值税进项税额，即0.8万元（＝80×1%）。

$$购进净成本 = 80 - 8 \times (7\% + 3\% + 2\%) = 79.04（万元）$$

通过对上述两个方案进行计算分析，可得出方案二的采购净成本较低。

需要注意的是，如果从按照简易计税方法依照3%的征收率计算缴纳增值税的小规模纳税人处取得增值税普通发票的，不得作为计算抵扣进项税额的凭证。

（2）降低计税价格。消费税的计税价格是对外的出厂销售价格。将原来的生产企业划分为生产和销售两个独立核算的企业，生产企业将产品低价销售给销售企业，销售企业再高价出售，这样生产环节就会少缴纳消费税。需要注意的是，分离出来的生产企业和销售企业必须独立核算、独立纳税，否则起不到减轻税负的效果。在将原来的企业分成生产企业和销售企业后，还需要降低内部结算价格。内部结算价格越低，应纳税额就越低，缴纳的消费税就越少。分立的两个企业是独立纳税人，它们之间的交易价格可自由商定，越低越好，但有可能引起国家通过反避税措施来抵制这种情况的出现。

在白酒行业中，同一个企业对不同产品的定价可以差别很大，不同企业产品之间的定价也会有差别，因此酒厂分离出的生产企业可以制定较低的内部结算价格。对于它们来说，生产企业除了向销售企业销售产品之外并不对外销售，销售企业也只向生产企业批发进货，因此这种方法可以实现。此外，需要降低企业的生产成本和费用。例如，部分成本和费用让其他非生产企业来承担。一般来说，企业经营的很大一部分资金来源是负债或借款，利息的支出无疑会增加企业的财务费用。该酒厂让其控股的子公司来承担债务和利息支出，使得母公司的财务费用减少，从而降低成本，使得产品定价偏低、应纳税额减少。对于整个企业集团来说，可以使其消费税减少、盈利增加。

（3）税法中针对不同的销售方式规定了不同的纳税义务发生时间，具体如下：①采取赊销和分期收款结算方式的，为书面合同约定的收款日期的当日，书面合同没有约定收款日期或者无书面合同的，为发出应税消费品的当日；②采取预收款方式的，为发出应税消费品的当日；③采取托收承付和委托银行收款方式的，为发出应税消费品并办妥托收手续的当日；④采取其他结算方式的，为收讫销售款或者取得销售款项索取凭据的当日。根据以上的规定，该公司可采取通过延期确认销售收入来延迟纳税义务发生时间，利用货币时间价值来实现减少税负。从降低税负考虑，该公司可采取赊销和分期付款的结算方式，在确保能收到款的情况下尽可能将合同约定收款日期拖延，少采取预收款方式。

假设该公司的月平均销售收入为3亿元，月销售量为2 500千升，在采用直接收款方式时，该公司应缴纳的消费税为6 250万元；在采用赊销和分期付款方式时，只有在该公司收到剩余60％的货款时，才会缴纳相应的消费税，即有3 750万元的消费税会推迟纳税一年，这样该公司整体负担的消费税减少，还可以节约资金，获取税款的时间价值。

4.【解析】

（1）从企业组织形式来看，该公司可以有分公司和子公司的选择：分公司不具有独立法人资格，不能独立承担民事责任；子公司具有独立法人资格，并独立承担相应的民事责任。《国家税务总局关于印发〈跨地区经营汇总纳税企业所得税征收管理暂行办法〉的通知》（国税发〔2008〕28号）规定，居民企业在中国境内跨地区设立不具有法人资格的营业机构、场所的，该居民企业为汇总纳税企业，实行"统一计算、分级管理、就地预缴、汇总清算、财政调库"的征收管理办法，即总分公司汇总纳税、母子公司分别纳税。

针对该公司前两年存在亏损，而后几年均稳定实现盈利的情况来看，这两种组织形式的企业所得税对比情况见下表。

单位：万元

	子公司			分公司	
	未弥补亏损	应纳税所得额	应纳税额	抵扣总公司所得税额	应纳税额
20×1年	−50	0	0	−12.5	
20×2年	−70	0	0	−5	
20×3年	−40	0	0	—	7.5
20×4年	0	50	12.5	—	22.5
20×5年	0	180	45	—	45
累计应纳税额	57.5			57.5	

通过比较可以发现，在不考虑货币时间价值的情况下，虽然这两种组织形式五年的累计应纳企业所得税税额相同，但子公司实现亏损弥补的条件是五年内有盈利，若该公司持续亏损，则这种减免不可能实现；相反，总公司享受了分公司17.5万元的税额减免，相当于接受了一笔无息贷款，使其资金流增加。也就是说，该公司在20×1年、20×2年、20×3年应采取分公司的组织形式，在20×3年后应将分公司改为子公司。

（2）在公司资本结构一定的条件下，公司从息税前利润中支付的固定筹资成本是相对固定的，当息税前利润发生增减变动时，每1元税前利润所负担的固定资本成本就会相应地减少或增加，从而给普通股股东带来一定的财务杠杆利益或损失。财务杠杆是指在筹资中适当举债，通过调整资本结构给企业带来的额外收益。如果负债经营使得企业的每股利润上升，便称为正财务杠杆；如果负债经营使得企业的每股利润下降，通常称为负财务杠杆。

《中华人民共和国企业所得税法实施条例》第四十条规定，企业发生的职工福利费支出，不超过工资、薪金总额14％的部分，准予扣除。工资、薪金是指企业按照股东大会、董事会、薪酬委员会或相关管理机构制定的工资薪金制度规定实际发放给员工的工资、薪金。税务机关在对工资、薪金进行合理性确认时，可按以下原则掌握：①企业制定了较为规范的员工工资、薪金制度；②企业所制定的工资、薪金制度符合行业及地区水平；③企业在一定时期所发放的工资、薪金是相对固定的，工资、薪金的调整是有序进行的；④企业对实际发放的工资、薪金，已依法履行了代扣代缴个人所得税义务；⑤有关工资、薪金的安排，不以减少或逃避税款为目的。

经过比较，最优的选择为方案三。

方案一：

息税前投资收益＝（5 000＋6 000）×10％＝1 100（万元）

税前权益资本收益率＝1 100÷（5 000＋6 000）×100％＝10％

应纳企业所得税＝1 100×25％＝275（万元）

方案二：

息税前投资收益＝（5 000＋6 000）×10％＝1 100（万元）

利息支出＝2 000×9％＝180（万元）

税前权益资本收益率＝（1 100－180）÷（5 000＋4 000）×100％＝10.02％

应纳企业所得税＝（1 100－180）×25％＝230（万元）

方案三：

息税前投资收益＝（5 000＋6 000）×10％＝1 100（万元）

利息支出＝6 000×6％＝360（万元）

税前权益资本收益率＝（1 100－360－50）÷5 000×100％＝13.8％

应纳企业所得税＝（1 100－360－50）×25％＝172.5（万元）

职工利息收入＝6 000×6％＝360（万元）

职工利息个人所得税＝360×20％＝72（万元）

职工工资个人所得税＝50×10％＝5（万元）

职工税后所得＝360－72－5＝283（万元）

因此，最优的选择为方案三。在方案一中，由于权益筹资所筹集资金的成本只能减少税后利润，因而筹资成本不具有节税效应，不能发挥财务杠杆的正效应，所以税前权益资本收益率最低且应纳所得税最高。在方案二和方案三中，负债筹资所支付的借款利息等可以在企业所得税前作为一项财务费用加以扣除，具有一定的抵税作用，能够降低企业的资金成本，形成了正的财务杠杆效应，但方案三比方案二更好。根据现行规定，企业发生的合理工资、薪金准予扣除。向职工进行融资可以通过提高工资、薪金的方式间接支付部分利息，不仅使得企业实现了融资目的，而且为本企业职工带来了福利。

（3）在我国国内投资，从税负角度来说，主要考虑企业所得税的因素。在其他投资条件相同的情况下，一般可考虑在税负低的经济特区或存在税收优惠的行业〔如经济技术开发区、高新技术开发区（高新技术企业的企业所得税税率为15％，经少数民族地区主管税务机关批准的企业，享受减免企业所得税的税收优惠）〕投资，可以为企业带来直接的利益，但由于投资对象、投资行业、投资方式等的不同，再加上涉及的税种、税率各不相同，最终会导致企业不同的投资收益。

经过比较，方案二的税后利润最高。

在方案一中，根据《中华人民共和国企业所得税法实施条例》第八十六条的规定，企业从事花卉、茶以及其他饮料作物和香料作物的种植，减半征收企业所得税。根据《中华人民共和国增值税暂行条例》第十五条的规定，农业生产者销售的自产农产品，经申请批准后，可获得免征增值税的待遇。

应缴企业所得税 = (800 - 400 - 150) × 25% × 1/2 = 31.25（万元）

应缴增值税 = 0

企业税后利润 = 800 - 400 - 150 - 31.25 = 218.75（万元）

在方案二中，根据《中华人民共和国企业所得税法》的规定，符合条件的高新技术企业，经批准成立后，可享受15%的优惠税率。

应缴增值税 = (1 200 - 500) × 13% = 91（万元）

应缴城市维护建设税及教育费附加 = 91 × (7% + 3%) = 9.1（万元）

应缴企业所得税 = (1 200 - 500 - 200 - 9.1) × 15% = 73.64（万元）

税后利润 = 1 200 - 500 - 200 - 9.1 - 73.64 = 417.26（万元）

总共缴纳税费 = 73.64 + 91 = 164.64（万元）

在方案三中，投资国债属于间接投资，《中华人民共和国企业所得税法》规定，企业购买的国债利息收入免征企业所得税。

企业的投资收益 = 1 000 × 4.3% = 43（万元）

应缴企业所得税 = 0

税后利润 = 43 - 0 = 43（万元）

对比可知，企业所得税对不同行业的影响基本是统一的，但对于流转税而言，由于各行业业务内容的不同，所以各行业的企业收入形式、成本费用水平以及使用的优惠政策都有差异，这就造成了各行业的税负不统一。虽然流转税在一定程度上可以转嫁，但实际能否转嫁以及转嫁程度如何都会对企业的销售、资金流转以及税后利润总额造成不同的影响。若仅从节税的角度出发，应该选择方案三，其缴纳的税款最少，但企业的税后利润也最低。因此，从企业利润最大化的角度考虑，应该选择方案二，以实现税后利润最高。

教学支持说明

1. 教辅资源获取方式

为秉承中国人民大学出版社对教材类产品一贯的教学支持，我们将向采纳本书作为教材的教师免费提供丰富的教辅资源。您可直接到中国人民大学出版社官网的教师服务中心注册下载——http://www.crup.com.cn/Teacher。

如遇到注册、搜索等技术问题，可咨询网页右下角在线 QQ 客服，周一到周五工作时间有专人负责处理。

注册成为我社教师会员后，您可长期根据您所属的课程类别申请纸质样书、电子样书和教辅资源，自行完成免费下载。您也可登录我社官网的"教师服务中心"，我们经常举办赠送纸质样书、赠送电子样书、线上直播、资源下载、全国各专业培训及会议信息共享等网上教材进校园活动，期待您的积极参与！

2. 高校教师可加入下述学科教师 QQ 交流群，获取更多教学服务

经济类教师交流群：781029042

财政金融教师交流群：182073309

国际贸易教师交流群：162921240

税收教师交流群：119667851

3. 购书联系方式

网上书店咨询电话：010 - 82501766

邮购咨询电话：010 - 62515351

团购咨询电话：010 - 62513136

中国人民大学出版社经济分社

地址：北京市海淀区中关村大街甲 59 号文化大厦 1506 室　100872

电话：010 - 62513572　010 - 62515803

传真：010 - 62514775

E-mail：jjfs@crup.com.cn